SILK ROAD

SILK ROAD

실크로드 도록

해 로 편

창비

발간사

이 책은 지난해(2013년)에 출간한『실크로드 도록-육로편』의 자매편으로, 해상 실크로드(해로)를 다룬 것이다. 이로써 독자들에게 약속한 대로 실크로드 3대 간선(초원로 · 오아시스로 · 해로)을 다 아우른 명실상부한 '실크로드 도록'을 완결한 셈이다.

도록 편집진은 지난 2012년 3개월간 중남미와 동남아시아, 그리고 올해(2014년) 4개월간 아프리카와 카리브해 및 동남아시아 일대를 취재 촬영하여 수집한 9만여 장의 사진자료를 놓고 취사선택하여, 총 886매의 사진과 지도로 도록을 엮었다. 도록은 한반도 해안의 거점도시 5개소를 비롯해 세계 5대양 중 문명교류의 핵심 해역인 3대양(태평양 · 인도양 · 대서양) 상의 주요 해양 거점도시 총 75개소를 3부 10장으로 나눠 다루었다. 그밖에 '스페셜 코너'를 할애해 해로의 언저리에서 해로와 직 · 간접적으로 관련이 있는 명소 중 9개소를 선정해 소개하였으며, 후미에 해상 실크로드사상 처음으로, 경상북도가 추진한 '2014 해양 실크로드 글로벌 대장정' 내용을 첨부하였다. 환지구적인 해상 실크로드의 전 노정을 해설을 곁들인 도록으로 밝힌 것은 실크로드사상 처음 있는 일이다. 그만큼 편집과 간행에서 어려움과 더불어 신중을 기하지 않을 수 없었음을 새삼스레 부언하고자 한다. 이 책과 더불어 해상 실크로드 연구의 쌍생아라고 할 수 있는『해상 실크로드 사전』도 출간(2014년 11월)하였다.

이 도록은 내용과 구성에서 다음과 같은 몇가지 특징을 지닌다. 우선, 범지구성(汎地球性)이다. 앞서 출간한『실크로드 도록-육로편』이 구대륙, 즉 유라시아대륙에만 내용이 한정되었다면, 이 도록에는 유라시아를 포함해 아메리카대륙과 아프리카대륙의 전 해역이 두루 포함되어 있다. 이는 실크로드 개념 확대에서 실크로드를 구대륙에만 한정시키는 기존의 진부한 통설에서 벗어나, 5대양 6대주를 총체적으로 망라한 범지구적인 문명교류의 통로로 그 개념을 확대해야 한다는 저자의 새로운 실크로드관(觀)에서 비롯된 것이다. 그다음 특징은 해상 실크로드의 학문적 정립에 초점을 맞춘 점이다. 아직은 실크로드 일반이 그렇듯이, 특히 해상 실크로드는 명명에서 정의, 범주에서 내용에 이르기까지 기본개념조차 각국각설(各國各說)이다. 이 도록은 이러한 형국을 타개하고 연구와 이해에서의 공유성과 통일성을 기하는 데 특별히 유념하였다. 마지막으로, 세계 속에서의 한국의 위상에 대한 확인이다. 세계는 둘이나 셋이 아닌 '하나'라는 신념에서 한반도와 세계의 상관성이나 일체성을 일관하게 추구하고 있으며, 그 과정에서 세계 속의 한국의 위상이나 기여뿐만 아니라, 상대적인 미흡점까지도 성찰하려고 하였다.

이 책은 저자 개인의 소작(所作)이 아니라, 지원팀 여러 분의 합심협력의 소산(所産)이다. 지난해 자매편의 출간에서 얻은 경험을 살려 한국문명교류연구소 내에 지원팀을 꾸리고 자료 수집에서 집필과 교정에 이르기까지 지원팀 전원이 열과 성을 다하였다. 지원팀 여러 분의 노고와 협조에 심심한 위로와 사의를 드린다. 이 도록의 간행은 자매편과 마찬가지로 경상북도가 야심차게 추진하고 있는 '코리아 실크로드 프로젝트'의 일환으로, 그 지원하에 이루어졌다. 이에 이 프로젝트를 진두지휘하고 있는 김관용 지사님과 감남일 본부장을 비롯한 추진본부 여러 분의 깊은 배려와 관심에 경의를 표하는 바이다. 사단법인 한국문명교류연구소 김정남 이사장님과 연구소 가족 여러 분의 독려와 후원에 진심으로 감사한다. 끝으로, 이토록 훌륭하게 도록을 꾸며준 디자인비따 그리고 책의 출판을 맡아준 창비의 강일우 대표님과 염종선 이사님 외 여러 분의 수고에 진심으로 감사의 말씀을 전한다.

2014년 12월

저자

해상 실크로드 전도

목차 CONTENTS

제1부 태평양

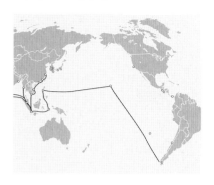

제2부　인도양

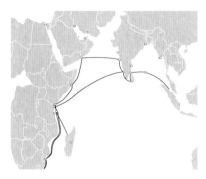

제3부　대서양

문명을 실어 나르는 바닷길, 해상 실크로드

글 : 정수일

인류문명은 여러 갈래의 길을 통해 전파되어왔다. 그 길이 초원일 때는 초원 실크로드로, 사막일 때는 오아시스 실크로드로, 그리고 바다일 때는 해상 실크로드로 불렸다. 그 가운데 해상 실크로드는 고대에서 근대에 이르기까지 지중해에서 홍해와 아라비아해를 지나 인도양과 태평양 및 대서양으로 이어지는 광활한 해상에서 교류와 교역이 진행된 환지구적(環地球的) 바닷길, 즉 해로다.

　해로는 실크로드의 개념이 확대(제3단계)됨에 따라 제2차 세계대전 이후에 그 일부인 '남해로(南海路)'가 실크로드 3대 간선의 하나로 인정되면서 부상하였으며, 그 서단(西端)은 로마로, 동단(東端)은 중국의 동남해안으로 한정되었다. 그러나 늦어도 15세기부터는 이 '남해로'가 동·서로 각각 태평양과 대서양으로 연장되어 '신대륙', 즉 아메리카 대륙까지 이어졌을 뿐만 아니라, 그 길을 통해 신·구대륙간에 문물이 교류되기 시작하였다. 이러한 역사적 사실을 감안한다면, 이 바닷길은 응당 구대륙의 울타리를 벗어나 신·구대륙의 광활한 해역을 두루 아우르는 명실상부한 환지구적 통로로 자리매김되어야 한다. 사실상 초원로나 오아시스로가 쇠퇴기를 맞은 근세에 와서 유독 해로만은 줄곧 상승일로를 걸어왔으며, 앞으로도 그러한 항진은 계속될 것이다.

3,000년 전에 트인 바닷길

항해는 선사시대 원시인들의 활동에서 그 흔적을 찾아볼 수 있다. 동방의 경우, 지금으로부터 7천~6천 년 전에 중국의 랴오둥(遼東)반도와 산둥(山東)반도가 근해의 섬들과 해상관계를 유지하고 있었다는 것이 유물로 증명되었다. 기원전 3000년경의 인도 모헨조다로(Mohenjo-Daro) 유적에는 고대 선박 벽화가 남아 있다. 서방의 경우, 이집트 고왕국시대에 이미 나일강과 홍해 사이에 운하가 개통되었으며, 기원전 1000년경에는 지중해와 홍해, 아라비아해 사이에 해상교역이 발생하였다. 그러나 아직은 다분히 원시적인 수단에 의한 일방적인 항해였기 때문에 문명교류 통로로서의 항해라고는 말

할 수는 없다. 이질문명간의 교류통로로서의 항해가 언제 시작되었는가에 관해서 아직 정설은 없지만, 대개 기원전 8세기 말경부터 남인도의 드라비다(Dravida)인들에 의해 진행된 인도 서남부와 바빌론 간의 해상교역을 그 단초로 보고 있다.

이때부터 기원전후까지의 시기에 나온 인도 고전이나 불교 경전, 『구약성서』 등에는 당시의 해로와 해상활동을 시사하는 기록들이 보인다. 남방 해로의 노정을 구체적으로 밝힌 최초의 기록은 『한서(漢書)』「지리지(地理志)」로, 여기에는 중국 서문(徐聞, 현 광동廣東 레이저우반도雷州半島)에서 남인도 동남해안의 황지국(黃支國, 현 칸치푸람Kanchipuram)까지의 8개월간 항해노정과 교역품이 구체적으로 기록되어 있다. 이때까지가 동서양간 문명교류 통로로서의 해상 실크로드가 작동하기 시작한 태동기(胎動期, 기원전 8세기~기원전후)다. 그 노정을 종합하면, 바빌론-유프라테스강 하구-페르시아만(혹은 이집트-아라비아해)-인더스강 하구-인도 서남해안의 소비라(Sovira) 등-인도 동남해안의 황지국-미얀마 서남해안-말라카 해협-수마트라 서북해안-말레이 반도 동안-일남(日南, 베트남)-광동의 항해노선으로 엮을 수 있다.

기원후 해로를 통한 동서교류가 더욱 활발해짐에 따라 해로는 점차 여명기(黎明期, 기원전후~6세기)를 맞는다. 동방에서 후한(後漢)은 해로를 통한 동남아시아 및 서아시아와의 교류에 관심을 나타냈으며, 서방에서는 전성기에 접어든 로마제국이 해로를 통한 대동

방교역에 적극 나섬으로써 동방 원거리무역 항로가 뚫리기 시작하였다. 기원전 1세기 중엽에 로마의 항해사인 히팔루스(Hippalus)가 아랍인들에게서 인도양 계절풍의 비밀을 알아낸 후 아테네에서 홍해를 지나 인도양으로 향하는 직항로가 처음으로 개척되었다. 기원 70년경에 저술된 『에리트라해 안내기』(*The Periplus of the Erythraean Sea*)에는 당시 홍해와 페르시아만, 인도양을 중심으로 펼쳐진 해상무역의 항로와 항구, 운송과 화물 등에 관한 상세하고도 정확한 정보가 기록되어 있다. 여명기에 비록 동서양 정세에는 이러저러한 변화가 일어나고, 그에 따라 일정한 굴곡이 있었지만, 해로는 시종 활발하게 이용되고, 그 노선은 부단히 확대되었으며, 새로운 항만 거점들이 부상하였다. 여명기의 해로 항정을 종합하면, 로마-이라크(유프라테스강 하구)-페르시아만(혹은 로마-홍해-아라비아해)-인도 서해안-실론(현 스리랑카)-인도 동남해안-미얀마 서해안-말라카 해협-수마트라-부남(扶南, 현 캄보디아)-일남-교지(交趾)로 정리된다.

문명을 제대로 실어 나른 바닷길

이와같이 유라시아 구대륙에서 해로는 자생적인 태동기와 여명기를 거쳐 문명을 제대로 실어 나르는 전개기(7~14세기)를 맞는다. 7세기

에 접어들면서 유라시아에는 새로운 정세 변화가 일어나 신흥세력들이 역사무대에 등장한다. 그중 가장 활동적인 세력은 지정학적으로 이들의 완충지대에 자리한 신흥 아랍-이슬람 세력과 동방의 당(唐) 세력이다. 이들은 발달된 조선술과 항해술을 도입해 무적의 해상세력으로 동서양 해역을 종횡무진 누비면서 자신들의 선진 문물을 곳곳에 전파하였다. 당(唐)대의 해로를 가장 상세하고 정확하게 밝힌 기록은 『신당서(新唐書)』「지리지」에 수록된 가탐(賈耽)의 '광저우통해이도(廣州通海夷道)'다. 가탐은 이 글에서 당시 광저우(廣州)에서 페르시아만의 오랄국(烏剌國, 오볼라 Obollah)까지 이어지는 해로의 노정과 4구간간의 항해일정 등을 자세히 밝히고 있다. 이 항정의 특징 중 하나는 연해나 근해 항행에서 벗어나 원해(遠海) 항행을 시도했다는 점이다. 가탐이 제시한 항정은 중세 아랍-무슬림들이 남긴 여행기나 지리서에서도 유사한 기록을 찾아볼 수 있다.

이 시기 중국에서는 은정접합법(隱釘接合法)에 의해 건조되고 완벽한 수밀격벽(水密隔壁)까지 갖춘 견고한 대형 선박이 출현하고, 천문도항법의 지속적인 개진과 더불어 지남침이 도항의기(導航儀器)로 항해에 도입(12세기)되었으며, 항해에서 계절풍을 동력으로 이용하기 시작하였다. 이리하여 이 시기 해로를 통해 동서간에는 전례없이 활발한 교역이 진행되었다. 이 과정에서 농서교역의 중심 통로가 초원로나 오아시스로에서 해로로 점차 옮겨졌을 뿐만 아니라, 교역 내용에서도 상당한 변화가 일어났다. 특히 중국 송대에 이

르러 질 좋고 우아한 도자기가 해상 교역품의 주종을 이루어 서방으로 다량 수출되었다. 그래서 당시의 해로를 일명 '도자기의 길'이라고도 한다. 한편, 동남아시아와 인도·아랍 등지에서 많이 생산되는 각종 향료도 해로를 따라 중국과 유럽으로 다량 반출되었다. 그리하여 당시의 해로를 또한 '향료의 길'이라고도 부른다.

이상과 같은 해로의 전개 상황에 근거해 지금까지 학계에서는 해로의 동단(東端)을 중국의 동남해안으로 간주하는 것이 통설로 회자(膾炙)되었다. 그러나 중국 이동 지역인 한국이나 일본까지 서역 문물이 전파되고, 대식(大食, 아랍)을 비롯한 서역 선박의 내항이 있었다는 역사적 사실에 근거한다면, 언필칭 해로는 중국 동남해안에서 멈추지 않고 더 동진해 한국이나 일본까지 연장되었다고 봐야 할 것이다. 따라서 이 시기 해로(유라시아의 해로)의 동단을 한반도의 서해나 남해를 거쳐간 일본의 나라(奈良) 일원으로 추정하는 것은 십분 가당한 일일 것이다. 오늘날 거론되는 이른바 '해로의 한반도 연장문제'는 인위적으로 소외당한 해로의 복원문제이지, 결코 그 어떤 새롭게 '설정'하는 문제는 아니다. 10세기 전후 활발하게 이용된 해로(유라시아의 해로)의 노정을 정리하면, 일본 나라-한반도 남단-중국 동남해안-베트남 동해안-자바-수마트라-말라카 해협-니코바르제도-스리랑카-인도 서해안-페르시아만-콘스탄티노플(아나톨리아)-로마(혹은 페르시아만-남부 예멘-아프리카 동해안)의 순으로 연결된다.

오점으로 점철된 대항해시대의 바닷길

15세기에 접어들면서 동양이나 서양에서는 해로에 대한 새로운 관심이 대두하였다. 중국에서 몽골의 외족통치를 전복하고 출현한 명조(明朝, 1368~1644년)는 건국 초기 왕조의 기반을 다지고, 특히 당시 동남해 연안에서 창궐한 외구(倭寇)의 소요를 제압하기 위해 쇄국적인 해금(海禁)정책을 실시하였다. 그 결과 해외무역이 쇠퇴하고 전통적인 대외 조공관계가 약화되면서 명조의 국제적 위상이 추락하기 시작하였다. 이러한 추락상을 감지한 성조(成祖)는 등극(1402년)하자마자 동남아 각국에 사신을 보내고 연해지역에 해외교역을 관장하는 시박제거사(市舶提擧司)를 설치하는 등 조치를 강구하면서 해금을 완화하고 해외진출을 권장하였다. 마침내 정화(鄭和)의 7차례에 걸친 '하서양(下西洋)'(1405~1433년)과 같은 파천황적(破天荒的)인 해상 진출이 있게 되었다.

한편, 서양에서는 14세기에 발달한 르네상스를 계기로 근대적인 경제 문화의 맹아가 싹트면서 물산, 특히 동방 물산에 대한 수요가 급증하였다. 이즈음에 서양인들은 십자군 동정(東征)과 몽골제국시대에 서구인들이 남긴 동방 관련 기록을 통해 물산이 풍부한 동방의 실상을 알게 되었다. 이것은 동방 진출에 대한 그들의 호기심을 자극하였다. 그리하여 그들은 지리상의 '발견'에 따른 대항해시대의 새 항로 개척에 진력하였다. 급기야 '인도항로'를 개척하고 '신대륙'을 알게 되었으며, 사상 초유의 환지구적 항해에도 도전하였다. 그리하여 해로는 종전의 구대륙, 즉 유라시아를 동서로 연결하던 한정적인 해로로부터 아메리카대륙까지를 망라하는 환지구적인 해로로 확대되었으며, 그만큼 이용과 역할도 증대되었다. 따라서 해로는 환지구적인 새로운 번영기에 진입하게 되었다.

이 시기에 이르러서는 환지구적인 해로를 따라 서세(西勢)의 동점(東漸)과 서점(西漸)이 동시에 진행되었다. 1510년 인도의 고아(Goa)에 대한 포르투갈의 강점을 시발로 18세기 말에 이르기까지 포르투갈에 이어 스페인과 네덜란드, 그 뒤로는 영국과 프랑스 등 신흥 서방국가들의 식민지 개척과 경영은 동방뿐만 아니라, 새로 '발견'된 '신대륙'에 대해서도 마찬가지였다. 특히 스페인은 멕시코를 비롯한 중남미 나라들을 식민지로 만들고, 그 경영을 위해 대서양 횡단로를 적극 이용하였다. 이렇게 근대에 와서 식민지화라는 서세의 동·서점 물결을 타고 전개된 환지구적 해로는 동서간에 새로운 교역과 교류 관계를 형성하는 데서 가교역할을 하였다. 그러한 가교역할에서 특기할 사항은 동방과 '신대륙' 간에 새로운 항로가 개척되고, 그 길을 따라 두 지역간에 직접교역이 이루어진 사실이다.

유럽 최초의 광대한 식민제국을 건립한 스페인은 필리핀의 마닐라항을 중간 기착지와 중계무역지로 삼아 중국과 이른바 '대범선무역(大帆船貿易)'을 진행하였다. 스페인 상인들은 주로 당시 세계 산량의 60% 이상을 차지하는 페루산 백은(白銀)을 배에 싣고 필리핀에 기착해 그곳에 반입된 중국산 견직물이나 도자기와 교역한다든가, 아니면 중국 동남해안지대에 와서 직접 교역하기도 하였다. 이 시기 중국과 중남미 간에 태평양을 횡단해 대범선무역을 진행된 이 항로를 '태평양 비단길' 혹은 '백은의 길'이라고도 한다.

대서양 횡단로건 태평양 비단길이건 간에 실크로드의 본연(本然)으로 말하면, 바다가 성역 없는 교역과 교류, 소통의 길이기는 하지만, 식민지 개척의 대항해시대라는 역사적 배경 속에서는 아이러니하게도 숱한 오점으로 점철된 바닷길이 되고 말았다. 서구 식민주의자들은 함포(艦砲)를 앞세워 무고한 나라들을 무자비하게 침탈하고, 식민지에서 마구 약탈한 금은보화를 배에 실어 이윤이 나는 곳으로 가져갔으며, 해적들을 부추겨 평화로운 해역에서 노략질을 일삼게 하였다. 악명 높은 아프리카 노예무역의 현장은 그 어느 것 하나도 바다와 무관한 것이 없다. 노예매매장마다 예외없이 비밀통로가 선창과 맞닿아 있다. 대서양은 수백만 흑인노예들의 원혼(冤魂)이 잠든 저주의 바다다. 3대양은 약탈 재화를 만재한 침몰선들의 수장고다. 이제 더이상 '바다를 정복하는 자 세계를 정복하다'라는 명제를 식민주의 약탈과 정복의 논리로 역(逆)이용함으로써 발생한 바다의 이러한 수난사를 되풀이해서는 안 될 것이다. 인류 문명 교류의 대동맥인 바다의 존엄성을 지키기 위해서라도 말이다.

무궁무진한 생명력을 지닌 바닷길

바닷길, 해상 실크로드는 그 전개나 이용 과정에서 초원로나 오아시스로와는 다른 일련의 특성을 지니고 있다. 그 특성은 우선, 가변성(可變性)이다. 초원로나 오아시스로는 자연환경의 제약성 때문에 노정이 거의 불변하거나, 변하더라도 그 폭이 그다지 크지 않다. 이에 반해 바닷길은 조선술과 항해술의 발달, 그리고 교역의 증진에 따라 끊임없이 변화 확대하며, 그 이용도 특별한 기복이나 우여곡절이 없이 줄곧 증가 추세를 보이고 있다. 다음으로 그 특성은, 범지구성(汎地球性)이다. 초원로나 오아시스로는 주로 유라시아대륙(구대륙)에 국한되어 지리적으로나 교류 측면에서 국부적인 기능밖에 수행할 수 없다. 이에 비해 바닷길은 모든 면에서 구세계와 '신세계'를 두루 포괄하는 명실상부한 범지구적 교류통로로 기능하고 있다. 그 특성은 끝으로, 항구성(恒久性)이다. 초원로나 오아시스로는 대체로 고대에서 중세까지만 문명교류의 통로로 이용되었고, 근대문명에 의한 교통수단이나 날로 활성화되어가는 해로에 밀려 불가피하게 쇠퇴기를 맞게 된다. 그러나 이와는 달리 바닷길은 고대와 중세는 물론 근세와 현세, 나아가 미래까지도 존속하면서 본연의 역할을 줄곧 수행하게 될 것이다. 이렇게 바닷길은 무궁무진한 생명력과 잠재력을 지닌 문명교류의 통로다.

마젤란·엘카노의 길

향료의 길

인천　울산

영산강포구　김해

청해진　고베

나가사키 히라도

닝보

취안저우

광저우

콜카타

양곤

다낭

호찌민

말라카 해협

자카르타

족자카르타

마닐라

암본

요코하마

하와이

------ 마젤란·엘카노의 길
　　　　향료의 길
────── 도자기의 길

샌프란시스코

과테말라시티
산살바도르
파나마시티

리마

이스트섬

산티아고

마젤란 해협
우수아이아

제1부
태평양

태평양(太平洋, Pacific Ocean)은 크고 평온한 바다라는 뜻이며, 포르투갈 항해가 마젤란(Ferdinand Magellan)이 이름을 붙였다. 마젤란은 1519년 8월 10일 스페인의 세비야(Sevilla)를 출발해 대서양을 횡단, 1년 넘은 항해 끝에 남아메리카 최남단에 이르렀다. 마젤란은 서쪽으로 계속 항해해 지금의 마젤란 해협을 빠져나왔다. 해협을 빠져나오자 끝이 안 보이는 바다가 다시 눈앞에 펼쳐졌다. 거친 파도와 싸우며 오랫동안 항해한 그가 새롭게 만난 바다는 호수처럼 조용하고 태평하였다. 이에 감동한 마젤란은 이 바다 이름을 '태평양'이라 지었다고 한다. 태평양은 북쪽으로는 북빙양(북극해), 서쪽으로는 아시아와 오스트레일리아, 남쪽으로는 남빙양(남극해), 그리고 동쪽으로는 남·북아메리카대륙과 맞닿아 있다. 태평양은 5대양 중 가장 큰 바다로 표면적이 1억 5천 6백만km²로, 두 번째로 넓은 대서양보다 2배나 크다. 태평양에서 가장 깊은 곳은 마리아나 해구로 수심이 11,034m나 되며, 지구상에서 가장 깊은 곳이다. 태평양에는 평균수심 4,270m에 달하는 넓은 해저평원이 펼쳐져 있고, 서쪽, 즉 아시아대륙의 주변을 따라서 수심 10km가 넘는 깊은 해구가 길게 연결되어 있다. 그리고 동쪽으로는 뉴질랜드에서 미국 캘리포니아에 이르기까지 해저로부터 3,000m 이상 솟아 있는 해저산맥이 발달하였다.

제1장
서아메리카

마젤란 해협

Magellan Strait

마젤란 해협(Magellan Strait, 스페인어로는 마가야네스 Magallanes)은 라틴아메리카의 남단(南端)과 푸에고 제도(Fuego Islands) 사이의 해협으로 대서양과 태평양을 이어주고 있다. 해협의 길이는 약 600km이고 너비는 3~30km이며 최대 수심은 570m에 달한다. 동쪽 대서양의 비르헤네스곶과 중간의 프로워드곶에 이르는 구간은 폭이 넓고 양안의 지형도 평탄하다. 그러나 거기서부터 서쪽 태평양의 필라르곶까지의 구간은 깊고도 좁은 계곡이다. 깎아지른 듯한 절벽 사이로 강풍이 휘몰아치고 유속은 빠른데다가 곳곳에 암초가 도사리고 있어 문자 그대로 난항(難航) 구간이다.

마젤란 해협은 칠레의 마젤란주에 속해 있으며 해협의 남안 도선

장(渡船場)에서 약 30분간(폭 약 3km) 배를 타고 북안에 접안하면 나 룻가에 소박한 '마젤란 도해 기념비'가 눈에 띈다. 여기서 버스로 약 1시간 40분 가면 인구 11만 명의 주도이자 칠레 남부 최대 도시인 푼타아레나스(Punta Arenas)에 도착한다. 스페인어로 '곳의 끝부분' 이라는 뜻의 이 도시는 마젤란의 행적이 깃든 곳으로 광장 중앙에 는 마젤란 해협을 바라보면서 대포를 밟고 서 있는 우람한 마젤란 동상이 있다. 근교에는 유명한 마젤란 펭귄 서식지가 있다. 이 도시 는 남극 탐사기지의 출발지로서 남극을 향하는 탐사선이나 여객선 은 모두 이곳에서 최종 점검을 마치고 닻을 올린다.

　마젤란 해협은 대서양과 태평양을 이어주는 해상통로로, 마젤란

선단에 의한 개통은 해상 실크로드가 환지구적 문명교류의 통로로 서의 기능을 수행하게 된 단초가 되었으며, 이를 계기로 라틴아메리 카와 유라시아 간의 해상교류가 시작되었다.

태평양에서 대서양쪽으로 마젤란 해협을 지나가는 여객선
해협의 너비와 깊이는 곳에 따라 큰 차이가 있다. 너비에서는 30~33km, 깊이에서는 1,170~20m의 차이를 보이고 있다. 해협의 일부 항구에는 대형 선박의 정박이 가능하 나 전반적으로 물길의 만곡(灣曲)이 심하고 험로가 적지 않기 때문에 파나마 운하가 개통 된 후에는 태평양과 대서양을 잇는 항로로는 이용도가 많이 떨어졌다. 1843년에 칠레 가 이 해협의 영유권을 소유하게 되자 중간에 푸르네스 요새를 축조하고 6년 후에는 푼 타아레나스항을 건설하였다.

01 마젤란 동상
마젤란주 주도 푼타아레나스의 마젤란 광장에서 마젤란 해협을 바라보면서 대포를 밟고 서 있는 마젤란 동상이다. 포르투갈 출신의 항해가 페르디난드 마젤란(Ferdinand Magellan, 1480~1521년)은 1519년 8월 10일 5척의 배에 선원 265명을 태우고 스페인의 세비야를 떠나 세계일주의 항해에 나섰다. 대서양으로 서행해 남아메리카 남단에서 겨울을 보내고 다음해 초 마젤란 해협을 통과해 태평양에 들어섰다. 계속 서행해 3월 6일 괌을 지나 4월 7일 필리핀 세부에 도착하였다. 그러나 막탄섬에서 원주민과 교전하다가 전사하였다.

02 해협의 북안 도선장에서 하선하는 모습

03 해협의 남안 도선장에서 승선하는 모습

04 1898년에 세운 마젤란의 해협 통과 기념비

05 도선장 표시판
우수아이아에서 리오그란데(Rio Grande)를 거쳐 푼타아레나스로 가는 길에 지나야 하는 마젤란 해협의 남안 도선장 표시판이다.

마젤란
-엘카노의 세계일주

1517년 스페인으로 이주한 해상 실크로드의 개척자 마젤란은 동방에서 생산되는 향료의 길을 찾기 위해 스페인 국왕의 승인을 얻어 1519년 8월 10일 약 270명의 선원과 함께 5척의 범선을 타고 세비야항을 출발하였다. 대서양을 횡단하고 브라질 연안을 남행해 이듬해 봄 험난한 마젤란 해협을 통과하였다. 태평양에 들어선 선단은 서행해 괌을 거쳐 1521년 3월 필리핀 세부(Cebu)에 도착하였으나 막탄섬에서 토착민과 싸우다 선원 40명을 잃고 마젤란 자신도 전사하였다. 이후 배 두 척만이 엘카노(S. de Elcano)의 지휘하에 말루쿠 제도(Maluku Islands)의 티도레(Tidore)에 도착하였다. 거기서 한 척은 향료를 싣고 태평양으로 동항(東航)하다가 포르투갈인들에게 피랍되었다. 엘카노가 이끄는 다른 한 척(빅토리아호)은 서항해 인도양을 횡단, 아프리카 남단의 희망봉을 거쳐 1522년에 마침내 출항했던 세비야항으로 귀항하였다. 마젤란은 비록 중도에서 전사하였지만, 그가 발족한 선단은 부하 엘카노의 지휘하에 대서양 → 태평양 → 인도양 → 대서양으로 이어지는 사상 초유의 환지구적 항해를 실현하였다. 마젤란-엘카노의 세계일주를 통해 지구가 둥글다는 것과 아메리카와 아시아 및 유럽은 서로가 독립된 별개의 대륙이지만 해로로 연결될 수 있다는 사실을 확인하였다.

——— 마젤란의 길 (1519~21)
- - - - 엘카노의 길 (1521~22)

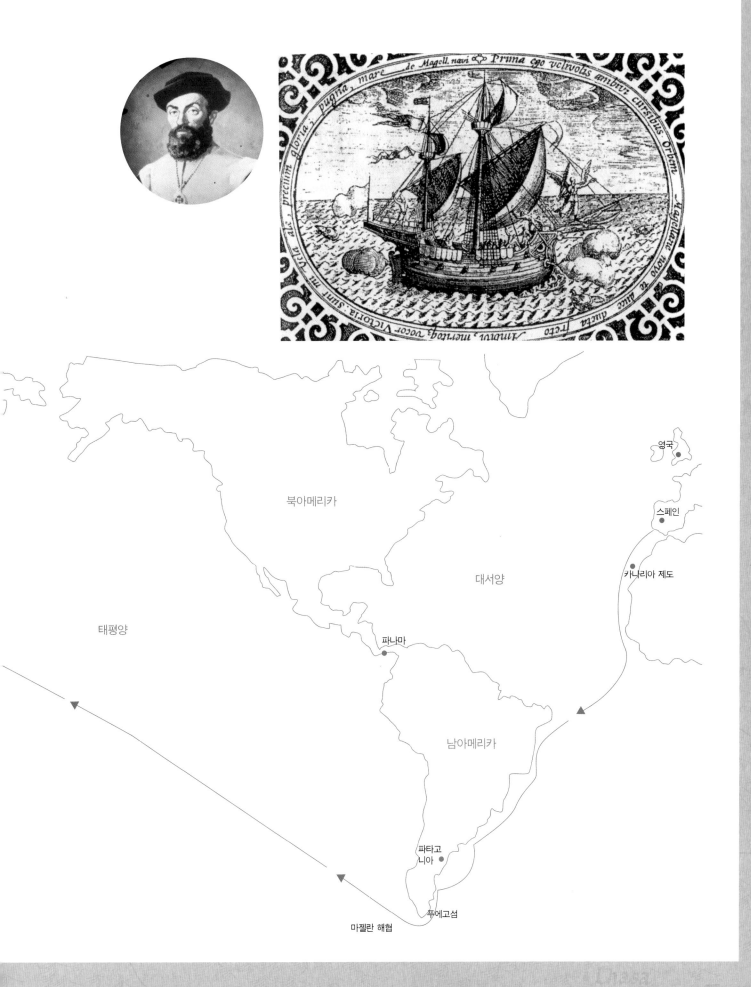

영국

스페인

카나리아 제도

북아메리카

대서양

태평양

파나마

남아메리카

파타고
니아

푸에고섬

마젤란 해협

산티아고

Santiago

안데스 산맥의 서쪽 기슭에 태평양을 면해 자리한 칠레 수도 산티
아고는 서구 식민지화의 산물이다. 스페인 침략자 페드로 데 발디
비아(Pedro de Valdivia)는 황금을 찾아 페루와 볼리비아, 아르헨티
나를 두루 돌아다니다가 안데스 산맥을 넘어 이곳에 와 원주민들의
저항을 무력으로 진압하고 1541년에 산티아고를 건설하였다. 시 중
심에 있는 아르마스 광장 주변에는 1846년 남미 최초의 조폐창(造
幣廠)을 개조한 대통령 궁전(일명 '모네다 궁전' Palacio de la Moneda)
과 1558년에 지은 대성당과 시청사, 우체국 등 식민시대의 건물들
이 자리하고 있다. 대성당은 스페인이 이 땅을 강점하고 나서 제일
먼저 지은, 무게 29kg 넘는 은 램프가 달려 있을 정도로 화려한 성
당이다. 대통령 궁전 맞은편에 있는 레알 아우디엔시아 궁전(Palacio
Real Audiencia) 안에 마련된 국립역사박물관은 유구한 칠레역사에
비하면 내용이 빈약하다. 칠레 '독립'이라는 건국에만 초점을 맞추

다보니 건국 영웅들의 초상화나 서간, 세간들의 전시에 편중되어 있다.

아르마스 광장 한복판에 독립기념탑과 함께 침략자인 발디비아의 기마상이 가지런히 세워져 있는가 하면, 광장의 한 모퉁이에는 남미에서 최초로 선거를 통해 사회주의정권을 세운 비운의 정치가 아옌데 대통령의 동상이 세워져 있어 사람들의 눈길을 끈다. 남미에서는 가장 먼저 1880년에 지어진 국립미술관에는 남미 각국의 이름난 회화와 조각품 3,000여 점이 전시되어 있다. 그 가운데는 유네스코 본부의 대벽화를 그린 칠레의 세계적인 화가 로베르토 마타(Roberto Matta)의 작품도 들어 있다.

식민지 침략사를 증언하는 현장으로는 시내에 있는 높이 70m쯤 되는 산타루시아 언덕(Cerro Santa Lucia)을 들 수 있다. 원래는 침략자 발디비아가 원주민들의 저항에 대비하기 위해 쌓은 요새였으나,

지금은 숲이 우거진 공원이다. 언덕에는 높이 14m의 성모 마리아상이 다소곳이 서 있다. 언덕에 오르면 산티아고시 전경이 한눈에 들어온다. 그런데 그 전경은 청청 하늘을 자랑해오던 옛 산티아고의 모습이 아니라, 스모그가 자욱한 '공해의 도시' 몰골이다. 정부는 공해를 없애려고 자동차 10부제 운행이나 자동차 시내 진입 허가제 같은 조처를 취해보지만 아무런 소용이 없다고 한다. 아직은 '미숙한 호랑이' 신세를 면치 못하고 있는 것이 오늘날 칠레의 현실이다. 면적: 641.4km², 인구: 약 540만 명(2012년)

안데스 산맥 서쪽 기슭에 자리한 '공해의 도시' 산티아고
안데스 산맥은 남아메리카의 서부 태평양 연안을 따라 북쪽의 파나마 지협에서 남쪽의 드레이크(Drake)해협까지 남북으로 길게 뻗어 7개 나라나 지나가는 세계에서 가장 긴(7,000km) 산맥이다. 평균고도는 약 4,000m이고 6,100m 이상 고봉만도 50여 개나 되며 최고봉은 6,959m의 아콩카과(Aconcagua)산이다. 1억 3,500만~6,500만 년 전에 형성된 안데스는 잉카문명의 요람이다.

01

01 산티아고 대성당 정문
1541년 스페인이 칠레를 강점하고 나서 제일 먼저 지은 건물이 바로 1558년에 지은 이 대성당으로 칠레 가
톨릭의 총본산역을 맡아왔다. 바로크 양식과 신고전주의 양식을 절충한 성당 내부는 상당히 화려하다. 벽에
는 '최후의 만찬'을 비롯한 성화들이 걸려 있고, 천장에는 무게가 20kg 넘는 17세기의 대형 은 램프가 달려
있다. 성당은 국민의 정신적 지주로, 반군사독재 투쟁의 근거지가 되기도 하였다.

02 네루다의 고택 정면 벽에 붙어 있는 그의 원형 물고기 트레이드 마크

03 민중시인 파블로 네루다의 고택 라 세바스티아나
산티아고에서 서북쪽으로 114km 떨어진 칠레 최대 항구도시인 발파라이사
(Valparaisa)의 언덕 위에 자리한 칠레의 세계적 민중시인 파블로 네루다(Pablo
Neruda, 1904~1973)의 고택 중 하나인 라 세바스티아나(La Sevastiana)이
다. 쪽빛 푸른 바다가 한눈에 들어오는 5층짜리 고즈넉한 목조 건물에는 주인
이 생전에 사용하던 서재 · 식당 · 침실 · 바 · 세간 등 유품들이 그대로 남아 있
다. 파란만장한 삶을 살아온 시인은 시작이나 사회참여에서 심원한 깊이를 지
닌 참 지성의 아이콘이자 표상이다. 1971년에 노벨문학상을 수상하였다.

04 네루다의 고택 중 하나인 라 세바스티아나라는 문패

05 칠레 최대 항구인 발파라이사항 전경

06 대통령 궁전
일명 '모네다 궁전'(Palacio de la Moneda)으로 알려져 있는데, '모네다'는 스페
인어로 '돈'이라는 뜻으로, 원래 이 건물은 1784년에 착공해 1805년에 완공한
남미 최초의 조폐창(造幣廠)이었다. 그러다가 1846년부터 대통령 관저로 사용
해왔다. 그로부터 127년 뒤인 1973년 피노체트가 피의 쿠데타를 일으켜 아옌
데의 급진정권을 뒤집었다.

07 산타루시아 언덕 요새 정문
침략자 발디비아가 원주민들의 저항에 대비하기 위해 고도 70m 밖에 안 되는
이 언덕에 요새를 구축하였다. 언덕 위에서는 산티아고 시가가 한눈에 들어온다.

08 아르마스 광장에서 방랑 연예인들의 민속놀이를 구경하는 시민들

09 칠레의 다양한 탈

10 한인타운의 한 한국식당에서 보쌈요리를 먹는 현지 가족
오순도순 이야기하면서 맛깔스럽게 된장에 쌈을 싸먹는다. 한류(韓流)의 한 단
면이다. 그 전파자는 우리 문화의 전도사다.

11 아르마스 광장 한복판에 거만스레 서 있는 침략자 발디비아의 기마동상

12 비운의 정치가 살바도르 아옌데 대통령 동상
아르마스 광장의 한 모퉁이, 법무부 청사 앞에 2009년 9월 이 나지막한 동상이
세워졌다. 동상에는 "나는 칠레가 가야 할 길, 칠레의 미래를 확신한다."라는 글
이 새겨져 있다. 그는 1970년 가까스로 대통령에 당선된 후 하행식 국유화 같은
급진적 정책을 강행하다가 1973연 9월 11일 피노체트가 일으킨 군사쿠데타를
맞는다. 망명하라는 주위의 권유를 물리치고 쿠데타군의 면전에서 "항복하지
않는다."라는 최후의 일갈을 남기고 자총으로 최후를 마쳤다고 한다. 일각에서
는 타살설도 떠돌고 있다.

13 베라몬테(Veramonte) 와이너리(포도주 공장)의 양주통
넓은 포도원과 양주장을 함께 가지고 있는 이 와이너리에서는 프리무스
(Primus), 리투라(Ritura) 등 여러 종류의 와인을 다량 생산하고 있다. 과거 칠레
는 3W, 즉 좋은 날씨(weather)와 좋은 포도주(wine), 아름다운 여성(woman)의
나라로 세상에 알려졌을 만큼 포도주가 유명하였다. 그러나 지금은 빈곤 퇴치를
앞세워 3W가 3F, 즉 생선(fish)과 꽃(flower), 과일(fruit)로 바뀌어가고 있다고
한다.

리마

Lima

'왕의 도시'라는 뜻의 페루 수도 리마는 남미 태평양 연안의 중심도시이자 남미의 주요한 관문 중 하나이며, 근 500년의 유구한 역사를 지닌 고도(古都)다. 무력으로 잉카제국을 강점한 스페인 정복자 프란시스코 피사로(Francisco Pizarro)는 1535년 제국의 수도를 쿠스코(Cuzco)에서 이곳으로 옮기면서 스페인의 이베리아 양식에 따라 아르마스 광장을 중심으로 식민도시를 건설하였다. 스페인은 이곳에 국왕을 대신해 통치권을 행사하는 페루 부왕령(副王領)을 설치함으로써 남미 각국이 독립할 때까지 리마는 남미에 대한 스페인의 식민통치 본산이었으며, 남미에서 가장 큰 도시였다. 구시가지의 중심부인 아르마스 광장 주변에 있는 웅대한 대통령부와 시청사, 그리고 화려한 대성당 등 유물들은 300년 식민통치의 역사를 증언하고 있다.

리마에는 잉카문명을 비롯한 페루의 찬란한 고대 문명들을 대변하는 유적유물이 수두룩하다. 10여 개의 역사문화박물관은 그 하나하나가 모두 고대 페루문명의 생생한 현장이다. 몬테리코

(Monterrico) 지구에 자리한 페루 황금박물관(Museo Ora del Perú)의 5개 전시실을 꽉 채운 황금유물들은 기원 직후부터 치무문화(Chimú)시대, 15세기 잉카시대까지 장장 1,500년 동안의 황금문화시대에 꽃핀 귀중한 유산들이다. 인류역사상 전무후무한 황금문화다. 문명탐험가들을 매료시키는 또 하나의 문화유산은 세라믹(ceramics)이다. 라파엘 라르코 에레라 박물관(Museo Rafael Larco Herrera)에 소장된 약 45,000점의 세라믹은 실용적인 그릇 개념이나 용도가 아니라, 높은 경지에 도달한 예술작품이다. 리마의 찬란한 문화가 오랫동안 지탱될 수 있었던 것은 건조하고 서늘하다는 독특한 자연환경과도 무관하지 않다.

한 가지 놀라운 사실은 종교재판박물관이라는 공간적 매체를 통해 이교도에 대한 기독교의 종교적 탄압과 강요를 사실 그대로 신랄하게 폭로하고 있다는 점이다. 등신대(等身大)의 인형을 사용해 소름 끼치는 고문과 처형의 현장을 그대로 재현하고 있는데, 신부의 입회

하에 태연하게 '죄인'(이교도)을 능지처참(陵遲處斬)하는 끔찍한 행위는 종교가 종교임을 포기하기 전에는 도저히 있을 수 없는 만행이라 하겠다. 면적: 2,672.3km², 인구: 약 760만 명(2007년)

독특한 자연환경의 리마
리마는 리막(Rimac)강 하구의 저위도(남위 12도)지대에 자리하고 있지만, 태평양 연안을 따라 북상하는 한류의 영향을 받아 일년 내내 서늘한 편이다. 그렇지만 해안 사막지대에 위치하고 있기 때문에 강수량은 연평균 30mm로, 세계에서 비가 가장 적게 내리는 수도로 알려져 있다. 더위가 누그러드는 5월이 되면 이른바 '잉카의 눈물'이라고 하는 아주 적은 양의 안개비가 내린다.

01 황금관식(冠飾)(페루 황금박물관)

몬테리코(Monterrico) 지구에 자리한 2층 짜리 황금박물관의 1층은 무기박물관이고, 지하층이 황금박물관이다. 5개 전시실을 꽉 채운 휘황찬란한 황금유물은 사람을 황홀경에 빠지게 한다. 감히 말하건대, 지구상 어느 곳도 따라잡을 수 없는 완벽한 황금문화다. 4방의 3m는 족히 되는 뽈록무늬의 대형 정방형 황금벽걸이, 주둥이 두 개 달린 황금주전자, 한국의 가야금관과 관형이나 장식이 유사한 금관, 몸둥이 전체를 금으로 주조한 황금인간, 황금검 … 등 생활의 모든 영역에 걸친 황금문화다. 유물의 거개는 제작연대가 밝혀져 있는데, 통관하면 기원 직후인 치무(Chimu)시대(100~700년)부터 비쿠아(Vicua)시대, 찬카이(Chancay)시대(1000~1200년)에 이르기까지의 전후 잉카시대를 포함한 약 1,500년 동안의 황금문화시대의 유물들이다.

02 각종 황금장식(황금박물관)

03 라파엘 라르코 에레라 박물관 외관

04 잉카문명의 자랑 세라믹(라파엘 라르코 에레라 박물관)

이 박물관은 세라믹 약 45,000점을 시대별로, 문화별로, 모티브별로 일목요연하게 분류해 전시하고 있다. 구대륙의 고고학계에서는 대체로 흙으로 빚은 기물을 토기, 자기, 사기로 구분하지만, 여기 '신대륙'에서는 일괄해 세라믹이라고 한다. 그 세라믹의 발달수준은 놀랍다. 단순한 실용적인 그릇 개념이나 용도가 아니라, 그보다 더 높은 예술의 경지에 도달한 것이다. 단아하면서도 우람하고 기이하기도 하다. 별관에 마련한 에로틱관(Sale Erótica)에 전시된 섬세하고 회화적인 에로틱 세라믹은 보는 이로 하여금 혀를 내두르게 한다.

05 라파엘 라르코 에레라 박물관에 소장된 인형 세라믹

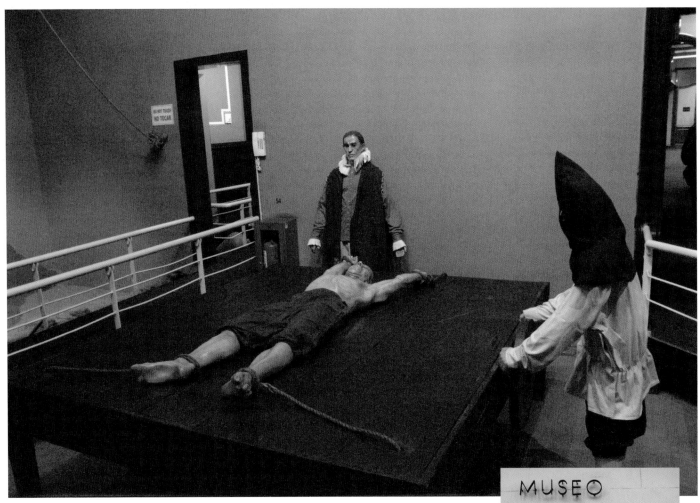

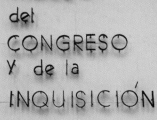

06 소위 종교재판에 의해 '죄인'(이교도)을 능지처참하는 장면(종교재판소박물관)
볼리바르광장(Plaza Bolivar)에 있는 종교재판소박물관(Museo del Tribunal del Inquisición y del Congreso)에는 등신대(等身大)의 인형을 사용해 배신자나 이교도에 대한 소름 끼치는 고문과 처형의 현장을 재현하고 있다. 인두겁을 쓴 살인마들만이 할 수 있는 끔찍한 이 모든 행위는 소위 '종교'의 허울 속에 진행되었다. 역사는 범죄자들의 속죄를 지켜보고 있다.

07 종교재판소박물관 문패

08 중앙거리(Av. Larco)에 있는 성당의 외관

09 대통령 궁전
아르마스 광장에 있는 이 건물은 원래 스페인의 왕을 대신해 페루를 비롯한 남미 제국을 통치하던 부왕령(副王領)의 관저였다.

마추픽추
Machu Picchu

페루의 쿠스코주 우르밤바(Urubamba)의 해발 2,350m의 고지대에 있는 마추픽추는 '늙은 봉우리'라는 뜻의 '마추픽추'와 '젊은 봉우리'라는 뜻의 '와이나픽추'(Huayna Picchu) 두 산의 능선에 자리하고 있다. '잃어버린 도시' 혹은 '공중 도시'라고도 하는 이 도시의 조성 연대는 아직 밝혀지지 않았다. 면적이 5km²에 달하는 이 도시는 우루밤바강으로 둘러싸여 있으며, 중앙에 뚫은 수로를 중심으로 남북에 성격이 서로 다른 200여 개의 구조물들이 배치되어 있다. 남쪽에는 약 10m 높이의 석축이 받치고 있는 100여 개의 다랑이밭이 있다. 북쪽은 대형 광장과 거주지, 그리고 '태양의 신전'과 '달의 신전', 왕의 무덤이 있는 콘도르 신전 같은 종교시설들이 밀집해 있다.

돌로 쌓은 원형 성벽의 '태양의 신전'은 천문대답게 태양의 각도를 재는 4개의 돌출부가 있고, 동쪽으로 두 개의 창문이 나 있다. 유적의 최정상에는 해시계로 알려진 '인티와타나'(Intihuatana)라고 하는 높이 1.8m, 너비 36cm의 돌기둥이 있다. '인티와타나'는 케추아어로 '태양을 끌어당기는 자리'라는 뜻으로, 이 기둥은 '태양을 묶는 기둥'인 셈이다. 태양을 숭배하는 잉카인들은 해마다 동지가 되면 이 돌기둥 바로 위에 떠 있는 태양을 붙잡아 매려고 돌기둥에 끈을 매는 의식을 치렀다고 한다. 마추픽추는 1983년에 유네스코의 세계문화–자연 복합유산으로 등재되었다.

잉카인들이 이렇게 고산 도시를 세운 목적에 관해서는 여러가지 설이 있다. 스페인 침입으로 인한 잉카 귀족들의 피난처, 스페인 침략에 대한 잉카인들 최후의 저항지, 왕의 별궁, 신성한 신전, 상류층 자제들의 교육기관, 야만인들의 습격에 대비하기 위한 보루 등 여러가지 설이 분분하다. 또한 잉카의 4대 제국과 연결되는 8개의 길이 새로이 발견된 점으로 보아 이 도시는 거주지이거나 정치 및 종교의 중심지였을 것으로 추정하기도 한다.

인티와타나(해시계)

마추픽추 전경

파나마시티

Panama City

파나마공화국(Republic of Panama)의 수도 파나마시티는 태평양과 대서양을 잇는 파나마 운하에 인접한 해운과 교통의 요지로, 16세기 초 스페인의 정복자 페드로 아리아스 데 다빌라(Pedro Arias de Dávila)가 '신대륙'의 태평양 연안에 건설한 최초의 도시다. 콜럼버스는 1502년의 제4차 대서양 횡단 항해 당시 이곳에 도착해 아름다운 항구라는 뜻의 '포르토벨로'(Portobelo)라는 이름을 붙였다고 한다. 이곳은 잉카제국으로 가는 스페인 탐험대의 출발지이자 안데스 주변 국가들에서 약탈한 금과 은을 스페인으로 운반하는 항구로 사용되었다. 1671년 영국의 해적 헨리 모건(Henry Morgan)의 습격으로 도시가 모두 불에 타서 폐허가 되었다. 2년 후에 현재의 위치에 해적을 막기 위한 요새를 포함한 계획도시를 새로 건설하였다.

　18세기 중엽 시몬 볼리바르(Simón Bolívar)가 반(反)스페인의 연

합체인 그란 콜롬비아(Gran Colombia 대콜롬비아)를 세우면서 파나마는 그 한 주로 병합되었다. 1848년 미국 캘리포니아의 골드러시(gold rush)가 일어나면서 캘리포니아로 향하는 사람들이 파나마시티로 몰려들자 도시는 다시 한 번 발전의 호기를 맞이하였다. 특히 1914년 미국에 의해 완공된 파나마 운하의 건설은 파나마시티에 엄청난 경제적 부를 안겨주었다.

파나마는 1903년 대콜롬비아로부터의 독립을 선언하고, 파나마시티를 수도로 삼았다. 같은 해 11월 미국은 파나마와 헤이-뷔노-바리야(Hay-Bunau-Varilla)조약을 체결하여 파나마 운하 지역의 조차권을 획득하였다. 그러나 1950년대에 들어와 파나마 사람들은 운하의 지배권을 갖기 위한 정치활동과 더불어 총파업도 단행했으며, 1963년에는 미국과의 유혈충돌까지 발생하였다. 그 결과 1977

년에 체결한 파나마 운하 조약에 의해 미국은 1999년 12월을 기해 85년 동안이나 독점해오던 파나마 운항권을 파나마에 넘기고 철수하게 되었다. 면적: 275km², 인구: 약 81만 명(2010년)

파나마 운하(Panama Canal)
남북아메리카 대륙의 결절점을 이루는 파나마 지협(地峽)을 횡단해 태평양과 대서양을 잇는 갑문식(閘門式) 운하다. 길이는 대서양 동안의 콜론(Colón)에서 태평양 서안의 발보아(Balboa)까지 전장 82km이고, 폭은 30~90m, 깊이는 13.7m 이상이며, 최고 수면은 26m이다. 수문이 상하에 각각 3개씩 달린 이 운하에는 해마다 1만 5,000척의 선박이 드나드는데, 통과하는 데는 8시간 가량이 걸린다.

01 대성당 정문
구시가의 상징으로 106년간(1688~1794년)이나
걸려 지었다. 파나마에서 가장 오래된 성당이자,
16세기 이래의 건물로는 유일하게 온전히 남아
있는 건물이다. 영국 해적 헨리 모건이 파괴한 파
나마 비에호의 옛 성당에서 가져온 3개의 종이 성
당 내에 보관되어 있다.

02 운하 옆에 있는 파나마 운하 관리사무소 외관

03 태평양 쪽 운하 입구

04 파나마 운하 굴착작업 조각도(파나마 운하
박물관)
운하 개굴에 2만 명이나 희생되었다고 한다.

05 구(舊) 파나마(Panama Viejo)의 폐허

원래 이곳은 스페인이 1519년 태평양 연안에서
는 처음으로 세운 식민도시로, 이곳을 통해 잉카
제국의 황금을 비롯한 약탈 재부를 포르투갈이나
스페인으로 운반해갔다. 대단히 번성하던 이 도
시가 1671년 영국의 해적 헨리 모건 일당의 침공
을 받아 거의 폐허가 되었다. 유적의 한 건물 벽에
"보물을 꿈꾸는 해적들에 의해 파괴된 도시"라고
누군가가 남긴 글귀가 눈에 띄었다. 오랫동안 망
각되어오다가 최근에 관심을 갖고 복원에 들어갔
다. 파나마 비에호 박물관 2층에는 이 구 파나마
의 역사에 관한 기록과 유물들이 전시되어 있다.

**06.07.08 구 파나마 유적에서 출초된 외래 세
라믹(파나마 비에호 박물관)**

09   나선형의 특이한 고층건물

10   화교의 파나마 이주 150주년 기념비
라스 아메리카스교(橋, 구릉 다리)의 끝머리에 만
들어진 '중파공원'(中巴公園, 중국~파나마 공원) 내
에 있는 기념비로, 중화인민공화국 국무원 교판
(僑辦, 화교판공실)이 세웠다. 파나마에는 청대부
터 이주한 화교 약 30만 명(전국 인구의 10분의 1)
이 살고 있다.

11   구시가의 초라한 초리오(Chorrillo) 빈민 거리

산살바도르

San Salvador

엘살바도르의 수도 산살바도르는 고대 마야문명의 남계(南界)에서 마야문명을 찬란히 꽃피운 유서 깊은 곳이다. 태평양 연안지대의 여러 호수와 강·하천을 낀 기름진 땅에서 선주민들은 각지의 선진문화를 받아들여 나름의 독특한 문명을 꽃피웠다. 스페인 식민주의자들이 침입하기 이전부터 이곳은 중앙아메리카에서 인구밀도가 가장 높은 곳으로, 경제적·문화적 활동이 활발히 전개되고 있었다. 1831~1838년에는 중앙아메리카연방의 수도였으며 지금은 중앙아메리카 상설사무국의 소재지이기도 하다. 쾌적한 기후에다가 근교에 일로팡고(Ilopango)호를 비롯한 호수와 화산들이 많아 관광지로서도 이름나 있다.

해발 660m의 산간분지에 자리한 '신성한 구세주'라는 뜻의 산살바도르는 1525년에 스페인 식민주의자들에 의해 건설되었으나 1554년에 일어난 큰 지진으로 파괴되자 지금의 자리로 도심을 옮겼다. 그리하여 초기 식민시대의 구시가지 면모는 사라지고 말았다. 현재의 시가는 1919년 지진 이후에 1934년부터 건설한 현대적 계획도시다. 태평양 연안에 위치한 리베르타드(Libertad)는 산살바도르의 외항으로서 수도 일원의 교통과 교역을 담당하고 있다. 1980년에 발발해 12년 동안이나 계속된 내전으로 인해 이 나라의 경제는 극도로 피폐해졌으며, 빈부 격차의 심화와 치안 불안 등 여러가지 사회문제가 야기되었다.

시내에는 성프란체스코 대성당과 로사리오 교회 등 식민시대의 유적 유물이 남아 있으며, 국립인류학박물관은 엘살바도르에서 피어난 마야문명의 이모저모를 잘 보여주고 있다. 특히 서쪽 약 40km 지점에 자리한 마야문명 고전기의 호야 데 세렌(Joya de Cerén)유적(유네스코에 문화유산으로 등재)과 거기서 5km 떨어져 있는 산 안드레스(San Andrés, 근 100년간 발굴이 진행)유적은 마야문명의 보고라고 말할 수 있다. 면적: 72.25km², 인구: 약 57만 명(2011년)

산 안드레스(San Andrés) 유적의 제형(梯形) 피라미드 신전
1910년 농장을 측량하다가 우연히 발견된 이 마야문명 유적은 100여 년 동안이나 발굴과 연구를 거듭했으나 아직도 많은 수수께끼를 남기고 있다. 8세기경부터 형성되기 시작한 이 유적은 멕시코 중앙고원 문화의 영향을 받은 것으로 짐작된다. 이곳에서 1977년까지 모두 7개의 제형 피라미드 신전이 발견되었는데, 이 제1호 신전의 높이는 22m에 달한다.

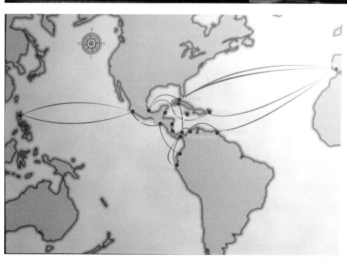

RUTAS COMERCIALES A PARTIR DEL SIGLO XVI

A partir del siglo XVI, la monarquía española concentró todo el comercio de América en la provincia de Sevilla, donde se establecieron las casas de contracción. Estas enviaban mercancías al imperio español a cambio de productos americanos. Las principales rutas de comercio marítimo eran: La ruta de "los galeones", que comercializaba hacia Sudamérica, en Cartagena de Indias y Portobello. La otra ruta "la flota", se detenía en Santo Domingo, continuaba hacia Veracruz. La flota y los galeones atracaban en La Habana, regresando a Europa bajo una fuerte escolta. La única vía de intercambio en Centroamérica fue a través de Santiago de Guatemala, aunque el puerto de Acajutla se conectaba con Acapulco para integrarse al comercio con Manila.

Since the sixteenth century, the Spanish Monarchy concentrated all the commerce from America in the province of Seville, where the "Casas de Contratación" where established. From here, goods were sent to the Empire in exchange of American products. The main oceanic trade routes were: the route of "los galeones" that commercialized with South America from Cartagena de Indias and Portobello. The other was the route of "la flota" which stopped in Santo Domingo and continued to Veracruz. La Flota and Los Galeones met at La Habana before going back to Europe as a convoy. The most important commerce route in Central America was through Santiago de Guatemala, although the port of Acajutla was active and had connections with Acpaulco, and from there to Manila.

01   특이한 구조의 로사리오(Rosario) 교회 외관
돔을 절반 자른 형태의 특이한 구조물이다.

02   로사리오 교회의 내부
상당히 넓은 공간으로 강당과 좌석은 중앙에서 한쪽으로 몰아 배치하고, 소규
모 미사는 앞쪽 작은 공간에서 따로 근행하고 있다.

03   16세기 엘살바도르의 무역로 지도(국립인류학박물관)

04   가장 큰 성당인 성프란체스코 대성당 외관

05.06   호야 데 세렌(Joya de Cerén) 유적에서 출토된 세라믹 접시와 주거지
이 유적은 산살바도르의 서쪽 약 40km 지점에 있는 마야 고전기 전기(前期)의
촌락 유적이다. 유물을 통해 3세기부터 농경이 생겨났음을 알 수 있다. 640년
근교의 화산 폭발로 온 마을이 사라졌다. 1,300년 동안 잿더미 속에 묻혀 있다
가 1976년 공사 중 발견되었다. 지금은 4개 지구로 나눠 발굴작업과 연구가 진
행되고 있으며, 박물관이 부설되어 있다. 1993년 유네스코 세계문화유산으로
등재되었다.

07 화려한 민족의상을 입고 축제를 즐기는 무희들

08 인디오들이 사람의 심장을 도려내어 태양신에게 공희(供犧)하는 장면(국립민속박물관)

09 민화
민예품시장에 내놓은 민화로, 여성은 머리에 이고, 남성은 등에 지고 하는 풍습이 한국인 풍습과 닮아 보인다.

10.11 옥수수 유물과 옥수수 빵(국립인류학박물관)
옥수수 원산지는 라틴아메리카로 범지구적 문명 교류의 한 명백한 증거다. 엘살바도르 사람들은 옥수수를 주식으로 하고 있는데, 그중 가장 많이 먹는 식품이 옥수수가루 떡 속에 치즈와 검정콩가루를 넣어 구워 만드는 푸푸사다.

12.13 탐스러운 원두 커피와 커피 나무(국립인류학박물관)

과테말라시티

Guatemala City

과테말라의 수도로 나라 이름과 구별해 과테말라시티라고 부른다. 과테말라는 '늘 푸른'이라는 뜻이다. 해발 1,500m의 고원지대에 자리한 과테말라시티는 고대 마야의 도시인 카미날리유(Kaminaljuyú)가 있던 곳에 위치하고 있다. 카미날리유에는 기원전 1200~1000년경에 원주민이 정착하기 시작했고, 기원전후 1세기경에는 제사를 위한 신전과 제단이 다수 생겨났다. 신전 밑에서 발견된 묘에서는 각종 토기와 비취 장식품 등이 출토되었다. 과테말라시티는 5세기경에 멕시코 중앙고원을 중심으로 번영한 테오티우아칸(Teotihuacán) 문화의 영향을 받아 고도의 문화와 부를 누렸으나, 7세기 말 테오티우아칸이 쇠퇴하면서 활력을 잃었다. 10세기경에 카리브족(Caribs)의 침입이 잦아지자 사람들은 도시를 버리고 내륙으로 숨어들었다.

과테말라는 16세기경부터 스페인의 식민지가 되었다. 1773년에 스페인의 과테말라 총독령(總督領, Capitanía General de Guatemala)의 수도인 안티과(Antigua)가 지진으로 파괴되자 새로이 과테말라시티를 건설해 총독령 수도로 삼았다. 1821년에 과테말라가 스페인으로부터 독립하면서 과테말라시티는 과테말라 · 코스타리카 · 온두라스 · 니카라과 · 엘살바도르 등 5개국이 연합한 중앙아메리카연방(República Federal de Centro América)의 수도가 되었다. 그러나 중앙아메리카연방이 얼마 안 가서 해체되자 과테말라시티는 1839년에 건국한 과테말라공화국의 수도가 되었다. 지금은 팬아메리칸 하이웨이(Pan-American Highway)가 통과하는 교통의 요충지로, 현재의 시가지는 20세기 초에 발생한 지진 이후 재건된 것이다.

시내에는 국립고고학민족학박물관과 현대미술박물관, 이스첼 민족의상박물관(Museo Ixchel del Traje Indigena), 프란시스코 마로킨 대학 부속 포폴 부 박물관(Museo Popol Vuh) 등과 함께 고대 마야유적공원 안에 카미날리유 유적이 있다. 공원 안에서는 인디언들이 불을 피워놓고 제물을 바치면서 종교의식을 거행한다. 인디오 여류 민권운동가이며 노벨평화상 수상자인 리코베르타 멘추는 이곳 출신이다. 면적: 692km², 인구: 약 110만 명(2011년)

메트로폴리탄 대성당(Cathedral Metropolitan)
'작은 파리', '늘 푸른 도시', 그리고 중미의 경제 · 문화 · 교통의 중심지인 과테말라시티의 중앙광장 인근에 자리한 이 대성당은 과테말라 가톨릭의 대본영이며, 과테말라인들의 정신적 지주다. 1809년 신고전주의 양식으로 지어진 이 성당은 외관은 물론, 내부도 상당히 우아하고 화려하다. 몇 차례의 지진을 이겨낸 것도 그 자랑 거리의 하나다.

01
02
03

01 카미날리유(Kaminaliuyú) 유적공원

이 공원 안에는 마야문명 유적이 두 곳에 있다. 돌무지로 성소를 표시하고, 돌로 성소로 가는 길을 표시하고 있는데, 그 상이한 돌의 숫자에 관해서는 수수께끼라고 한다. 유적에서는 신전과 지하묘 · 집회장소 · 집터 · 인형 등이 발굴되었다. 공원 내에 이 두 유적에서 출토된 유물을 전시하는 전문박물관이 있다.

02 카미날리유 유적에서 출토된 토기 인형(카미날리유 유적박물관)

03 주술의식 장면(카미날리유 유적공원)

둥그러미 한가운데 불을 피워놓고 사제의 노래 곡조에 맞춰 헝겊이나 마른 물고기, 과일 같은 것을 불 속에 던진다. 일종의 액운을 쫓는 주술의식이라고 한다.

04 자연사박물관 외관
2층짜리 이 박물관은 우주의 형성과정이나 생물의 진화과정, 그리고 라틴아메리카의 희귀 동식물에 관한 지식을 박제품으로 생동감 있게 전수하고 있다.

05 화가 토레스(Torres, 1912~1965년)의 작품(현대미술박물관)

06 자연사박물관에 전시된 희귀조

07 과테말라의 국조(國鳥)인 케찰
'자유의 새', '삼림 속의 의사'로 알려진 케찰은 여러가지 색으로 변하기도 한다.

08

09 ⑩

08 현대미술박물관 정문
이 박물관에는 토레스(Torres)·카리오스 메리다(Carios Merida)·에프라인 레시노스(Efrain Recinos)·레돌포 갈레오티(Redolfo Galeotti) 등 유명한 현대 작가들의 작품이 전시되어 있다. 예술성은 불문하고, 모티브에서는 나름대로 현대성이나 사실성, 전통성을 구현하려는 노력이 엿보이며, 몇몇 작품에서는 반전평화 염원도 감지된다.

09 색동 평직물
이스첼 민족의상박물관(Museo Ixchel del TrajeIndígena)에 전시된 반점무늬와 격자무늬의 색동 평직물이 관심을 끈다.

10 마야의 세라믹 원통(카미날리유 유적박물관)

치첸이트사
도시유적

멕시코 유카탄주에 있는 치첸이트사(Chichenitza)는 700년경부터 도시화가 진행되었으며, 최성기인 900~1000년경에는 유카탄 일원의 광대한 지역을 통괄하는 국제도시로 번영하였다. 도시 면적은 최소한 30km²이상이며, 삭베(포장 둑길)만 69개소나 되었다. 주요 유적으로는 우선, 한 변의 길이가 60m, 높이가 24m나 되는 '엘카스티요 피라미드'를 들 수 있다. 춘분이나 추분 때 계단에 뱀의 그림자가 나타난다고 해 '쿠쿨칸'(깃털이 난 뱀) 피라미드라고도 한다. 이 피라미드와 여기에 부속된 기타 6개의 구조물에도 예외없이 깃털이 난 뱀이 새겨진 석주가 있다. 구기장(球技場)은 13개나 있어, 전체 마야 저지대 유적에서는 가장 많다.

전쟁과 인간, 도시 장면을 그린 벽화가 있는 '재규어(jaguar)의 신전'은 메소아메리카에서 가장 큰 대구기장(길이 168m, 너비 70m)의 일부를 구성하고 있다. 906년에 건립된 '카라콜'이라고 불리는 천문관측소는 내부에 나선형 계단이 있는 높이 12.5m의 원형건물로, 상부 기단 위에는 마야 문자가 새겨져 있는 석비(石碑)가 서 있다. '승니원(僧尼院)'과 '교회(敎會)'건축물에는 '비(雨)의 신'의 도상이 석조 모자이크로 장식되어 있는데, 여기서 840~889년이라는 연도가 새겨진 비문이 발견되었다. 여기에는 또한 종교의식으로 쓰인 지름 60m, 깊이 36m의 세노테 인신공희(人神供犧) 우물이 있다.

이렇게 치첸이트사 유적은 7~13세기 후반의 대도시 유적이다. 이 도시는 후고전기 전기부터 쇠퇴하기 시작하였다. 유적은 유네스코 세계문화유산으로 등재되었다.

엘 카스티요 피라미드

세노데 우물

샌프란시스코

San Francisco

미국 캘리포니아주 태평양 연안의 항구도시 샌프란시스코는 1542년에 스페인의 항해가 후안 카브리요(Juan Rodriguez Cabrillo)가 유럽인으로서는 처음 도착한 곳이다. 당시 스페인은 이 지역에 큰 관심이 없었다. 그러나 영국과 프랑스, 러시아의 어선들이 바다표범이나 물개 등의 모피를 얻기 위해 샌프란시스코 인근 해역에 나타나자 위기를 느낀 스페인은 1769년에 캘리포니아 탐험대를 조직해 이곳에 파견하였다. 당시 개척지의 이름은 그곳에 도착한 날에 해당하는 성자의 이름을 따서 짓는 것이 관행이었으나, 샌프란시스코는 당시 금문교(金門橋) 근처에 흐드러지게 피어나는 허브(Herb, 박하풀)를 보고 예르바 부에나(Yerba Buena, 박하 약초라는 뜻의 스페인어)라고 하였고, 이후 미국이 점령하고 나서 샌프란시스코로 개명되었다.

1821년에 멕시코가 독립하면서 멕시코령(領)이 되었지만 아직은 모피를 거래하는 작은 항구에 불과하였다. 그러나 1848년에 캘리포니아의 골드러시가 시작되면서 폭발적으로 성장하였다. 골드러시를 통해 축적된 부로 도시의 편의시설이 갖추어졌고 금융업을 비롯한 각종 산업이 탄생하였다. 더욱이 대륙횡단철도와 파나마 운하가 개통되면서 태평양 연안의 제일 항구로 변신하였다. 다양한 나라에서 온 이민자들로 인해 다중 언어가 사용되고 있었으며, 중국에서 건너온 철도 노동자들이 만든 차이나타운은 뉴욕에 이어 미국에서 두번째로 큰 타운이었다.

샌프란시스코의 최고 명물은 북캘리포니아와 샌프란시스코 반도를 연결하는 길이 2,789m에, 수면 탑 높이 227m(전체 342m)인 금문교(金門橋, Golden Gate Bridge)다. 20세기 교량건설의 기적이라고 하는 이 대교의 건설에는 4년간(1933~1937년) 총 3,550만 달러가 투입되었다. 이 도시의 건축물 특징은 구조와 형식, 색깔 등에서의 다양성이다. 면적: 600.6km², 인구: 약 83만 명(2013년)

국립해양사공원(Maritime National Historical Park)에 전시되고 있는 영국 배 발클루타 (Balclutha)호
1886년 스코틀랜드에서 건조되어 이듬해 1월에 취항에 나선 이래 샌프란시스코와 영국 사이를 오가면서 주로 밀과 석탄을 실어 날랐다. 운항을 멈춘 후 1954년부터 이곳 샌프란시스코 국립해양사공원 내의 노천 박물관으로 사용되고 있다.

01 물안개 속에 잠겨 있는 금문교

02 **금문교 공원**(Golden Gate Park)
금문교와는 한참 떨어져 있는 이 공원 내에는 공
연무대와 식물원, 분수 등 휴식공간들이 마련되
어 있다.

03 **주택가**
주택가는 블록 단위로 같은 양식의 주택을 짓는
다. 건축에서의 획일성과 다양성을 결합하는 하
나의 본보기다.

04 **언덕에서 내려다본 시의 전경**

이스터섬

Easter Island

칠레에서 서쪽으로 3,800km 떨어진 남태평양 상의 화산섬으로 칠레 영토이며, 원주민은 라파누이(Rapa Nui, '커다란 땅')라고 부른다. 1722년 네덜란드의 탐험가 로게벤(J. Roggeveen)이 3척의 배를 이끌고 이 섬에 도착했는데, 그날이 바로 기독교의 부활절(Easter day)여서 이렇게 'Easter Island'(이스터섬, 부활절섬)로 부르고 있다. 스페인어로는 '이슬라 데 파스쿠아'(Isla de Pascua)라고 한다. 섬 주민 라파누이의 원류에 관해서는 폴리네시아 도래설과 남미 도래설 두 가지가 팽팽히 맞서고 있다.

사람들이 이 절해고도를 불원천리 찾아가는 이유는 거석(巨石)문화에 속하는 대형 인면석상(人面石像)인 모아이(Moai)를 '친견(親見)'하기 위해서다. 거석문화 가운데서 모아이는 인간의 신성을 단일 모티브로 한 정교한 대형 환조품(丸彫品)이라는 데서 단연 압권이다. 이스터섬에는 높이가 1.13~21.6m의 다양한 크기의 900개에 가까운 모아이상이 흩어져 있다. 대부분의 모아이는 1200~1500년 사이에 제작되었으며, 석상은 최대 6톤 무게의 돌로 쌓은 '아후'(Ahu)라고 하는 대좌(臺座) 위에 세워져 있다. 모든 상들이 신관이나 권력자의 가옥들과 마주보고 서 있는 점으로 미루어, 그 기능은 위력의 상징이나 그 수호로 추측된다. 유네스코는 1995년 섬의 일부를 '라파누이 국립공원'으로 지정하고 세계문화유산으로 등재하였다.

석상은 섬에 있는 라노 라라쿠(Rano Raraku) 화산의 응회암(凝灰巖)으로 만들어졌으며, 17세기까지 섬에 무성했던 큰 나무들을 이용해 운반되었다. 섬의 존재가 알려지자 서구 식민주의자들은 앞을 다투어 이 무주공산(無主空山)을 식민화하려고 시도하였다. 스페인 부왕은 이 섬에 군함을 급파해 일방적으로 영유화(領有化)를 선포하고, 이름을 '산카를로스'(San Carlos)로 바꿔버렸다. 그러자 칠레는 1888년 무력으로 섬을 합병하고, 이름을 '이슬라 데 파스쿠아'로 고쳤다. 식민화에 불만을 품은 섬 주민들은 1966년 칠레 군정에 대한 저항투쟁을 벌여 섬의 자치를 쟁취하였다. 섬에 있는 인류학박물관(Museo Anthropologico)은 다량의 고고학적 및 인류학적 사료로 이스터섬의 과거를 증언하고 있다. 면적: 163.6km², 인구: 약 5,700명(2012년)

각종 모아이상
약 900개의 모아이상 가운데서 유일하게 인구가 있는 상이 항가로아 마을에서 발견되었는데, 그 자리에 이 섬에서는 유일한 박물관인 인류학박물관을 세웠다. 상들은 대체로 개별적으로 흩어져 있으나, 통가리상들처럼 여러 기가 모여 있는 경우도 있다. 모아이상은 분명하게 남방 양석(陽石)해양문화에 속하는 거석문화이나, 아직 문화계보로서의 모아이상에 관한 연구는 미흡한 상태다.

01.02.03 라노 라라쿠(Rano Raraku) 채석산(採石山)과 모아이상들
석회암질의 이 산에서 모아이상들이 만들어졌다는 것이 밝혀짐으로써 오랫동안 논란이 분분했던 상의 외계
설 같은 오해들이 풀렸다. 어떤 원인으로 인한 것인지는 아직 밝혀내지 못했지만, 397구의 상들이 이 산에서
만들어지다가 미완성품으로 버려졌으며, 완성품도 미처 운반하지 못한 경우가 있다.

04

05
06

04   라노 라라쿠 채석산 기슭에 흩어져 있는 모아이상들

05   모아이상을 일으켜세워 운반하는 장면(인류학박물관)

06   라노 라라쿠산에서 채취한 돌(응회암)로 도로 포장을 하기 위해 괭이로
가볍게 다듬는 장면

07 라노 카우(Rano Kau) 저수지

지름 600m, 높이 200m, 둘레 2km, 수심 4~5m
의 화산분출구로 옛날에는 섬 전체에 용수를 공
급하는 저수지였다. 바닥에서는 이끼 같은 풀과
남미산 갈대인 토토라가 자라고 있다.

08 조인(鳥人)전설이 깃든 3바위

옛날에는 해마다 오롱고(Orongo)곶에 각 부족 전
사들이 모여 이른바 조인의식을 거행하였다. 각
부족의 전사들은 이 세 바위에 헤엄쳐 가서 마누
타라라는 군함새 알을 가져오는 경기를 벌인다.
제일 먼저 가져오는 자가 다음 1년간 섬의 실권자
인 조인이 된다.

09 신비의 테 필로 쿠라(Te Pilo Kura, 빛의 배
꼽) 돌

해변가에 있는 이 매끌매끌한 직경 98cm, 무게
82톤의 돌은 이스터섬에 처음 찾아온 호츠마츠
아라는 왕이 고향 히바에서 카누에 싣고 온 것이
라고 한다. 작은 돌 4개는 4방을 가리키는 좌석이
며, 돌을 만지면 기를 받고 행운이 찾아온다고 한
다. 근처에 목이 잘린 채 누워 있는 모아이상은 운
반된 상들 중에서는 가장 큰 상이라고 한다.

10.11　여러 인디언 종족들의 각이한 얼굴상과
머리장식(頭飾)(인류학박물관)

12　오징어 생회
올리브유를 치는 것 외에는 우리가 즐기는 생회
와 다름없다.

13　가로수로 많이 심고 있는 세이보 나무 꽃

14　신기한 꽃

15　인류학박물관 외관
모아이상의 의미와 역사, 제작과 운반, 분포 등에
관한 상세한 지식을 제공해주고 있다. 더불어 섬
에 관한 고고학적 및 인류학적 연구성과도 소개
하고 있다.

16　지천에 깔려 있는 **구야바**(guyaba) 나무

하와이

Hawaii

샌프란시스코에서 서쪽으로 3,857km 떨어진 태평양 상에 있는 미국의 50번째 주로, 주도는 호놀룰루(Honolulu)이다. 원주민은 300~500년경에 마르키즈 제도(Marquesas Islands)에서 건너온 폴리네시아인(Polynesian)으로 추정된다. 하와이라는 말도 '고향'(homeland)이라는 뜻의 고대 폴리네시아어 '사와이키'(Sawaiki)에서 유래했다고 한다. 하와이는 영국의 탐험가 제임스 쿡(James Cook) 선장이 1778년에 유럽인으로서는 처음으로 이 땅을 밟으면서 유럽과 북미에 알려졌다. 쿡 선장은 자신을 후원한 샌드위치 백작의 이름을 따서 이 제도를 '샌드위치 제도'라고 하였다.

1820년대에 북태평양 일대에서 포경산업이 크게 번창하면서 하와이는 북미와 아시아 간의 포경무역에서 가장 적합한 중계항으로 알려졌다. 이어 19세기 후반에는 사탕수수와 파인애플 생산이 붐을 이루어 제당업이 번창해지자 아시아를 포함한 외국 이민이 증가하였다. 그러나 미국은 주로 현지 농장주인 자국인들의 합병 요구를 받아들여 1897년에 하와이와 합병조약을 체결하였다. 이 조약에 따라 하와이는 1900년에 준주(準州)가 되었으며, 1959년에는 미국의 50번째 주가 되었다. 유럽인들이 들어오기 전까지는 '빅아일랜드'로 불리던 하와이섬에 인구가 제일 많았으나, 오아후(Oʻahu)섬으로 유럽인들이 몰리기 시작하면서 이 섬에 자리한 호놀룰루가 주요한 항구도시로 발전하였다.

시내에 있는 제2차세계대전박물관은 주로 2차대전 때 진주만에서 벌어진 미-일 해전상황을 전해주고 있으며, 궁전전시관은 서구화된 하와이 왕국의 궁전 내부를 소개하고 있다. 국제식당에서는 각국의 음식을 맛볼 수 있다. 하늘에서 내려다본 오아후섬은 장관이기는 하나 너무나 인위적이다. 자연경관이라곤 나지막한 산봉우리 한두 개와 실오리 같은 폭포수가 전부다. 코코넛 농장과 가공공장 몇 군데 말고는 농지가 별로 없다. 면적: 28,311km², 인구: 약 140만 명(2013년)

상공에서 내려다본 호놀룰루 해안 전경
이제 철저하게 소비의 도시, 다문화 도시, 교역의 도시로 변한 호놀룰루의 바닷가 와이키키에서는 얼마 전까지만 해도 이곳 명물로 인기를 끌었던 전통춤 훌라는 자취를 감추고 말았다. 관광 크루즈에서나 잠깐 접할 수 있다. 훌라춤 자리에는 'ABC Store' 같은 대형 상점과 음식점들이 들어섰다. 세월의 무상함이다.

01		04	05
02	03	06	07

01 하와이왕국의 초대 왕 카메하메하(Kame hameha) 동상

02 하와이 왕국의 궁전 외관
지금은 궁전 전시관으로 쓰이고 있다. 원래 왕궁은 초대 왕 카메하메하 동상의 뒤편에 있었으나, 후세의 어느 왕이 유럽에 가보고 왕궁이 너무나 초라하다고 느껴서 이러한 유럽식 궁전 건물을 지었다고 한다.

03 하와이 왕국의 휘장
1795년에 카메하메하 1세가 부족들간의 오래된 싸움을 끝내고 하와이 왕국을 세웠는데, 이 왕국은 1893년에 릴리우오칼라니(Liliʻuokalani) 여왕이 퇴위할 때까지 근 100년간 존속하였다.

04 갤리(S.S.Gaelic)호
1902년 12월 첫 한인 이민단이 이 배를 타고 인천 제물포를 출발해 일본 나가사키항에 이르러 신체검사로 19명이 탈락하고, 1903년 1월 13일 호놀룰루에 도착해서는 또 16명이 질병으로 탈락해 결국 86명만이 상륙하였다. 갤리호는 1885년 아일랜드에서 건조된 4,206톤 규모의 배로 6차례에 걸쳐 한인 이민단을 하와이로 수송하였다. 1905년에 매각되어 이름이 '칼라오'(Callao)로 바뀌었다.

05 하와이 사탕수수 농장 상황판
1905년 하와이에는 약 65개의 사탕수수 농장이 있었는데, 거기서 6,000여 명(총 7,400명 이주자 중)의 한인 노동자들이 하루에 10시간 이상 고된 노동을 하였다.

06 호놀룰루에 새로 등장한 국제식당 내부

07 공중에서 내려다본 호놀룰루항

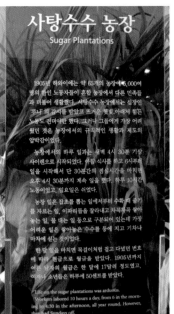

사탕수수 농장
Sugar Plantations

1905년 하와이에는 약 65개의 농장에 5,000여 명의 한인 노동자들이 혼합 농장에서 다른 민족들과 더불어 생활했다. 사탕수수 농장에서는 심장인 '루나'의 감시를 받았고 뜨거운 햇빛 아래서 힘든 노동도 견뎌야만 했다. 그러나 그들에게 가장 어려웠던 것은 농장에서의 규칙적인 생활과 제도의 압박감이었다.

농장에서의 하루 일과는 새벽 4시 30분 기상 사이렌으로 시작되었다. 아침 식사를 하고 6시부터 일을 시작해서 단 30분간의 점심시간을 마치면 오후 4시 30분까지 계속 일을 했다. 하루 10시간 노동이었고, 일요일은 쉬었다.

농장 일은 잡초를 뽑는 일에서부터 수확과 줄기를 자르는 일, 이파리들을 잘라내고 자목차를 뽑아놓는 일, 물 대는 일 등으로 구분되어 있는데 가장 어려운 일은 뽑아놓은 수수를 등에 지고 기차나 마차에 싣는 것이었다.

한 달 일을 마치면 목걸이처럼 걸고 다녔던 번호에 따라 현금으로 월급을 받았다. 1905년까지 어른 남자의 월급은 한 달에 17달러 정도였고, 아이나 소년들은 하루에 50센트를 받았다.

Life on the sugar plantations was arduous. Workers labored 10 hours a day, from 6 in the morning to 4:30 in the afternoon, all year round. However, they had Sundays off.

제2장

동아시아

요코하마 橫濱

Yokohama

일본 가나가와현(神奈川縣)에 있는 항구도시로, 1859년의 미ㆍ일(美日)수호통상 조약에 의해 개항되어 생사(生糸) 무역의 중심항, 게이힌공업지대(京濱工業地帶) 의 공업항, 도쿄의 외항(外港)으로 크게 발전하였다. 미ㆍ일수호통상조약에는 가나가와(神奈川, 지금의 요코하마)ㆍ나가사키(長崎)ㆍ니가타(新潟)ㆍ효고(兵庫, 지금의 고베)를 개항하도록 되어 있는데, 에도막부는 외국인 거류지를 멀리두기 위한 방책으로 당시 가나가와의 항구인 가나가와미나토(神奈川津) 대신 요코하마무라(橫浜村)를 '가나가와의 요코하마'로 칭하고 개항하였다.

원래 가나가와미나토는 가마쿠라막부(鎌倉幕府)가 집권한 13세기 이후에 도쿄만 내해 교통의 거점 중 하나로 발전하기 시작하였다. 그러다가 17세기 초에 도막부가 들어서면서부터 전국에서 물자와 사람들이 몰려들자 선박수송업자나, 이들을 상대하는 다양한 상점들이 생겨나면서 크게 번영하였다. 반면에 요코하마무라는 에도시대 말기까지 100호 정도의 주민이 사는 작은 어촌에 불과하였다. 그러나 요코하마가 개항되자 상업의 중심지가 이곳으로 일시에 옮겨지면서 외국인 거류지와 외국 상관, 세관 등이 들어서 국제항의 면모를 갖추어나갔다.

20세기에 들어와 요코하마는 도쿄만으로 흘러드는 쓰루미(鶴見)강 하구를 매립하여 일본 최대의 공업지구인 게이힌공업지대를 조성하여 고베항과 함께 일본의 근대화를 이끌었다. 1923년 9월 1일에 일어난 관동대지진 때 요코하마 전역이 큰 피해를 입었지만 복구사업을 통해 1929년에는 거의 옛 모습을 되찾았다. 1935년에 닛산(日産)이 자동차 생산을 시작하는 등 요코하마는 제철ㆍ조선ㆍ자동차ㆍ전기 등 중공업과 군수산업의 중요한 거점으로 확고한 자리를 잡아갔다. 제2차 세계대전 당시 연합군의 공습을 받았지만 상대적으로 큰 피해를 입지는 않아서 전후 복구는 순조롭게 진행되었다. 그리하여 국제무역항 및 게이힌공업지대의 공업항으로서의 입지를 빠르게 회복하였다. 1989년에는 시 설립 100주년 및 개항 130주년을 기념하는 요코하마 박람회가 개최되었다. 입항선박수는 전국 1위(43,400척, 2005년), 해상출입화물량은 도쿄항에 이어 전국 2위 (1억 3328만 톤, 2005년)이다. 면적: 437.38 km², 인구: 약 370만 명(2013년)

범선 '닛폰마루'
요코하마 항구의 '닛폰마루(日本丸) 기념공원'(Nippon Maru Memorial Park)에 전시되어 있는 이 범선은 1930년에 항해 견습용으로 건조되어 1984년까지 54년 동안 무려 지구 45.4바퀴 거리(183만km)를 항해하였다. 1950년 한국전쟁이 일어났을 때 부산에서 미군과 한국 피난민 약 3천 명을 수송하기도 하였다. 1985년부터 항해 당시의 선실 모습 등을 그대로 재현하여 일반에게 공개하고 있다. 일년에 12번 범선의 돛 29장을 다 펴보이는 행사를 벌인다.

<table>
<tr><td>01</td><td>03</td></tr>
<tr><td>02</td><td>04
05</td></tr>
</table>

01 요코하마 3탑 중 하나인 요코하마 세관(Queen's Tower) 터
요코하마 3탑은 20세기 초에 근대적 양식을 도입해서 지어진 가나가와 현청
(King's Tower)과 요코하마 세관, 요코하마시 개항기념회관(Jack's Tower)에
대한 아칭(雅稱)인데, 당시 주위에 높은 건물이 없었기 때문에 항구에 들어오는
배의 이정표가 되기도 하였다. 당시 선원들은 카드의 '킹''퀸''잭'이라는 이름을
빌려 불렀다.

02 요코하마시 개항기념회관
1917년 요코하마 개항 50주년을 기념하여 지었다.

03 요코하마 개항자료관
1981년 6월 2일 요코하마 개항기념일에 미 · 일수호조약이 체결된 장소에 지
었다. 신관과 구관으로 이루어져 있는데, 구관은 영국 총영사관으로 1972년까
지 사용되어왔으며, 당시 영사관 내부모습 등이 사진으로 전시되어 있다.

04 일본대로(日本大通)
구 외국인 거류지와 일본인 거주지를 구분하는 길로, 1866년 대화재가 일어난
후 방화벽을 겸해서 계획하고 정비한 일본 최초의 근대적 도로이다. 대로 주변
에 가나가와현 청사와 구 영국총영사관, 구 요코하마 지방재판소 등 역사적 건
물들이 즐비하여 요코하마의 역사적 흔적을 보여준다.

05 개항과 더불어 들어온 다양한 서양식 신문물을 표현한 거리의 타일 장식물

06　항구가 보이는 언덕 공원에서 내려다본 항구 모습

07　야마테(山手)외국인묘지
1853년 미국의 페리 세독이 일본의 개항을 요구하여 요코하마를 처음으로 찾은 데 이어 이듬해인 1854년 7척의 함대를 조직해 재차 찾았다. 이때 함대 소속 미시시피호의 수병 로버트 윌리엄(당시 24세)이 숨지자 시신을 매장할, "바다가 보이는 묘지 터"를 막부에 요구하였다. 이것이 요코하마의 야마테외국인묘지가 생기게 된 단초이다. 개항 후 요코하마에 정착한 외국인을 비롯하여 40개국 4,200여 명의 외국인이 여기에 묻혀 있다.

08　야마테 성공회 교회

09　차이나타운
1859년 개항시 요코하마에 들어온 유럽의 상인들이 중국인 통역관을 데려오면서 중국인들의 거주지역이 형성되었다. 현재의 차이나타운은 외국인 거류지 안에 지어진 중국인 상관이 그 시원이다. 아시아에서 가장 큰 규모의 차이나타운으로 관우를 모시는 관제묘(關帝廟)가 있다.

10　1853년 미국 페리 제독 일행이 상륙하는 모습 그림 (개항자료관)

11　옛 요코하마항 전경 (개항자료관)

고베·오사카 神戸·大阪

Kobe·Osaka

고베는 일본 효고현(兵庫県)에 위치한 항구도시로 일본의 주요한 국제무역항 중 하나이다. 세토나이카이(瀬戸內海)의 동쪽 끝에 있는 오사카만에 위치하고 있어 예부터 교토와 오사카의 외항 및 경유지로 이용되었으며, '효고진(兵庫津)'으로도 불렸다. 7세기 이후 견수사(遣隋使) 및 견당사(遣唐使)를 이곳에서 파견하였다. 1858년 미·일수호통상조약에 의해 개항되면서 외국인 거류지와 항구가 새로 조성되었고, 1879년부터는 고베(神戸)항으로 이름이 굳어졌다. 이후 청일전쟁과 제1차 세계대전을 거치면서 홍콩과 상하이, 싱가포르에 견줄 만한 규모로 성장하다가 1990년대 초에 이르러서는 동양 최대 항구로 부상하였다.

제2차 세계대전 당시 연합군의 폭격으로 도시와 항만, 공업시설이 크게 파괴되었지만, 전후 고도경제성장기에 바다를 매립해 대단위 인공섬 포트아일랜드(Port Island)를 조성함으로써 항만과 주택, 상공업 용지로 정비 복구하는 데 성공하였다. 그러나 1995년 1월 효고현에서 발생한 지진으로 큰 피해를 입은데다, 상하이·홍콩·가오슝(高雄)·부산 등 아시아의 대표적인 항구들이 비약적으로 발전하면서 고베는 국제무역항으로서의 지위가 상대적으로 낮아졌다. 그러나 2006년 일본에서 세 번째 시립공항인 고베공항을 개항하는 등 일본을 대표하는 항만도시로 계속 발전하고 있다. 고베는 일본 최초의 현대적 도시로, 철도 터널과 커피숍, 수족관 등을 처음 선보이고, 국산 증기기관차를 최초로 생산한 것과 같은 몇 가지 기록을 갖고 있다. 고베 개항 120주년을 맞아 1987년에 개관한 고베해양박물관은 고베항의 역사와 세계 항구에 관한 유익한 지식을 제공해주고 있다.

한편, 오사카는 아스카시대(飛鳥時代, 6세기 말~7세기 중엽)부터 한반도와 중국문화를 받아들이는 문호로 발전하였다. 당시는 거친 파도라는 뜻의 '나니와(難波)'로 불렸다. 7세기경에 조성된 나니와궁의 옛 유적 위에 건설된 오사카역사박물관에는 나니와가 대륙과 교류한 흔적을 보이는 유물이 전시되어 있다.

포트타워(Port Tower)가 서 있는 고베항 하버랜드
빨간 색 쇠파이프로 조립한 포트타워는 얼핏 등대를 연상시키지만 실제로는 일본 고대 악기인 장구(鼓) 모습을 디자인한 것이라고 한다. 하버랜드에는 포트타워 외에도 범선의 돛과 바다 모양 지붕장식으로 유명한 고베해양박물관 등이 있다.

01 고베항 입구
고베시가 '포트피아 81 박람회'를 유치하기 위해 만든 인공섬 포트아일랜드가
멀리 보인다.

02 '동아시아 교류' 홍보책자(고베시립박물관)

03 한국식 토기(고베시립박물관)
'동아시아와의 교류(원시 · 고대)'라는 이름의 상설전시실에 전시되어 있는 유물
중의 하나다. 전시품에 관해서 "금속기는 쌀농사와 함께 중국 · 조선에서 전해
졌다. …… 금속음을 내는 방울이나 광채가 나는 무기 모양의 청동기는 농경 제
사의 도구로서만이 아니라 일본과 동아시아의 국제문화교류를 상징하고 있다
는 의미가 있다."라고 한 설명이 눈길을 끈다.

04 대형 범선과 벽면 도자기 모자이크(고베해양박물관 1층 입구)
벽면은 시대적으로 변천하는 다양한 배의 모습을 아리타요(有田燒) 도자기로 모
자이크한 것이며, 배는 고베 개항을 축하해 내항한 영국군함 로드니(Rodney)호
를 1/8로 축소해 만든 것이다. 고베해양박물관은 1987년 고베 개항 120년을
기념해서 근대 고베항의 발상지인 메리켄파크에 바다 · 배 · 항구의 종합박물관
으로 개관하였다. 범선의 돛과 파도를 형상화한 흰 지붕 장식의 건축술로도 유
명하다.

05 고베항 모습을 형상화한 그림 동판(고베시립박물관)

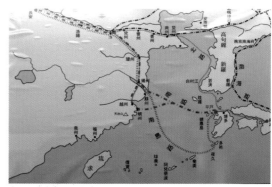

06 차이나타운 난킨마치(南京町)
고베 차이나타운은 고베항의 개항과 운명을 함께해왔다. 난킨마치라는 이름은 당시 일본인들이 중국인을 '난킨상'이라고 부른 데서 유래하였다고 한다. 차이나타운 중앙에는 육각형의 중국풍 정자가 있는 광장이 있고, 광장을 에워싸고 다양한 국적의 음식점들이 즐비하게 늘어서 있어 많은 식객들이 모여든다.

07 이진간(異人館) 거리의 프랑스관
이진간이란 에도막부 말기부터 메이지(明治)시대에 이르기까지 서양인들이 살았던 서양풍의 집이라는 뜻이다. 개항 도시마다 이국적인 서양식 건물이 들어서 있는 외국인 거리와 거주지를 여러가지 이름으로 부르며 보존하고 있다. 요코하마의 야마테(山手) 서양관과 나가사키의 오란다자카와 구라바엔, 고베의 이진간 등이 그것이다. 프랑스관은 원래 외국인용 아파트로 지어져서 두 채의 건물이 좌우대칭으로 배치되어 있는 것이 특징이다.

08 구 외인거류지 68번지임을 알리는 비석

09 견당사 입당로(遣唐使 入唐路)
오사카(나니와難波)에서 출발해서 신라를 거치는 신라로(新羅路)와 쓰루가(敦賀)에서 발해를 거쳐 장안으로 들어가는 발해로(渤海路) 등 해상 실크로드 항로가 선명하게 그려져 있다. (히라도성 전시실)

10 견당사 출항 상상도
오사카역사박물관에는 오사카의 '나니와노미야(難波宮)'터에서 발굴된 유물유적을 전시하고 있다. 나니와(難波)는 오사카 지역의 옛 이름으로, 오래전부터 대륙문화의 창구 역할을 하였다. 나니와를 출발한 7·8세기의 견수사(遣隋使)와 견당사는 22회, 견신라사(遣新羅使)는 32회이며, 해외에서 온 사절도 수·당에서 10회, 신라에서 66회에 이른다. 나니와 항구에는 외교사절이 묵을 객관(客館)도 있었다.

11 오사카의 나가하라(長原) 고분군에서 출토된 4세기 경의 배 모양 토기 부장품.

12 오사카(大阪)역사박물관에서 내려다본 오사카성 전경

히라도·나가사키

平戶·長崎

Hirado·Nagasaki

히라도는 아스카시대 이전부터 한반도와 중국을 오가는 배가 출발하던 항구였다. 1550년에 최초의 포르투갈 선박이 들어왔고, 이때 예수회 선교사인 사비에르(Xavier)에 의해 기독교가 일본에 처음으로 전파되었다. 유럽에 눈을 뜨기 시작한 에도막부는 1600년에 분고(豊後)에 표착한 네덜란드 선박의 영국인 항해사 윌리엄 애덤스(William Adams)와 네덜란드인 얀 요스텐(Jan Joosten)을 외교와 해외무역 고문으로 등용하면서 네덜란드와 영국과 무역의 길을 텄다. 1609년 히라도에 네덜란드 상관이 설치됨으로써 에도막부의 공식 허가를 받은 최초의 대유럽 교역이 시작되었다. 그러나 무역이 활발해짐에 따라 지방 영주들의 경제력과 군사력이 커지는 것에 위협을 느낀 에도막부는 쇄국정책(鎖國政策)을 펴 유럽 선박들의 기항지

를 나가사키와 히라도 두 곳으로 제한하고, 유럽인과 일본인들의 무역활동을 엄격히 통제하였다. 그리고 1634년에는 나가사키항 하나만을 교역항으로 제한하였다. 그 결과 미·일수호통상조약으로 일본이 개항하게 된 19세기 중반까지 약 200년간 나가사키는 대외무역의 유일한 창구로 막대한 부를 축적해 이후 일본근대화를 이끄는 중추가 되었다. 그러나 미·일수호통상조약에 의해 요코하마 등이 개항되면서 나가사키의 지위는 많이 추락하였다. 그렇지만 원양어업 등 수산업의 기지로 중요한 역할을 해왔다. 나가사키에는 에도막부가 공인한 해외상관이 있던 인공섬 데지마(出島)와 중국인 거류지 도진야시키(唐人屋敷) 등 유적유물이 남아 있다. 그리고 나가사키는 기독교가 처음 전래된 곳이어서 기독교 관련 유적유물이 많이 남아

있다. 그중 일본에서 가장 오래된 목조 성당인 오우라천주당(大浦天主堂)과 26 성인(聖人)의 순교지가 유명하다.

히라도성(平戸城)에서 내려다본 히라도항
히라도는 일본 최초로 유럽과 교역을 시작한 항구도시로, 히라도시에 남아 있는 네덜란드 상관 터와 돌로 쌓은 담장과 우물, 그리고 영국 상관 터 등이 사적(史蹟)으로 지정되어 있다.

01 [92]

🧍🧍🧍🧍

01 히라도 네덜란드 상관
초대 네덜란드 상관장인 자크 스펙스(Jacques Specx, 1585~1645년)의 일기에 의하면, 처음에는 곳간에 부속된 주택 한 칸을 빌려서 시작했다고 한다. 무역량이 늘어나면서 1939년 현재 복원된 규모의 큰 석조 창고를 건설하였으나 건물에 서력연호(1639년)를 새겨놓은 것이 빌미가 되어 당시 기독교를 탄압하던 에도막부가 상관을 파괴하라는 명령을 내렸다. 그리하여 1641년 나가사키의 데지마(出島)로 상관을 옮기게 되었다. 이 상관은 일본 최초의 서양식 건축물로, 1922년 '히라도 네덜란드 상관터'로 지정되어 1987년부터 복원작업에 들어갔다. 현재 1639년 당시의 석조 창고가 복원되어 전시실로 쓰이고 있다.

02 히라도항의 옛 모습
네덜란드 선교사 몬타누스가 1669년에 저술한 『동인도회사견일사절기행(東印度會社遣日使節紀行)』에 들어 있는 삽화다.

03 초대 히라도 영국 상관장 리처드 콕스 (Richard Cocs, 1556~1624년)

04 초대 히라도 네덜란드 상관장 자크 스펙스 (Jacques Specx, 1585~1647년)

05 영국인 항해사 윌리엄 애덤스 (William Adams, 1564~1620년)
1600년 히라도에 표착한 네덜란드의 데 리프데(De Liefde)호의 영국인 항해사로 에도시대 초기 도쿠가와 이에야스의 외교고문을 맡았다. 미우라 안진(三浦按針)이라는 일본 이름을 갖고 있다.

06 예수회 선교사 프란시스코 사비에르 (Francisco Xavier, 1506~1552년)

07 08

🐉 11

07 프란시스코 사비에르 초상(히라도 마쓰우라(松浦)사료박물관)
원본은 고베시립박물관에 소장되어 있다. 사비에르는 1550년 포르투갈 선박으로 히라도에 도착하여 일본에
최초로 기독교를 전하였다.

08 히라도 사비에르기념 교회
1931년 건립 당시는 '히라도 가톨릭교회'라고 하였는데, 프란시스코 사비에르를 기념하는 동상이 세워진 이
후에는 '성 프란시스코 사비에르 기념교회'로 이름이 바뀌었다.

09 17세기 초 중국 징더전(景德鎭)요에서 만든 청화백자 화충문(花虫文) 접시.
네덜란드 상관이 취급한 주요 무역품이었다.

10 이조백자 물주전자

11 견당선(遣唐船)(히라도성 전시실)
견당선은 일본 나라시대(710년~794년)와 헤이안시대(794년~1185년)에 일본 조정에서 당(唐, 618년~907년)
에 파견했던 사절인 견당사(遣唐使)를 싣고 다니던 선박을 말한다. 일본은 당과 대등한 교역과 외교를 행한 것
이라고 주장하지만, 중국측 기록에는 왜국이 당에 파견한 조공 사절로 되어 있다.

12		14
		15
13		

12 나가사키 항구 모습

13 데지마(出島) 입구
데지마는 외국상인들과의 일본인들 접촉을 제약하기 위해 에도막부가 1636년에 만든 부채 모양의 인공 섬
이다. 처음에는 시내에 살던 포르투갈인들을 격리하여 이주시켰으나, 1641년 네덜란드의 무역상관이 이전
해오면서 일본 유일의 해외 무역창구로, 일본의 근대화에 중요한 역할을 하였다. 현재 사용되는 주 건물은
1878년 일본 최초의 그리스도교 신교의 신학교로 지어진 '데지마신학교'를 수리한 목조 2층 건물이다. 개항
후에 건조된 석조 창고를 복원하여 활용한 분관(分館)에는 데지마에서 출토된 유물을 전시하고 있다.

14 데지마 옛 모습 그림(데지마 전시관)

15 1904년 매립되기 전의 데지마를 15분의 1로 축소한 미니 데지마 모형

16
17

16 오우라(大浦)천주당

1865년 나가사키에 거주하는 외국인들을 위해 지어진 교회로, 일본에서 가장 오래된 목조건물이다. 정식 명칭은 '일본 26성 순교자 천주당(日本二十六聖殉教者天主堂)'으로 1597년 순교한 일본인 26인을 성인으로 추앙하고 있다. 서양식 건축물 중 유일하게 국보로 지정된 곳이기도 하다.

17 일본 26성인 순교지 기념관

도요토미 히데요시(豊臣秀吉)의 금교령(禁敎令)에 의해 교토와 오사카에서 잡혀온 26인 기독교인이 순교한 언덕으로, 지금은 성지로 지정되어 있다. 1962년 성인시복 100주년을 기념하여 26성인의 등신 청동부조상이 건립되었다. 오우라천주당의 정면은 이곳을 향하도록 설계되었다.

18 도진야시키(唐人屋敷, 당인거주지)에 있는 토신당(土神堂)

나가사키는 1635년부터 중국과의 무역을 독점하고 있었는데, 밀무역이 성행하자 1689년 중국인들 거주지를 제한하였다. 지금은 4개의 사당(土神堂, 天后堂, 観音堂, 福建会館)만이 복원되어 남아 있다.

19

19 '미래를 살아가는 어린이들 상(像)'(국립 나
가사키 원폭사망자 추도평화기념관)(國立長崎原爆
死沒者追悼平和祈念館).
1945년 8월 9일 나가사키에 원폭이 떨어져 약
74,000명이 희생되고, 75,000명이 부상당했다
고 한다. 이 기념관에는 그러한 참상의 자료를 전
시하고, 평화를 염원하는 내용의 각종 부조물들
을 기념관 이곳저곳에 세워놓았다. '미래를 살아
가는 어린이들 상(像)'도 그중의 하나로, 원폭으로
숨진 소녀에게 기모노를 입혀 화장시킨 어머니가
나가사키에 평화를 기원하는 동상을 세우고 싶다
고 한 소망을 듣고 발족한 '나가사키에 기모노 소
녀상을 만드는 모임'에 의해 건립되었다고 한다.

울산 蔚山

Ulsan

울산은 한반도의 동해안에 위치한 천혜의 양항(良港)이다. 3면이 산들로 에워싸여 있는데다가 난류의 영향까지 받아 기후는 온화(연평균기온 13.8°)하다. 울산만에는 울산항을 비롯해 온산항과 방어진항이 잇닿아 있어 예로부터 동해안의 관문 역할을 해왔다. 일본이나 중국과는 물론, 멀리 동남아시아나 서역과도 해상교역을 진행해온 국제항이다. 특히 신라시대에는 가까이에 있는 수도 경주의 외항(外港)으로 신라의 국제적 위상을 드높이는 데 크게 기여하였다.

울산에는 후기 구석기시대부터 사람들이 살아왔다. 태화강 상류에 자리한 반구대암각화는 신석기시대의 대표적 유물이다. 동물과 도구, 사람 등 약 300점의 형상이 새겨져 있는 이 암각화는 세계 최초의 포경(捕鯨)유적으로, 세계적인 문화유산이다. 또한 울산은 한반도에서 청동기시대의 마을유적이 가장 많은 고장으로, 고인돌과 널무덤·돌널무덤·독무덤 등 다양한 형태의 무덤이 발견되고 있다. 삼한시대에는 사로국(斯盧國)을 중심으로 한 진한(辰韓)에 속해 있었으며, 신라의 성립과정에서는 중요한 국제항과 철에 기반한 경제적 거점으로 중요한 기여를 하였다. 통일신라시대에는 인근의 율포(栗浦)와 사포(絲浦), 개운포(開雲浦)와 더불어 중심적 국제항 역할을 했으며, 울산항을 통해 많은 문물교류와 인적 내왕이 이루어졌다.

오랜 역사 속에서 행정조직의 개편에 따라 울산의 지명도 여러 번 바뀌었다. 최초의 이름은 삼한시대의 굴아화촌(掘阿火村)이며, 고려 초에는 울주(蔚州)로 부르다가 1413년에 울산으로 개명하였다. 승격과 강등, 개편 등을 거듭해오다가 1962년에 시로 승격한 데 이어 1997년에는 광역시로 급성장하였다. 울산에는 '처용설화'와 같이 역사가 깃든 이야기들이 전해오고 있다. 울산사람들은 무예를 숭상하고 장사를 좋아하며 굳센 기질을 가지고 있다.

통일시대 울산항 상상도(울산박물관)
통일신라시대에 울산항이 국제항이었다는 증거는 동천(東川)과 태화강(太和江)의 합류처이며 울산의 교통요충지인 반구동(伴鷗洞, Bangu-dong) 유적에서 출토된 유물들이 입증하고 있다. 여기서는 통일신라시대의 목책·성·망루 등의 시설과 함께 수많은 기와와 중국제 자기가 발견되었다.

신라시대 울산항 상상도

01 무인석상(武人石像)
경주시 외동면(外東面) 괘릉리(掛陵里)에 있는 통일신라시대의 왕릉(8세기 말) 외호석물(外護石物)로 전형적인 심목고비(深目高鼻)의 서역인상이다. 당시 신라와 서역 간의 인적 내왕을 시사한다.

02.03.04 신라 고분에서 출토된 로만글라스
5~6세기의 신라 고분에서 총 18점의 각종 로만글라스 기구가 발굴되었다. 동아시아에서는 유독 신라에서만 이렇게 많은 로만글라스 유물이 발굴되고 있다.

05 처용암(處容巖)

유명한 신라의 '처용설화'에서 나오는 처용이 나타났다는 황성동(黃城洞) 세죽(細竹)마을 앞바다의 바위다. 『삼국사기』의 기록과 당시(9세기 후반) 울산이 국제항이었다는 등 역사적 배경을 감안하면 처용은 서역에서 온 자연인(싱인 ?)일 가능성이 높다.

06 탈을 쓰고 추는 처용무

07 개운포성지(開雲浦城址)

'처용설화'에 나오는 개운포는 고대부터 강력한 해상세력의 근거지였다. 조선시대에는 여기에 수군만호진(水軍萬戶鎭)이 주둔하고, 전선(戰船)을 만들고 정박시켰던 선소(船所)가 있었다. 개운포성은 해변에 솟은 야산의 골짜기를 감싸 안고 쌓은 포곡식(包谷式) 성으로 둘레는 1,270m이다. 성벽은 석축(石築)과 토축(土築)이 혼재해 있으며, 바깥에는 해자(垓字)를 둘렀다.

08.09.10 상감옥 목걸이(일명 인면유리구슬)

경주 미추왕릉 지구에서 출토된 이 상감옥 목걸
이의 길이는 24cm이며, 제작 연대는 5~6세기로
추정된다. 주목되는 부분은 지름 1.8cm에 불과
한 중앙구슬 속에 인물 · 새 · 나무 등을 상감한 점
이다. 세계에서 보기 드문 이 아름답고 정교한 구
슬 목걸이의 원류에 관해 이론(異論)이 분분하다.
대체로 외래설에 무게를 두고 있지만, 구체적으
로 어디의 무엇인가에 관해서는 확실치 않다. 최
근에 그 원류를 인도네시아 수리바야의 레독옴보
(Redokombo)읍에서 찾는 일설이 제기되고 있다.

11 상감옥 목걸이가 발견된 경주 미추왕릉 정
문

12 레독옴보읍 파이솔(Faisol) 공방에서 만들
어낸 상감구슬

13 20여 년의 경력을 가진 60대의 노공장 파
이솔씨가 상감구슬을 만들고 있는 장면

김해 金海

Gimhae

오늘날의 낙동강 하류 김해(金海) 일원에 자리했던 금관가야(金官加耶)는 전기 가야의 중심 세력이었으며 가야연맹체의 맹주였다. 특히 금관가야는 철의 주요 생산지로, 철기문화의 중심지였다. 시조 수로왕(首露王)이 서기 42년에 금관가야국을 세운 후 532년 구형왕(仇衡王)이 신라에 투항할 때까지 10대 왕 491년간 존속하였다. 가야의 건국에는 긴 항해 끝에 망산도(望山島) 유주암(維舟巖)에 상륙한 황후 허황옥(許黃玉)과 수로왕에 관한 아름다운 전설이 깃들어 있으며, 왕릉을 비롯한 관련 유물들이 남아 있다.

대성동유적을 비롯한 여러 유적에서 발견된 신석기시대의 대형 지석묘(支石墓, 고인돌)와 청동기시대의 암각화 및 옹관(甕棺) 등 고대 유물들은 이 나라 역사의 유구함을 말해주고 있다. 사람들은 논

과 밭농사로 오곡을 재배해 식량을 해결하고, 누에고치를 쳐서 옷감을 미련하였다. 이곳 가야사람들에게는 편두(偏頭)와 문신 같은 특이한 생활습성과 수수께끼로 남아 있는 고유한 글과 기호가 있었다. 일부 언어학자들의 연구에 의하면, 여러 점의 토기에서 발견된 이러한 글과 기호에는 남인도에서 지금까지 쓰이고 있는 타밀어와의 상관성이 엿보인다고 한다.

가야인들에게는 바다 지향성이 뚜렷하였다. 죽으면 시체의 머리는 꼭 바다쪽을 향하도록 하였으며, 일찍부터 해양문화를 터득하고 해상교역을 진행하였다. 창녕 비봉리유적에서는 한반도에서 가장 오래된 통나무배가 발견되었는데, 그 연도는 7,700년 전까지 거슬러올라간다. 일본 배보다 2,000년 이상 앞선다. 해상교역을 통해 로

만글라스와 동남아시아 유리구슬이 들어왔으며, 여러 유적에서 중국의 화폐 오수전(五銖錢)과 일본의 야요이(彌生) 토기 유물이 출토되고 있다. 그런가 하면 주변국은 물론, 멀리 낭랑 같은 곳에 철제품을 수출했으며, 부드러운 가야토기는 일본의 스에키(須惠器)토기에 영향을 끼치기도 하였다.

허황옥의 상륙지 망산도
16살에 인도 아유타국 공주 허황옥은 48년에 2만 5천 리 항해 끝에 남해에 도착해 가라국 수로왕과 합환(合歡)하였다. 이것은 한반도에서의 첫 국제결혼이다. 그녀는 죽로차(竹露茶)를 가져왔으며, 그녀를 동행한 뱃사공들이 돌아갈 때는 쌀과 비단을 하사하였다. 딸 묘견공주(妙見公主)는 불교와 차 씨앗, 부채를 일본에 전하였다고 한다. 이것은 한국-인도-일본 간의 첫 국제교류다.

01 수로왕릉(首露王陵) 정문의 쌍어문(雙魚紋)
파사석탑과 비슷한 흰 석탑을 사이에 두고 인도에서 흔히 보이는 쌍어문양이
새겨져 있어 수로왕비 허황옥이 아유타국에서 왔다는 『삼국유사』의 기록을 연
상케 한다.

02 파사석탑(婆娑石塔)
『삼국유사』 등 고적에 의하면 이 탑은 허황옥이 인도에서 올 때 싣고 온 것이라
고 한다. 탑의 부재(部材) 5층만 남아 있는데, 조각이 기이하고 돌에 붉은 빛이
도는 희미한 무늬 같은 것이 있다고 한다. 이 탑은 파도를 진정시켜주는 신령
스러운 탑으로 '진풍탑(鎭風塔)'이라고 한다. 원래 호계사(虎溪寺)에 있었으나
1873년에 절을 폐하면서 이곳으로 옮겼다.

03 연화대석(蓮花臺石)
수로왕릉 경내에 있는 연꽃 문양의 대석으로, 가락국 중엽에 조각된 것이다.

06 1988년 창원 다호리(茶戶里)에서 발굴된 중국돈 오수전(五銖錢)(삼한시
대)(국립김해박물관)

04.05.07.08 여러가지 기호와 글자가 새겨진 가락국시대의 토기
거개가 아직 해독이 안되고 있다(국립김해박물관)

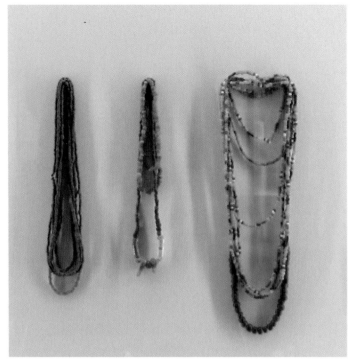

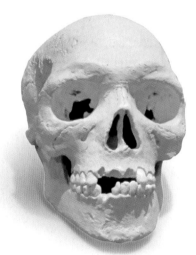

09.10 가락국시대의 각종 구슬목걸이(국립김해박물관)

11 창녕 비봉리 유적에서 출토된 소나무 배 유물
7,700년 전의 것으로, 일본에서 가장 오래된 이키리키(伊木力) 유적의 배보다
2,000년 이상 앞선 것이다.

12.13 앞머리가 눌려진 머리뼈(편두개골 偏頭蓋骨)
김해 예안리(禮安里) 무덤유적에서 머리를 눌러 납작하게 만든 두개골이 발견
되었다. 이는 중국『삼국지(三國志)』'변진(弁辰)'조의 기록과 일치하다.

14 김해 여래리(余來里)유적에서 출토된 배모양 토기
5세기경에 제작된 것으로 추정되는데, 길이 22.5cm, 폭 10.5cm, 높이 4.5cm
이다. 배 좌우에 각각 2개의 노걸이가 있다. 이런 배모양 토기는 새모양 토기처
럼 죽은 사람의 영혼을 저승으로 데려간다는 믿음을 담고 있다.

15 남방 해양문화에서 볼 수 있는 옹관(甕棺)

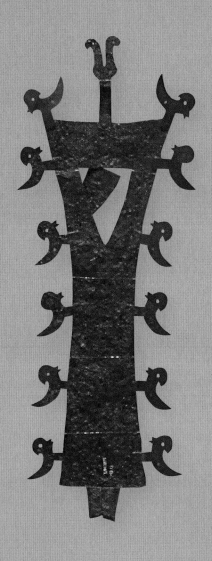

16·17 각종 철제품 유물
가야 제국, 특히 금관가야는 철의 왕국답게 다양한 철제기구를 만들어 남해안
과 낙동강을 통해 낙랑과 대방, 일본 등지에 수출하였다.

18 기마인물형 토기
김해 덕산리에서 출토된 국보 275호인 이 토기는 각배의 변형 토기라고도 볼
수 있는데, 높이 23.2cm이며, 5세기의 작품이다.

청해진 *清海鎭*

Chunghaejin

청해진은 "신라인을 노예로 파는 해적들이 더 이상 노략질을 하지 못하도록 하게 해달라."는 장보고의 청에 따라 828년 완도(莞島)에 설치된 군사적 요충지인 동시에 한국과 중국, 일본 3국을 잇는 해상무역활동의 중심 거점이었다. 청해진의 주요한 관청과 방어시설은 천연요새인 완도의 장도(將島)에 설치되었다. 그러한 장도의 위상을 입증하는 숱한 유물이 그곳에서 발견되었다. 장도를 포함해 모두 265개의 섬을 거느리고 있는 완도에는 신석기시대부터 사람들이 살고 있었다. 여러 곳에서 패총이 출토되고, 210여 기의 지석묘도 발견되었다.

청해진은 해상왕 장보고(張保皐)에 의해 건설되었고, 동북아시아 해상무역 거점으로서의 사명을 다하였다. 완도에서 태어난 장보고는 어린 시절을 고향에서 보내면서 신라사회의 모순과 혼란을 체험하였다. 골품제도하에서 신분상승에 한계가 있음을 느낀 그는 20대 초반에 중국 당나라에 건너가 나중에 군중소장(軍中小將)이 된다. 한편, 적산법화원(赤山法華院)이라는 사찰을 세워 재당 신라인들 속에서 활동한다. 당시 중국 해적들에게 잡힌 신라노(新羅奴)들의 참상을 목격한 장보고는 민족적 울분을 삼키며 그 소탕을 결심하고 귀국한다. 흥덕왕은 그에게 군사 1만을 거느릴 수 있는 청해진을 설치하도록 허락하고 대사(大使)로 임명한다. 그는 즉시 군소 해상세력들을 규합해 해적들을 소탕하고 해상무역권을 확보한다.

장보고는 "바다를 지배하는 자가 세계를 지배한다."라는 신념으로 청해진 본영을 중심으로 해양을 개척해나갔다. 그는 한국과 중국, 일본을 연결하는 장대한 해상 실크로드의 동단(東段)을 개척하고, 중계무역을 실시하였으며, 멀리 동남아시아나 이슬람세계와의 교역도 개발하였다. 마침내 아시아 최초의 민간 무역상, 동북아시아의 바다를 주름잡는 명실상부한 해상왕이 되었다.

장도(將島)에서 바라본 청해진 전경
면적 99,136m²에 고도 43.5m에 불과한 장도는 지정학적으로 해상교통의 요충지에 위치해 있어 청해진 본거지로서의 기능을 원만히 수행하였다. 목책과 토성, 우물터 등 지금까지 발굴된 36,000여 점의 유물이 이를 증명한다. 뭍과는 180m 떨어져 있으며, 썰물 때는 바닥이 드러나 걸어다닐 정도다.

© 이종상 (국립현대미술관 소장)

01   목조벽화 '해상왕 장보고'

'중국공예미술대사(大師)'인 육광정(陸光正)화백이 한국의 재단법인 '해상왕장보고기념사업회'의 특별 요청으로 제작 설치한 대형 목조벽화다. 자작나무 테두리에 피나무 화면인 작품의 규격은 8,000×2,200×200mm이다. 장보고 대사의 빛나는 해상무역활동을 실감나게 형상화함으로써 바다를 무대로 거침없이 앞으로 나아가는 도전정신과 진취성, 웅혼한 기상을 표현하고 있다.

02   장보고 초상

03   완도선 모형

11세기 고려시대 배인데 완도에서 인양하였다고 하여 '완도선'이라는 이름을 붙였다. 이 배는 해남군 진산리 일대에서 만든 도자기를 싣고 항해하다가 완도에서 침몰하였다. 길이는 약 9m, 너비는 약 3.5m, 적재량은 약 10톤으로 가늠된다.

04   동아시아 해상무역기지 청해진(그림)(장보고기념관)

05   청해진시대의 해상교통로(장보고기념관)

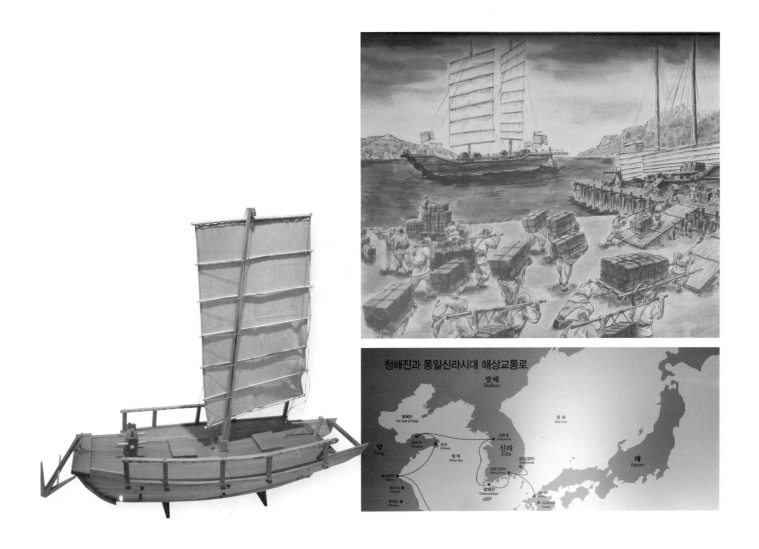

06 청해진어린이공원의 장보고 동상
부지 6,611m²에 동상 높이는 15.5m, 좌대 높이는 15.2m이다.

07 장도 원경
장도와 뭍을 잇는 길이 148m의 나무다리가 보인다.

08 장도의 외성문(外城門)
외성문은 성의 내외를 연결하는 통로일 뿐만 아니라 유사시 적의 공격을 저지하고, 적을 역습하거나 격퇴하는 통로이다.

영산강 포구 榮山江 浦口

Ports of Yeongsan River

예로부터 영산강 하구를 포함한 한반도 서남해안은 서해(황해)와 남해, 동중국해가 만나는 해역이며, 남북 연해항로와 동서 서해횡단항로, 그리고 일본항로 등 여러 해로가 교차하는 동아시아 해상교통의 로터리이자 중추였다. 이곳을 중간환절로 해서 중국과 한반도, 일본은 긴 쇠사슬 같은 하나의 '통교회로(通交回路)'로 연결되어 있었다. 진(秦)나라의 방사 서불(徐市)은 기원전 3세기 초 대선단을 이끌고 산둥반도 남해안을 출발해 보하이만(渤海灣)과 랴오둥반도 해안을 지나 한반도의 서해안을 따라 남하해 영산강 하구의 서남해안을 에돌아 제주도까지 이르렀다. 이것은 한반도 서남해안로의 첫 이용 사례다.

영산강 유역의 구석기 유적에서는 6만 5천 년 전에 이미 사람들이 살기 시작했으며, 조개더미 유적에서는 1만 년 전 어업과 농경에 바탕한 신석기인들의 생활모습이 확인되었다. 특히 기원전 15~10세기의 청동기시대와 기원전 1세기의 철기시대에 들어와서는 고인돌과 옹관(甕棺)으로 대표되는 고유의 문화가 출현하였다. 이로써 전라남도 서남부 전역(13개 시·군)을 아우르는 이른바 '영산강문화권'이 형성되어 약 700년간 존속하였다. 이 문화권에 속한 서남해안로에서 국제적 해상 교류와 교역을 선도한 대표적 포구로는 나주의 회진포(會津浦)와 영암의 상대포(上臺浦), 흑산도의 읍동마을을 들 수 있다.

이러한 포구들을 비롯해 영산강 유역에 산재한 여러 유적과 고분군, 패총에서 출토된 유물들에서 영산강문화의 특징을 알 수 있다. 그 특징은 패총과 고인돌, 옹관 등 유적유물에서 나타나는 짙은 해양문화의 성격과 고분의 여러가지 형태에서 보다시피 시·공간적으로 다양한 문화요소들을 복합적으로 갈무리하고 있는 문화의 다양성, 그리고 묘제에서 백제와 일본의 형식을 수용해 나름의 대형옹관고분을 조영한 것 같은 창의적 융합성이다.

본 주제에서 말하는 '영산강 포구'란 어떤 한 포구의 고유명사가 아니라, 회진포를 비롯한 영산강 유역의 여러 포구들을 포괄하는 개념이다. 이 포구들은 영산강이라는 하나의 물길을 통해 해상교역에 공히 기여하였던 것이다.

나주(羅州) 회진포(會津浦)
나말여초에 당(唐) 유학 선승(禪僧)들이 가장 많이 이용한 발착포구가 바로 회진포였으며, 장보고도 여기를 중심으로 육로와 해로의 두 길을 이용해 해상교역활동을 벌이고, 경주와의 연락도 유지하였다. 요컨대, 회진포는 나말여초의 변혁기에 동아시아 문명교류에서 중요한 관문 역할을 하였다.

01 신안선(新安船) 잔해(국립해양문화재연구소)
14세기 초 중국 경원(慶元, 현 닝보 寧波)에서 출항해 일본 하카타(博多)와 교토(京都) 지역으로 항해하다가 신안 해역에 침몰한 중국 원나라 배다. 이배는 단면이 V자처럼 뾰족한 첨저형(尖底型)으로, 중세 중국의 원거리 항해 무역선이다. 3개의 돛대를 단 범선으로, 길이 약 34m, 폭 약 11m, 적재량 약 200톤으로 추정된다. 배에는 무려 28톤(299종 800만 개, 1,000년 동안 발행)의 중국 동전과 각종 중국 도자기, 고려의 청자와 청동거울 등, 일본의 칠기와 나막신, 도검 등이 실려 있었다.

02 고려시대의 배 나주선

03 영암(靈巖) 남해당(南海堂)
영산강과 서남해안을 항행하는 사람들이 정기적으로 모여 항행의 안전을 기원해 해신(海神)에게 제사를 올리던 곳이다. 남해당은 옛날 한국의 3대 해신당의 하나였다.

04 구림마을의 상대포(上臺浦)
왕인(王仁)박사가 1,600년 전에 논어와 천자문을 가지고 일본으로 떠났고, 신라 말 최치원과 최승우 등 대학자들이 중국 유학길에 올랐던 포구다.

05
06
07
08

05　옹관(甕棺)(나주박물관)
전남 지역에는 2만여 기의 고인돌이 군집되어 있다. 고인돌과는 토기 · 돌칼 · 돌검 · 홈자귀 · 동검 · 구슬 등 여러가지 부품이 함께 매장되어 있다. 형태는 매장공간의 위치를 기준으로 크게 탁자식과 바둑판식, 뚜껑돌식으로 나눈다. 한반도 전체에는 약 4만 기의 고인돌이 분포되어 있다.

06　고인돌용 거석을 집단적으로 운반하는 장면(나주박물관)

07.08　영암군 암길리(嵒吉里)의 고인돌군

09 나주 반남고분군
약 30기의 옹관이 묻혀 있는 고분군인데, 여기서
출토된 각종 옹관, 특히 대형 옹관들이 나주박물
관에 전시되어 있다.

10 구슬목걸이(나주박물관)

11 국보 295호인 금동관(金銅冠)(나주박물관)

인천 仁川

Incheon

인천은 한국 근대화의 관문이자 선구자적 역할을 한 항만도시로, 개항과 근대화에서 여러가지 기록을 세우고 있다. 1880년대에 구미 각국의 상관(商館)이 설치되고, 1883년 개항(開港)을 알리는 인천해관 출범과 더불어 인천–상해 간 첫 국제 정기항로가 개설되었으며, 1885년에 최초로 서울–인천 간 전신업무가 시작되었다. 이어 1888년에 첫 서구식 공원인 만국공원(현 자유공원)이 문을 열었고, 1896년에 인천기상관측소가 설치되었으며, 1898년에는 경인간 전화선이 가설되었다. 인천은 또한 한국 최초의 포교지(布教地)로, 1885년 아펜젤러가 제물포교회(현 내리교회)에서 첫 종교집회를 열었으며, 1892년 교회 안에 첫 신식교육 기관인 영화여학당(永化女學堂)이 세워졌다. 개척정신과 선구정신을 발휘해 개항의 물결을 능동적으로 받아들인 인천은 놀라울 정도로 급속하게 발전하였다.

153개의 도서를 거느리고 있는 해안도시 인천에는 지금으로부터 5,000~6,000년 전, 선사시대에 이미 사람들이 살고 있었으며, 오랜 역사만큼이나 인천의 이름도 여러 차례 바뀌었다. 백제시대에는 미추홀(彌鄒忽), 삼국시대에는 매소홀(買召忽)로 불러오다가 고려시대에 와서 인주(仁州)로 고쳐 불렀다. 조선 태종 때 '물에 가깝다'고 해서 '인천'으로 최종 개명되었다. 그런데 조선시대 후기에 와서 중구의 한 포구에 불과했던 제물포(濟物浦)가 급부상하면서 인천의 대명사로 둔갑하였다.

인천은 해안의 간만차(10.2m)가 심하고 수심이 얕은 것 등 양항으로서의 조건은 갖추지 못했지만, 지정학적 중요성과 인천인들의 노력에 의해 역사적으로 줄곧 해운 항만으로서의 역할을 충실히 수행해왔다. 비류백제 때에 중국 동진(東晋)과의 통교를 위해 현 옥련동 해안 조갯벌에 첫 국제항구인 능허대(凌虛臺)를 개척해 100여 년 동안 동진과 사신을 교환하였다. 660년 당나라 소정방(蘇定方)이 백제를 정벌할 때 서해를 횡단해 득물도(得物島), 즉 인천에 상륙하였다. 1896년 러시아 황제의 대관식에 참가한 고종의 특사 민영환(閔泳煥) 일행도 제물포에서 승선하였다. 면적: 1,002.07km², 인구: 약 290만 명(2013년)

월미도 전망대에서 내려다본 인천항 전경
1883년(고종 20년) 개항 당시 인천부는 산하에 10개 면만을 두었었는데, 문학산에 있던 치소(治所)가 개항과 더불어 작은 어촌에 불과했던 제물포에 옮겨옴에 따라 제물포를 중심으로 한 인천은 개항과 근대화에 박차를 가하였다. 여기서 서구 및 일본과 일련의 조약이 체결되었으며, 이에 따라 각국 영사관이 설치되고 근대적 항만시설이 축조되어 점차 국제도시의 면모를 갖춰나갔다.

01 | 02

03 | 04

01 능허대 유적
능허대는 비류백제 때 중국 동진(東晉)과의 내왕을 위해 개척한 나루터로, 여기를 통해 근초고왕 때부터 개로
왕 때까지 100여 년간 양국간에 사신이 교환되었다. 지금은 '능허대공원'으로 쓰이고 있다.

02 능허대 지도(이민사박물관)

03 영화초등학교
이 학교의 전신은 제물포교회(현 내리교회) 안에 세운 첫 신식교육 기관인 영화여학당이다.

04 조선은행 터
일본이 세운 이 은행은 인천 지역의 금융업무를 총괄하였다. 지금은 '건축물박물관'으로, 개항 이래 인천에
세워진 많은 건물들의 연혁을 알려주고 있다.

06

05 **최초임을 알리는 동판들**
구 시청(현 중구청) 앞 거리 바닥에 근대화의 관
문으로서의 인천이 개척한 최초 사항들을 주조
한 원형동판을 전시하고 있다. 그 사항들이란 곧
'최초의 교회(05-1)' '최초의 등대(월미도)(05-
2)' '최초의 기관차(05-3)' '최초의 자석식 전화기
(05-4)' '최초의 우체국(인천우체국)(05-5)' 등으
로 인천 개항의 자랑거리다.

06 **'한국철도 탄생역' 인천역 외관**
지금은 지하철도의 종착역으로 쓰이고 있다.

최초의 교회

최초의 등대(팔미도)

최초의 기관차

최초의 자석식 전화기

최초의 우체국(인천우체국)

07

08 09

07 한국 최초의 종교집회장인 제물포교회(현 내리교회) 외관

08 미국 감리교 목사인 헨리 거하드 아펜젤러 (Henry Gerhard Appenzeller, 1858~1902년) 동상 (내리교회 내)
미국 감리교 목사로 1885년 초 한국에 와 한국 선교회와 배재학당(培材學堂)을 창설하고, 성경의 국역사업에 참가했으며, 월간잡지 『한국 휘보』 (The Korean Repository)의 편집을 담당하였다. 특히 그는 한국에서의 암기위주 교육방법을 이해중심 교육방법으로 바꾸는 데 상당한 기여를 하였다. 그는 한국에 도착해 얼마 안 지나(1885년 7월) 제물포교회(현 내리교회)에서 첫 종교집회를 열었다. 아펜젤러는 1902년 목포에서 열리는 성경번역자대회에 참석하기 위해 배를 타고 가다가 군산 앞바다에서 충돌사고로 익사하였다. 그의 시신은 마포구 양화진외인묘지에 안장되었다.

09 한국 최초의 목사 김기범 동상(내리교회 내)

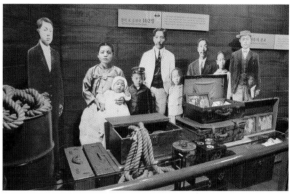

10   중국거리(차이나타운) 입구

11   갤리호를 타고 하와이로 떠나는 이민가족
(이민사박물관)

12   중국거리와 조계지 간의 경계문

닝보 寧波

Ningbo

중국 저장성 동북부 융강(甬江)과 위야오강(餘姚江)의 합류 지점에 자리한 닝보는 2항(港) 1만(灣)에 531개의 섬을 거느린 항구도시다. 닝보는 또한 서역 이슬람세계나 동남아시아의 산물이 집결되었다가 다시 한국이나 일본으로 수출되는 국제 중계무역항이었다. 1978년 8월 닝보의 동문구(東門口)에서 1300년경(송말원초)의 것으로 추정되는 조선소 터와 침몰선 일부가 발견되었다. 당대(唐代)에는 은주(鄞州) 혹은 명주(明州), 송대에는 경원부(慶元府), 명·청대에는 영파부(寧波府)로 불렸다. 유럽인들 중에는 포르투갈인들이 1522년에 가장 먼저 이곳에 와서 통상을 시작했으며, 영국은 아편전쟁을 계기로 이곳을 점령하였다.

닝보에는 7,000년 전부터 사람들이 살면서 허무두(河姆渡)문화를 창조하였다. 위야오에 위치한 허무두 유지는 1973년에 발굴되었는데, 남방의 주요한 신석기시대 유적으로 밝혀졌다. 가장 중요한 유물의 하나는 탄화된 볍씨인데, 그 편년이 7,000년 전으로 올라감으로써 중국 벼농사의 자생설이 근거를 얻게 되었다. 닝보는 아열대계절풍 기후대에 속해 사계절이 분명하며 산수가 수려해 관광명소가 많다. 동쪽 바다는 '동아시아의 페르시아만'이라고 불릴 정도로 천연가스와 원유가 다량 매장되어 있다. 그리고 긴 해안선과 풍부한 해양자원을 지닌 저장과 화둥(華東)지역의 물류중심지다. 닝보는 중국에서 100여 개의 최초기록을 보유하고 있는 발명의 고장으로도 유명하다. 그 가운데는 벼농사·긴 바다 다리·화교은행·보험회사·증권거래소·서양 양복점·민간장서각(藏書閣) 등이 포함되어 있다.

중세에 닝보는 동남아시아와 한반도(고려), 일본 등 인근지역과 활발한 교역활동을 폈다. 특히 북송시대에는 고려와의 교역과 사신교환이 빈번하였다. 고려사신이 머물던 사관(使館) 터가 그 증거의 하나로 남아 있다. 면적 9,365km²(시내만 1,033km²), 인구 약 580만 명(시내 228만 명)(2013년)

닝보항

닝보항은 동쪽으로 흘러 동해에 들어가는 위야오강과 융강, 펑화(奉化)강 3대 강의 합류처에 위치한 천혜의 양항으로 저장성과 화둥 지구의 해운 원양무역의 집산지이며 물류중심이다. 2013년 항의 화물수송 물동량은 4.96억 톤으로 전년 대비 9.5%가 증가하였다. 그 가운데서 외국 화물수송 물동량은 2.76억 톤으로 12.6%의 증가를 보였다. 이것은 닝보항의 활발한 대외활동상을 말해주고 있다.

01

02   03

01   고려출사(高麗出使) 묘사도(고려사관기념당 高麗使館紀念堂)

02   상서교(尙書橋)
1488년 1월 제주도 추쇄경차관(推刷敬差官, 도망친 노비를 잡아들이는 관리) 최부(崔溥)는 부친상을 당해 수행
원 42명과 함께 배를 타고 고향인 전라도 나주로 오다가 태풍을 만나 14일간 표류한다. 구사일생으로 중국
저장성 린하이현(臨海縣) 뉴터우외양(牛頭外洋)에 표착한다. 거기서 명주(明州, 현 닝보)를 거쳐 항저우-베이
징 대운하를 통해 5개월 만에 귀국한다. 그가 임금에게 그간의 행적을 아뢰기 위해 8일 동안 일기체로 써낸
글이 바로 3권 2책의 『표해록(漂海錄)』이다. 이 책은 3대 중국기행문의 하나로 평가받고 있다. 이 기행문에서
최부는 당시 명주의 대운하 위에 놓인 상서교를 지나갔다고 쓰고 있다.

03   최부의 기행노정도(닝보박물관)

04

05

04　아문남대문(衙門南大門)에 있는 원대 창고 터
원대 닝보항은 상당한 규모의 국제무역항이었기
때문에 물류창고도 크고 견고한 것으로 보인다.

05　고려 사신이 머물렀던 고려사관 유지

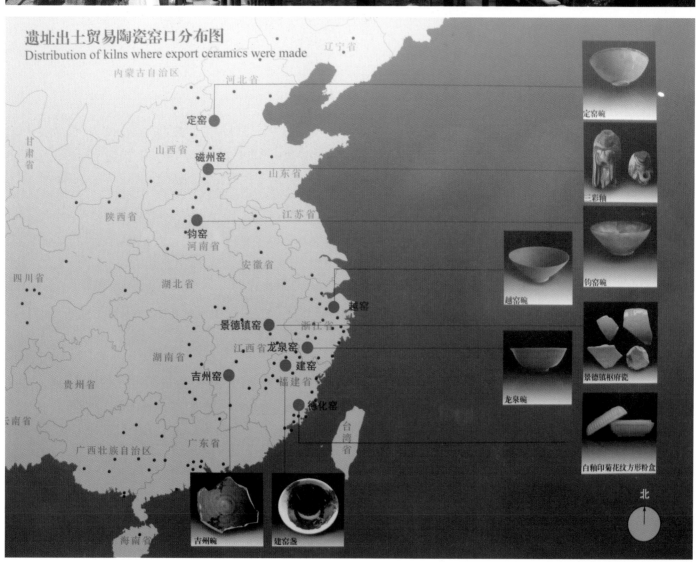

遺址出土貿易陶瓷窯口分布圖
Distribution of kilns where export ceramics were made

06 방어성채와 망루

07 송대 무역도자기요(窯, 가마) 분포도(닝보박
물관)

08 아문남대문에 있는 원대 닝보석판(石板)채
색지도

09 명주의 해상도자기의 길 지도(닝보박물관)

취안저우 泉州

Quanzhou

취안저우는 중국 푸젠성(福建省) 동남부 진강(晉江) 하구에 위치한 천혜의 양항으로 중국의 해외교통사에 큰 족적을 남겼다. 6세기 남북조시대에 이미 말레이반도 등 동남아시아 나라들과 해상교역을 진행했으며, 당(唐)대에는 '칸프'(Khanfu)라는 이름으로 중국 4대 국제무역항의 하나가 되어 아랍상인들이 다수 거주하였다. 이때부터 원(元)대에 이르기까지의 약 300년 동안 비약적인 발전을 이루었다. 북송(北宋) 중기에는 명주(明州, 현 닝보寧波)에 앞서고, 남송(南宋) 초에는 광저우를 따라잡다가 말엽에는 능가해서 전국 최대의 항구가 되었으며, 원대에는 세계 최대 항구의 하나로 우뚝 섰다. 14세기 이곳에 들른 마르코 폴로나 이븐 바투타는 취안저우를 자이툰(Zaitun, 刺桐)이라는 이름으로 소개하면서 세계 최대의 무역항이라고 극찬하였다.

취안저우와 해상교통으로 연결된 나라와 지역이 북송 때는 30여 개였으나, 원대에는 90여 개로 급증하였다. 이들 나라나 지역들과 통하는 해상 실크로드 상의 항로로는 삼불제(三佛齊, Sumatra) 등 동남아시아로의 길, 서인도와 아라비아반도로의 길, 아덴과 소말리아나 잔지바르 등 동아프리카로의 길, 필리핀으로의 길, 한국과 일본으로의 길 등 숱한 항로가 있었다. 14~15세기경 이 항구는 많은 페르시아와 아랍 무역상들의 폭주(輻輳)로 인해 번영을 누리게 되었으며, 지금도 이곳에는 그들의 후예인 '회민(回民)'이 다수 살고 있다.

1974년 취안저우만 진흙 속에서 길이 약 35m의 후저선(後渚船)이 발견되었는데, 한국 신안(新安) 앞바다의 침몰선과 크기와 구조가 비슷하며, 14세기 전반에 건조된 것으로, 취안저우의 조선술과 교역관계 연구에서 중요한 유물이다. 1959년에 설립된 취안저우 해외교통

사박물관은 해외교통진열관과 종교석각진열관, 고선(古船)진열관 등으로 구성되어 있다. 산하에 해상 실크로드연구소도 두고 있어 취안저우뿐만 아니라, 중국의 해외교통사와 해상 실크로드 연구에서 구심점 역할을 하고 있다. 면적: 11015km², 인구: 약 829만 명(2012년)

이븐 바투타(Ibn Batūtah)의 대형벽화(해외교통사박물관)

이 벽화는 2008년 11월 25일 '해외교통사박물관'에서 거행된 세계 4대 여행기의 하나인 『이븐 바투타 여행기』 중국어 완역본(역자 리광빈李光斌) 출판식에 즈음해 창작한 것이다. 내용은 30년간(1325~1354년) 3대륙 10만여 km를 답파한 이븐 바투타의 기행 과정을 압축한 것이다. 이 박물관은 이슬람문화진열관 내에 이븐 바투타 특설코너를 마련해 이 책을 항시 전시하고 있다.

01　진강(晉江)

옛날에는 이 진강 기슭까지 바다여서 신리를 비롯한 외국 선박들이 신라촌(新羅村)이 있는 여기(진강 중류)까지 올라왔다고 한다.

02　복원한 취안저우 고선(古船)

1974년 취안저우만에서 발견된 후저선(後渚船)의 복원선은 해외교통사박물관 산하 고선진열관에 전시되어 있다.

03　취안저우 고선 복원 작업

04　이슬람사원인 청정사(淸淨寺) 내부 터

05　청정사 문패

06　개원사(開元寺) 동탑

07　개원사 서탑

尖拱形墓碑 元代
Pointed arch-shaped Headstone Yuan Dynasty
Found at Zou Kui Temple of Tonghuai Gate in 1926.
The four-wing angel was known as a foreign.

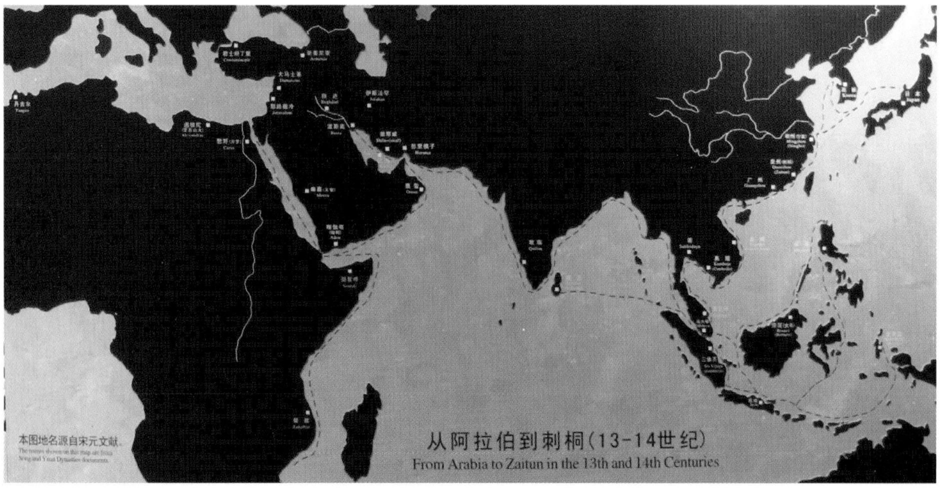
本图地名源自宋元文献。
从阿拉伯到刺桐(13-14世纪)
From Arabia to Zaitun in the 13th and 14th Centuries

08 머리에 십자가를 얹은 원대 네스토리우스파 묘비(종교석각진열관)

09 13~14세기 아랍에서 취안저우까지의 항해로(해외교통사박물관)

10 중세 아랍 상선

11 아랍어로 새긴 원대 무슬림의 묘비(종교석각진열관)

12 고려채(高麗菜) 일명 포차이 包菜
취안저우 부근 신리촌과 취안저우에서 85km 떨어진 영춘현 봉일진(永春縣 蓬壹鎭) 고려촌에서 재배하는데, 오늘날 한국의 양배추와 비슷하며 고려시대에 고려에서 유입되었다고 한다.

13 영춘현 봉일진 고려촌
바라보이는 뒷산을 '여산(麗山)' 혹은 '대산(大山)'이라고 부른다. 이 고려촌은 임씨(林氏) 집성촌이다.

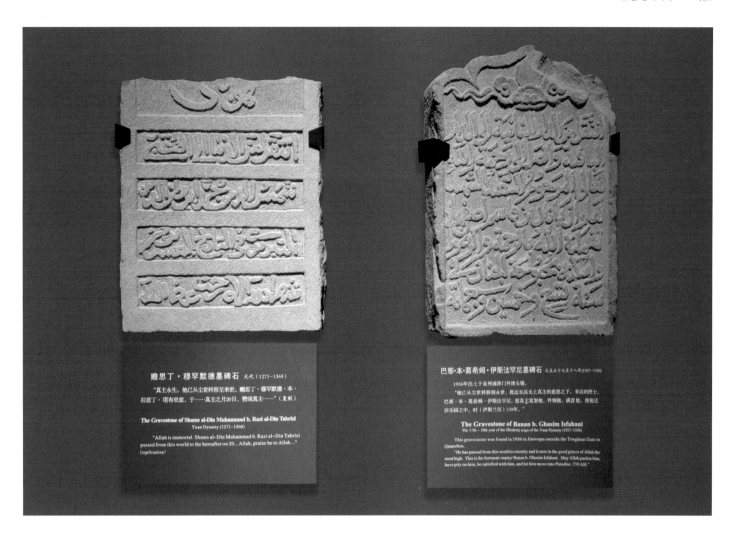

赡思丁·穆罕默德墓碑石 元代（1271–1368）

"真主永生。他已从尘世转移至来世。赡思丁·穆罕默德·本·拉兹丁·塔布里兹，于……真主之月20日，赞颂真主……"（复制）

The Gravestone of Shams al-Din Muhammad b. Razi al-Din Tabrizi
Yuan Dynasty (1271–1368)

"Allah is immortal. Shams al-Din Muhammad b. Razi al-Din Tabrizi passed from this world to the hereafter on 20…Allah, praise be to Allah…"
(replication)

巴那·本·葛希姆·伊斯法尼墓碑石 元至正十七至十八年(1357–1358)

1936年出土于泉州通淮门外律头墓。

"他已从尘世转移到永世，抵达至高无上真主的意思之下。幸运的烈士，巴那·本·葛希姆·伊斯法罕尼，愿真主宽恕他，怜悯他，满意他，使他迁居乐园之中。时（伊斯兰历）759年。"

The Gravestone of Banan b. Ghasim Isfahani
The 17th – 18th year of the Zhizheng reign of the Yuan Dynasty (1357–1358)

This gravestone was found in 1936 in Jintoupu outside the Tonghuai Gate in Quanzhou.

"He has passed from this world to eternity and is now in the good graces of Allah the most high. This is the fortunate martyr Banan b. Ghasim Isfahani. May Allah pardon him, have pity on him, be satisfied with him, and let him move into Paradise. 759 AH."

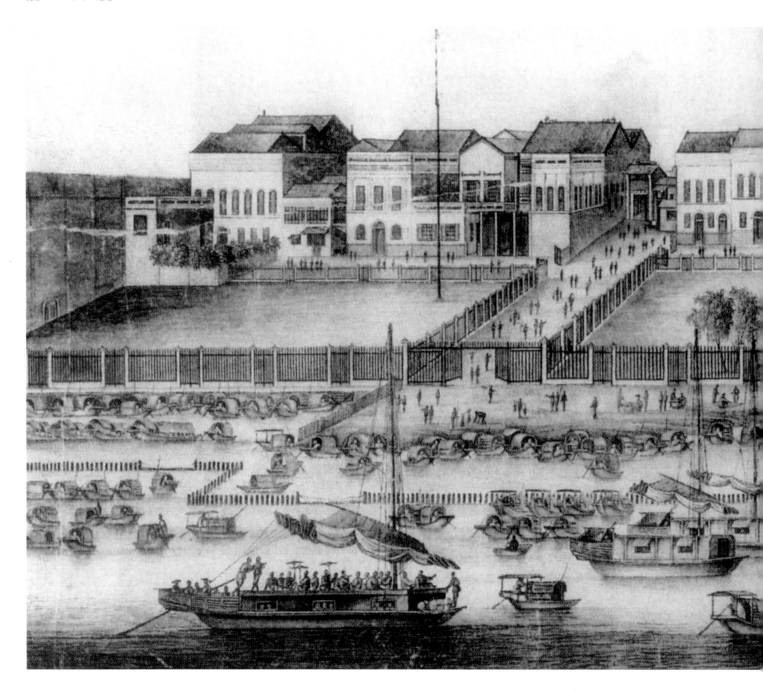

광저우 廣州

Guangzhou

중국 광둥성(廣東省) 중남부의 구릉지대에 위치한 광저우는 2000년 간 화난(華南) 지방의 정치·경제·문화·군사의 중심지였다. 특히 시강(西江)과 베이강(北江), 둥강(東江) 세 강이 합류하는 주강(珠江) 삼각주의 북안에 자리하고 있는 유리한 지정학적 환경 때문에 일찍 부터 대외통상관계에서 '남대문(南大門)' 역할을 하였다. 그리하여 광주는 중국 역사상 가장 오래된 국제무역항으로 인정되고 있다. 주 강 하구를 비롯해 여러 곳에 항구가 있었으나, 지금은 그 흔적마저 사라지고 비교적 완벽한 형태로 남아 있는 곳이 당대(唐代) 이후에 많이 이용한 황포(黃埔) 터다.

광저우는 상(商)대부터 남월(南越)이라는 이름으로 알려져오다 가 진(秦)대에 이르러 진시황이 기원전 214년 남월을 평정하고 여 기에 남해군(南海郡)을 비롯한 3개의 군을 설치하면서부터 행정적 으로 중국에 편입되었으며, 도시로서의 역사가 시작되었다. 광저우

는 열대특산물의 집산지로, 상업교역도시로 신속하게 발전해 당대에 이르러서는 중국 4대 국제무역항의 하나로 되었으며, 이른바 '통해이도(通海夷道)', 즉 '해외 이민족과 통하는 길'이라는 명목으로 여러 나라나 지역과 통하는 항해로가 가동되고 있었다. 남송 말엽 취안저우(泉州)에 추월될 때까지 광저우는 4대 국제무역항 가운데서 단연 선두를 달렸다. 명·청시대에 다른 모든 항구에 대해서는 해금(海禁)조처를 취했지만, 유독 광저우만은 제외였다.

역대로 광저우에는 세계 방방곡곡에서 모여든 외방인이 많아서 '제3세계 수도'로까지 불리기도 하였다. 화교 중 이곳 출신이 106만 명(2011년)으로 가장 많으며, 고향에 대한 그들의 기여는 자못 크다. 오랜 역사만큼이나 유적유물도 많다. 1천 점 이상의 유물을 보유하고 있는 곳으로는 남월왕묘와 광효사(光孝寺)·육용사(六榕寺)·회성사(懷聖寺) 등이 있으며, 중산사로(中山四路)에서는 진한(秦漢)시대

의 조선(造船) 유물이 출토되었다. 아열대기후에 속하는 곳으로 1년 내내 꽃이 핀다고 하여 광저우를 '화성(花城, 꽃의 도시)'이라고 부르기도 한다. 또한 5양(羊)전설에서 유래되어 '양성(羊城)'이라고도 한다. 면적: 7,434km², 인구: 약 1,300만 명(2013년)

13행상관(行商館)

13행상관이란 외국과의 통상에 대해 봉쇄와 통제 등 정책을 반복해오던 청나라가 강희제시대부터 제2차 아편전쟁 때(1856년)까지 약 170년 동안 덴마크·스페인·프랑스·장관(章官)·미국·보순(寶順)·제국(帝國)·스웨덴·구(舊)영국·초초(炒炒)·신(新)영국·네덜란드·소계(小溪) 등 명의하의 외국인 상인들에게 조계지 내에서 '행상'(상업활동)을 할 수 있도록 허용한 이관(夷館)'(외국인 상관)을 말한다.

剌马丹墓碑译文 (元至正九年)

墓碑左右两行中文:

右: 大都路宛平县青玄关住人剌马丹, 系高丽人氏, 年三十八
岁。(令) 除广西道容州陆川县达鲁花赤。

左: 於至正九年三月二十三日殁后葬于广州城北流花桥畔。

阿拉伯文译文:

人总是要死的。真主, 除它外绝无应受崇拜的。他是永生不
灭的, 是维护万物的。瞌睡不能侵犯他, 睡眠不能克服他,
天地万物都是他的, 不经他的许可, 谁能在他那里替人说情
呢? 他知道他们面前的事和他们身后的事, 除他所启示的
外, 他们绝不能窥测他的玄妙, 他的知觉, 包罗天地, 天地
的维持, 不能使他疲倦。他确是至尊的、确是至大的。

真主的使者曾说: "死在异乡者, 已成为殉教烈士了。"

这座坟茔, 是阿老丁之子剌马丹臣仆归宿之处, 祈求真
主慈悯宽恕他们 (下缺词一组) 旅行库尔德的阿勒颠 (下缺
词一组) 时在七百五十一年真主吉祥的七月 日

丹书

01 **황포고항유지**(黃埔古港遺址)
고대 광저우의 여러 항구 중에서 유일하게 옛 모습을 남기고 있는 항구다.

02 **황포고항유지 안내문**

03 **아랍어로 새겨진 고려인 무슬림 라마단의 묘비**(회성사 懷聖寺)
이 비석은 광저우시 무슬림 묘역인 청진선현고묘(淸眞先賢古墓) 부근에서
1985년 7월 도시 확장공사를 하던 중 발견되었다. 높이 62cm, 폭42cm, 두
께 6.2cm의 묘비 좌우에는 중국어로 주인공의 내력과 사망에 관해 기록하고,
본문은 아랍어로 이슬람 경전『꾸란』2장 255절과『하디스』(교조 무함마드의 언
행 기록)의 내용을 인용해 사자의 죽음을 애도하고 위로한다. 비문 내용에 따르
면 라마단은 1312년 알라웃딘(아노정阿老丁)의 아들로 태어나 대도로(大都路,
현 베이징) 완평현 청현관(宛平縣 靑玄關)에서 살던 고려인으로, 광서 도용주 육
천현(廣西 道容州 陸川縣) 현감 다루가치(達魯花赤)에 임명되었다. 지정(至正) 9년
(1349년) 3월 23일, 그의 나이 38세에 사망해 광주성 북류화교(廣州城北流花橋)
언덕에 묻혔다.

04 **라마단의 묘비 중국어 번역문**

05 **각국 깃발이 걸려 있는 13행상관**

06 **용선**(龍船)(광동성박물관廣東省博物館)
용 형태를 취한 광둥 특유의 옛 배다.

07 광둥해상사주지로박물관(廣東海上絲綢之路博物館) 문패

08 광둥해상사주지로박물관 외관

일명 남해일호관(南海一號館)이라고 하는 이 박물관은 광둥성양강시해릉도(廣東省 陽江市 海陵島)에 자리하고 있는데, 건물의 전체 부지면적은 약 13만m²에 달한다. 4년간 (2005년 12월~2009년 11월, 2억원 투자) 공사 끝에 2009년 12월에 개관한 박물관은 지하 1층, 지상 3층으로 구성되어 있으며, 진열관과 수정관(水晶館), 수장품창고의 3부분으로 나뉜다. 송대 동전 6,000여 매를 비롯해 총 4,500여 점의 유물을 소장하고 있으며, 주과제는 남해일호선의 보호와 연구다. 800여 년간 수장되었던 남해일호선은 원양항해에 적합한 첨두선(尖頭船)으로, 길이 30.4m, 폭 9.8m, 높이 4m이며 배수량은 약 600톤이다.

09 중국에서 가장 오래된 이슬람 사원인 회성사(懷聖寺)의 백탑(白塔)

10 월수산(越秀山) 상의 5양(羊) 조각상

광저우를 일명 '양성(羊城)'이라고 하는데, 이것은 5양(羊)전설에서 유래한 것이다. 그 옛날 대흉년이 들었는데도 악독한 관리는 아버지와 단둘이 살던 아들에게 3일 내에 식량을 마련해오지 않으면 붙잡아간 아버지를 살해하겠다고 협박한다. 어린 아들은 속수무책이라서 이틀 동안 계속 울기만 하고 있었다. 사흘째 되던 날 하늘에서 선인(仙人) 다섯이 내려와서 아들더러 가지고 온 씨앗을 뿌리면 밤새 숱한 낟알이 맺을 것이라고 하면서, 무슨 어려움이 있으면 산기슭에 있는 자신들에게 찾아와 알리라고 당부한다. 선인들의 말대로 거둬들인 낟알을 가지고 관리한테 갔더니, 그놈은 기이하게 생각하면서 아들에게 자초지종을 캐묻는다. 순진한 아이가 그대로 말하자 포졸들을 보내 숨어 있는 선인들을 붙잡으려고 하는 순간 그들은 양 다섯 마리를 풀밭에 풀어놓고 승천한다. 포졸들이 양을 붙잡으려고 하자 양들은 서로 끌어안고 돌로 굳어져버린다. 그것을 형상화한 것이 바로 이 5양조각상이다.

호이안 · 다낭

Hôi An · Da Nang

호이안은 일찍부터 항만도시로 알려져왔다. 16세기 광남(廣南) 원씨(阮氏)가 베트남 중부에 정권을 세우면서부터는 유럽인이나 중국인, 심지어 일본인들까지도 모여드는 국제무역항으로 번영하였다. 17세기 이른바 고슈인센(御朱印船) 무역에 의해 일본인들이 이곳으로 이주하기 시작해 일본인 거리까지 생겨났다. 구시가지에는 내원교(來遠橋)라는 일본 다리가 놓였으며, 일본인 공동묘지도 따로 있었다. 그러다가 18세기 말에 일어난 타이손(西山)반란으로 인해 시가는 불타버렸다. 원씨 정권은 가까스로 재기하였으나 19세기 후반 인근의 다낭이 흥성하면서 호이안은 점차 사양길에 접어들었다. 17세기 후반(1687~1688년) 조완벽(趙完璧)을 비롯한 제주도민 24명이

이곳에 표착한 바 있다.

한편, 다낭은 베트남 중부 연안의 항만 및 공업 도시로 1996년에 중앙직할시가 되었다. 다낭은 남쪽 25km 지점에서 18세기에 이르기까지 아시아 해상교역 거점의 하나였던 호이안(Hội An, 會安)의 후광 속에 발달하였다. 대형 선박의 입항이 가능한 다낭은 18세기 후반부터 무역항과 군항(軍港)으로 발전하였다. 프랑스 통치시기에는 투란(Tourane)이라고 불렸으며, 사이공과 더불어 베트남 유수의 항만도시로 발전하였다. 1965년 미 해병대의 다낭 상륙은 이후 미군의 직접 참전의 신호탄이었다. 전란으로 인해 도시는 폐허가 되다시피 하였는데, 1986년 정부가 도이모이 정책(개방·개혁정책)을 실시

한 결과 공업도시로 다시 살아났다. 시내에는 참파박물관을 비롯해 중세 참파왕국의 면모를 보여주는 유적유물들이 있다. 다낭 면적: 1,256km², 인구: 약 78만 명(2005년)

호이안(會安)의 옛 항구터
원래는 바다와 강이 만나는 항구로 큰 배가 접안할 수 있는 베트남 최대의 국제무역항(15~17세기)이었다. 그런데 퇴적층이 생기면서 물길은 줄어들고, 강 폭도 좁아져서 큰 배가 접안할 수 없게 되자 항구는 점차 쇠퇴하기 시작하였다. 한편, 18세기부터 북쪽 인근의 다낭이 항구도시로 발전함에 따라 국제무역항으로서의 기능은 호이안에서 다낭으로 옮겨갔다.

01

02

01 일명 '내원교(來遠橋)'라고 하는 호이안의 '일본교(日本橋)'

16세기 일본이 동남아시아로까지 진출하면서 해상활동을 적극 벌이고 있던 시기인 1592년에 당시 베트남 최대 국제무역항이던 이곳 호이안에 길이 10m쯤 되는 이 다리를 건설하였다. 다리 바깥쪽에는 일본 거리가, 안쪽에는 베트남과 중국 거리가 형성되었다. 그러나 후일 에도(江戶)막부의 쇄국정책으로 인해 일본의 진출은 더 이상 없었다.

02 다리 중간에 '멀리서 와 지은 다리'라는 뜻의 '내원교' 간판이 걸려 있다.

03 호이안 거리 모습

04 호이안 나루터의 어선과 어민들

05 다낭 대성당 외관

06 힌두교 신상(다낭의 참파민속박물관)
이 박물관에는 300여 점의 석조유물을 비롯해 찬란했던 참파시대의 역사 문화를 증언하는 유물이 다수 전시되어 있다.

07 제주도민 24명이 피신했던 꾸라오짬(Cu Lao Cham)섬
조선시대에 남긴 베트남 표류기에 의하면, 1687년 9월 제주진무(濟州鎭撫 난을 평정하고 민심을 진정시키는 업무 담당관) 김태(대)황(金泰〈大〉璜) 일행 24명은 제주 목사가 진상하는 말 세 필을 싣고 출항하였다가 추자도(楸子島) 앞에서 풍랑을 만나 표류 31일 만에 안남국(安南國, 현 베트남) 호이안에 표착한다. 도착 즉시 찬물을 마신 세 사람은 죽는다, 베트남 왕자가 조선에서 살해된 보복으로 죽임을 당할 위험이 생기자 호이안 맞은편에 있는 이 섬으로 피신한다. 그러던 중 중국 상선을 만나 쌀을 운임으로 지불하기로 하고, 1688년 9월 1일 호이안을 떠나 중국 명주(明州, 현 닝보) 보타산(普陀山)을 거쳐 4개월 만인 이듬해 1월 제주도 대정현(大靜縣)에 도착하였다.

08 현대적 설비를 갖춘 다낭항
근세 유럽의 침입에 대비해 해금(海禁)봉쇄정책을 쓸 때 유일하게 개방을 계속한 항구이며, 오늘날 베트남-라오스-타이-미얀마로 이어지는 이른바 동서경제지대(EWEC=East-West Economic Corridor)의 동쪽 관문이다.

09 용(龍)다리
4년간(2009~2013년) 공사 끝에 완공한 한강(漢江, Han) 위의 길이 66m의 다리다. 다리 난간을 꿈틀거리는 용으로 꾸몄다.

호찌민

HO Chi Minh

호찌민은 베트남 동남부의 사이공강 서안에 위치한 베트남 최대의 도시다. 폭 250~300m, 수심 10m의 강 하구에서 97km 떨어진 이곳까지는 선박 운항이 자유로워 양항(良港)으로서의 구실을 충분히 하고 있다. 원래 이곳은 12세기 말에 크메르인들이 들어와 살던 프레이 노코르(Prei Nohor, '숲의 고장'이라는 뜻)라는 작은 마을이었다. 그러다가 17세기에 베트남인들(킨족)이 진출하기 시작해 1698년에 원씨(阮氏)가 이곳에 공식 통치기구인 가정부(嘉定府)를 설치하였다. 원씨 정권은 18세기 말 프랑스에 위탁해 성새를 건설하였다. 한편, 청나라의 지배를 피해 이곳에 이주한 중국인들은 1778년 사이공 서남쪽에 쩔런(Cho Lon)이라는 도시를 건설하기 시작하였다.

19세기 중엽부터 프랑스는 베트남을 비롯한 인도차이나 반도에

대한 식민통치를 본격화하면서 사이공을 식민지 약탈의 중심도시로 삼았다. 인도차이나 무역의 70%가 이곳을 경유하고, 배후지인 메콩강 델타에서 생산되는 다량의 쌀이 이곳을 통해 수출되었다. 도시의 중심부는 사이공강 우안을 따라 쩔런에 이르는 운하의 연변에 형성되었다. 오늘날까지 남아 있는 식민시대의 화려한 건물들, 예컨대 역사박물관과 대성당·중앙우체국·공원·식물원·중앙시장 등 프랑스풍의 건물들은 모두 이때에 지어진 것이다. 그리하여 이 도시를 일컬어 '동아시아의 진주' '동양의 파리'라고 하였다.

1931년 사이공과 쩔런이 합병됨으로써 거대한 도시구획이 형성되었다. 인구는 19세기 프랑스 점령 당시의 13,000명에서 제2차 세계대전 직전에는 15만 명으로 늘어났으며, 베트남전쟁 말기에는 난민의 유입으로 350만 명을 초월하였다. 베트남의 내전은 남북통일이라는 결과를 가져왔지만, 많은 사회문제를 야기하기도 하였다. 베트남공화국시대(1955~1975년)에는 수도로 사이공이라 불러오다가 북부의 베트남민주공화국에 의해 통일되자 이름을 호찌민이라고 고쳤다. 면적: 2,095km², 인구: 약 740만 명(2010년)

호찌민항
상항(商港)과 군항(軍港) 겸용인 호찌민항은 안남산맥의 남단에 있는 생자크곶 북서쪽 약 100km 지점의 동나이강 삼각주의 중심, 그 지류인 사이공강 서안에 있는 하항(河港)으로 바다에서 약 55km 떨어져 있다. 처음에는 작은 어촌으로 습지였으나 식민시기 프랑스가 개발 목적으로 배수설비를 설치해 항만을 건설하였다. 1976년 원래 이름인 사이공을 베트남사회주의공화국 초대 주석 호찌민(1890~1969년)의 이름을 따서 호찌민항으로 바꿨다.

01

02   03

01   옥애오(Oc-Éo)항만 유적에서 출토된 각종 구슬 목걸이(호찌민 박물관)

02   동·서유물이 반출(伴出)된 옥애오 유적
1942년 인도차이나 반도 남단 서부 메콩강 지류인 바싹강과 삽만강 사이의 충적평야지대의 낮은 언덕에서 1~6세기 부남(扶南)시대의 동·서 교류상을 실증하는 많은 유물이 발굴되었다. 중요한 유물로는 인도 간다라 양식의 불상과 중국 육조풍의 불상, 316점의 각종 장신구, 납제 하물표(荷物票), 1세기 로마 금화와 중국 한대의 청동제 기봉경(夔鳳鏡) 등이 있다(호찌민역사박물관).

03   성모 마리아 교회(일명 사이공교회, 노틀담교회) **외관**
1889에 붉은 벽돌로 지은 건물로, 2000년 창건 120주년을 맞아 수개월 동안 대대적인 보수작업을 하였다. 외관은 로마네스크 양식으로 지었고, 내부는 고딕 양식으로 정갈하다.

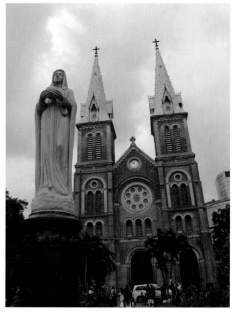

04 메콩강

동남아시아 최대의 강으로 길이는 4,020km이며, 유역면적은 약 80만km²에 달한다. 중국 티베트에서 발원해 미얀마·라오스·타이·캄보디아·베트남을 거쳐 남중국해에 흘러들어간다. 인도차이나의 교통과 생활의 대동맥이다. 베트남 경내의 강 길이는 220km이고, 폭은 2km나 되며, 하구에서 비옥한 메콩강 삼각주를 이룬다. 여기서 다이강을 비롯한 9개의 지류로 나뉜다. 그래서 베트남에서는 메콩강을 구룡강(九龍江)이라고도 부른다.

05 통일궁(統一宮)

남베트남 정권시대에는 독립궁이라고 불렀던 대통령 관저다. 1962년부터 4년에 거쳐 지었는데, 방 수가 대소 100여 개이며, 옥상에는 전용 헬리콥터장이 있다. 가장 화려한 방은 대사들의 신임장 봉정실이다. 2층은 대통령과 가족들의 공간이며, 3층은 전망대. 지하에는 전시에 운영했던 사령실과 암호해독실, 통신실 등 군사시설이 전시되어 있다. 1975년 4월 30일 베트남해방군이 이 궁의 철책을 부수고 돌진해 무혈입성한 그 시각이 바로 베트남전쟁이 끝난 시각이다.

제3장

동남아시아

마닐라

Manila

루손(Luzon)섬 남서부의 마닐라만 동안(東岸)에 위치한 항만도시 마닐라는 필리핀의 수도로 '동방의 진주'라고 불릴 만큼 아름다운 도시다. 마닐라의 어원은 '관목(灌木)이 있는 곳'이라는 뜻의 '마이닐라'(Maynila)에서 유래하였다고 한다. 1571년 4월 스페인의 초대 필리핀총독 레가스피(Miguel López de Legazpi)는 세부(Cebu)를 대신할 식민지 지배거점을 확보하기 위해 함대를 이끌고 마닐라항에 침입하였다. 그는 주변의 추장 3명과 우호관계를 맺고 파시그(Pasig)강 좌안 하구에 스페인인의 거주 지역을 허락받고는 이곳을 '마닐라'라고 부르면서 둘레 약 4.4km의 성곽도시 인트라무로스(Intramuros) 건설에 착수하였다.

이때부터 스페인인과 포르투갈인들은 마닐라를 중간기착지로 하여 중국의 비단을 중남미에 수출하고, 중남미의 백은(白銀)을 아시

아와 유럽에 수출하는 등 신·구대륙 간의 중계무역에 나섰다. 이 중계무역의 바닷길이 바로 '태평양 비단길' '백은의 길'이며, 이 길을 통해 이른바 태평양의 '대범선(大帆船) 무역'이 시작되었다. 1834년 마닐라항이 개항된 이래 마닐라는 점차 국제무역항으로 확장되어 19세기 말에는 인구가 22만 명에 달하는 대도시로 성장하였다. 그러나 1898년 미국-스페인 전쟁에서 스페인이 패하자 미국의 지배하에 들어가고, 제2차 세계대전 기간에는 일본에 점령되어 도시의 80%가 파괴되기도 하였다.

독립 후 1948년 북쪽에 인접한 케손으로 수도가 옮겨갔다. 그러나 1975년 11월 마닐라와 케손 등 수도권 4개 시와 인접지역을 통합한 대(大)마닐라시(Metropolitan Manila)가 출범하면서 마닐라가 다시 수도가 되었다. 마닐라항은 파시그(Pasig)강 하구를 사이에 두고

북항과 남항으로 나뉘는데, 북항은 내항선이, 남항은 외항선이 이용한다. 마닐라국립박물관에는 마린두케(Marine Duque)섬 해저에서 발견된 침몰선이 적재한 각종 도자기 유물과 동남아시아의 목조선과 정크선, 스페인의 갤리언선 등 마닐라항을 통해 진행되던 교역상을 증언하는 유물들이 다수 전시되어 있다. 면적: 38.55km², 인구: 약 170만 명(2010년)

마닐라항의 북항(北港)

길이가 8.3km에 달하는 마닐라만 자체가 천혜의 양항이다. 여기에 항만 밖에 긴 방파제를 구축하고 1834년에 첫 부두를 건설했는데, 이곳을 지나 바다에 흘러들어가는 파시그강을 사이에 두고 북항과 남항으로 나뉜다. 북항은 내항선(근해선)이, 남항은 외항선(원양선)이 주로 이용한다. 파시그강 위에는 이 두 항을 연결하는 존스(Jones)다리와 맥아더(MacArthur)다리 등 여러 개의 다리가 놓여 있다.

01   산아구스틴 성당(San Agustin Church)

1571년에 지은 필리핀에서 가장 오래된 가톨릭 성당이며, 또한 가장 오래된 석조건물의 하나다. 바로크 양식으로 지어진 이 성당 안에는 스페인 식민시대의 미술품과 가구 등이 전시되어 있다. 성당 맞은편에는 식민시대에 스페인사람들이 사용하던 물건들을 전시한 카사 마닐라(Casa Manila)가 있다.

02   산아구스틴 성당 내부

03   성 토마스 대학 정문

1611년 4월 28일에 완공된 필리핀에서 가장 오래된 가톨릭 대학일 뿐만 아니라, 아시아에서도 가장 오랜 역사를 가진 대학이다. 또한 단일 캠퍼스를 가진 천주교대학으로는 세계에서 가장 큰 대학이다. 본래는 젊은 선교사들을 양성하는 학교였으나 신학대학으로 발전하였으며, 수많은 걸출한 인재들을 배출하였다. 대학에는 박물관이 부설되어 있다.

04   성 토마스 대학 본관

05 난파선 유적 모형도(필리핀 박물관)

06.07.08 난파선에서 건져올린 중국 도자기 유물(필리핀 박물관)

09 가장 오래되고 번화한 차이나타운인 옹핀
(Ongpin, 왕빈 王彬)**거리**
원래 왕빈은 평범한 화교 인쇄공이었는데, 필리핀사람들과 함께 반스페인투쟁에 참가해 혁혁한 공을 세웠다. 후세들은 그를 기리기 위해 이 거리에 그의 이름을 붙여 부르고 있다. 입구에는 '친선문(親善門)'이라는 아치가 가로걸려 있다.

10 필리핀의 명물 지프니
지프차를 개조해 만든 이 차는 공중 교통수단인 소형 버스인 셈이다. 거리의 구석구석을 누비는 노선차로 아주 편리하다. 외형을 화려하게 장식해 사람들의 이목을 끈다.

11 옛 마닐라 항구도와 교역로(필리핀 박물관)

12 1600년대 마닐라와 서방 기독교세계와의 관계도(필리핀 박물관)

13 막탄(Mactan)**섬에 있는 마젤란 기념탑**(Magellan's Marker)

막탄섬은 세부시의 동해안에서 1.6km 떨어진, 면적 62km²에 불과한 자그마한 산호도다. 세부는 중부와 남부 필리핀의 정치·경제·문화의 중심지이며 필리핀의 제3 도시다. 여기는 내항선과 외항선의 기착지이며 물산의 집산지다. 1521년 4월 7일 세계일주 항해 중이던 마젤란은 세부에 상륙해 추장 후마본(Rajah Humabon)을 비롯한 800여 명 원주민의 환영을 받았으며, 14일에는 그 가운데 400명을 위해 기독교 세례의식을 치렀다. 그러면서 지방 추장들에게 스페인에 복종하고 스페인 국왕에게 공물과 세금을 바치라고 강요하였다. 막탄섬 추장 라푸라푸가 이를 거부한다는 보고를 받은 마젤란은 철갑을 두른 스페인 군사들을 이끌고 막탄섬으로 쳐들어갔다. 섬 추장 라푸라푸는 도민들과 함께 분전으로 침략자들을 물리치고 그들 수괴인 마젤란을 사살하였다. 그리하여 세부와 막탄섬에는 이 기념탑을 비롯해 마젤란에 관한 몇 가지 유물이 남아 있다.

14

15

14 막탄섬 해변가에 있는 추장 라푸라푸기념상(Lapu Lapu Monument)
아이러니하게도 이 상 뒤에 바로 마젤란 기념탑이 있다. 정치적으로는 적이나 종교적으로는 벗인 마젤란에 대한 이중적 시각의 절묘한 절충인 셈이다.

15 마젤란 피살에 관한 기록
막탄섬의 족장 라푸라푸가 1521년 4월27일에 스페인의 마젤란과 그 부하들을 격퇴하였다는 기록을 남겨놓은 비석 (라푸라푸 공원 내)

암본

Ambon

인도네시아 말루쿠(Maluku)주의 주도로, 좁고 긴 암본만 깊숙한 곳에 위치한 천혜의 양항이다. 암본은 세계에서 유일하게 정향(丁香)이 생산되는 곳이다. 원래 정향은 화장품이나 향료·구충제·전염병 예방제 등으로 쓰이다가 근래에 와서 주로 향신료로 사용되고 있다. 특히 햄이나 소스, 수프 등 여러가지 서양요리에서는 필수불가결의 조미료로 각광을 받고 있다. 그리하여 서구는 물론, 중국이나 아랍도 정향 무역에 큰 관심을 가지고 쟁탈전도 불사하였다. 그런 와중에 정향은 세계 여러 곳으로 전파되었다.

16세기 암본에서 정향을 처음 발견한 포르투갈은 생산을 독점하기 위해 직접 관할할 수 없는 지역의 정향 농장은 모두 폐쇄해버렸

다. 이후 포르투갈을 몰아내고 암본을 차지한 네덜란드 역시 정향 무역을 독점하고 값을 올리기 위해 재배지를 축소하는 등 배타적 조치를 취하였다. 1623년 암본 주재 네덜란드 총독이 이곳에 내항한 영국 상인 18명을 체포하여 그중 9명을 무단 처형하였다. 이것이 이른바 '암보니아(현 암본) 사건'이다. 이 사건 이후 영국은 말루쿠 제도(향료제도) 진출을 포기하고 인도 경략에만 전념하였다.

섬 곳곳에 정향 재배나 교역과 관련된 식민시대의 성채와 건물 유적이 남아 있다. 암본에는 네덜란드인의 집단 거주지가 형성되었고, 말루쿠 제도를 통치하는 군사령부가 자리하고 있었다. 그리하여 주민의 60%는 가톨릭교도이고 나머지는 무슬림이다. 오늘날까지도

이 두 종교인들간의 갈등은 사라지지 않고 있으며, '이슬람 왕국'이 상존(尚存)하는 괴이한 사회현상도 나타나고 있다. 면적: 377km², 인구: 약 31만 명(2012년)

향신료 정향(丁香)과 육두구(肉荳蔻)

정향이 원래는 화장품 재료나 구충제 등으로 쓰이다가 근대에 와서 특히 서양요리에 필수적인 향료로 각광을 받고 있다. 키가 4~7m나 되는 정향나무의 '정자(丁字)'형 꽃봉오리에서 핀 꽃을 햇볕에 말리면 정향이 된다. 원래는 인도네시아의 암본을 중심으로 한 말루쿠 제도가 유일한 산지였으나, 지금은 아프리카의 잔지바르 등 일부 지역에 전파되어 이식되고 있다. 향신료 중에서 가장 우수한 육두구의 원산지는 말레이반도와 빈탄(Bintan)섬이다. 육두구는 5세기경에 빈탄섬에서 인도로, 10세기 전후에 아랍인들을 통해 유럽에 알려졌다.

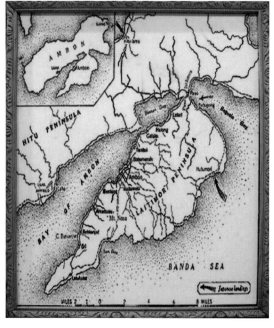

01 암본의 3대 항구 중 가장 큰 항구인 요스 수다르소(Yos Sudarso)항

02 말린 정향과 '정자(丁字)'형 정향나무 꽃봉오리 및 육두구(암본 재래시장)

03 키가 약 7m의 정향나무

04 암본 고지도(스왈리마Swalima 박물관)

05 힐라(Hila) 마을의 암스테르담 성보
암본에서 서북쪽으로 45km 거리에 있는 힐라 마을의 이 성보는 포르투갈과 네덜란드 등 5개 나라가 번갈아가면서 암본항에 드나드는 상선을 감시하는 성보로, 여기서 1623년 '암본사건'이 일어났다. 내부는 나무로 지은 이 2층 건물은 사방이 각각 15m쯤 되는 4각형 구조다.

06 힐라마을의 가톨릭 성당
1789년에 지은 오래된 성당으로, 2012년 수해가 났을 때 사람들은 방바닥 밑에 보물이 숨겨져 있다는 소문을 듣고 바닥 타일을 뜯어봤으나 허사였다. 수해 후 복구가 되지 않아 지금은 사용 못 하고 있다.

07

08 09 10

07 카이타투 이슬람왕국 마스지드(사원)
가톨릭 성당에서 길 하나 사이에 두고 약 300m 거리에 이슬람왕국이 있다. 왕은 30대 중반의 알민이다. 후
사인과 파트하 등 3개 무슬림 부족으로 이 이슬람왕국이 구성되어 있으며, 당국의 간섭 없이 자치적으로 운
영한다고 한다. 이 신(新) 마스지드는 최근 구(舊) 마스지드를 본따서 신축한 것이다. 공화제인 인도네시아가
봉건적 이슬람왕국과 공존하는 현실이 마냥 신기하다.

08 왕이 거처하는 왕궁
거실·주방·침실·마당 등 모든 설비가 보통사람들의 그것과 진배가 없다.

09 금방 밭에서 돌아와 구마스지드의 보수작업을 둘러보는 보통 옷차림의 왕 알민

10 구마스지드의 민바르(강단)
신·구마스지드의 민바르에는 인도네시아 국기가 꽂혀 있는 것이 특이하다. 비록 '이단적'인 이슬람왕국이
지만, 법적으로(공식적으로)는 인도네시아공화국 한 구성원이라는 것을 암시하는 듯하다.

향료의 길

15세기 말 포르투갈인들이 '인도항로' 개척을 비롯해 아시아 진출에 앞장선 주목적은 각종 향료를 교역해 막대한 이윤을 챙기려는 데 있었다. 그리하여 그들은 1511년 말레이반도의 말라카 제도를 무력으로 점령해 동남아시아 진출의 발판을 마련하고, 곧바로 정향(丁香)의 원산지 암본에 원정대를 파견해 일거에 향료 무역권을 독점하였다. 이렇게 16세기에는 포르투갈에 의해 리스본 – 희망봉(아프리카 남단) – 고아(인도) – 말라카(말레이반도) – 말루쿠 제도로 이어지는 향료무역로가 생겨났다.

포르투갈에 이어 동방의 향료무역에 나선 나라는 네덜란드다. 1595년에 네덜란드는 4척의 선박을 자바에 보내 처음으로 동방의 향료를 구입한 것을 계기로 포르투갈의 동방 향료무역에 도전하였다. 그해부터 1601년까지 65척의 상선을 향료무역차 자바에 보내 막대한 이득을 얻었다. 이에 고무된 네덜란드는 급기야 수마트라 서북부의 아체왕국과 결탁해 포르투갈인들을 향료무역에서 축출하고 17세기부터 동방의 향료무역을 일시 독점하게 되었다. 네덜란드에 이어 스페인과 영국, 프랑스 등 신흥 유럽국가들도 고수익성 동방 향료무역에 경쟁적으로 뛰어들었다. 이렇게 17세기를 전후해 향료는 해로를 통한 교역품의 주종을 이루었다. 따라서 이때의 해로를 일명 '향료의 길'이라고 부르기도 한다.

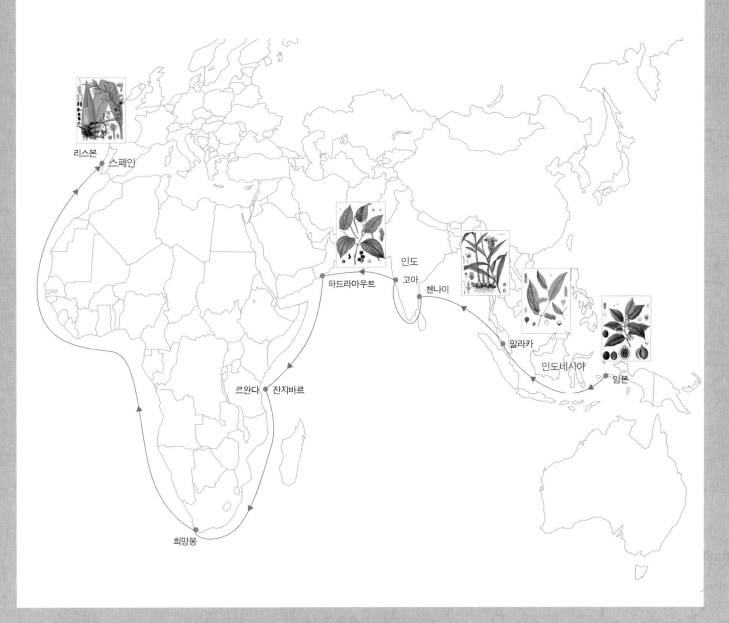

족자카르타

Djogjakarta

족자카르타 특별주의 주도인 이 도시의 공식 명칭은 '욕야카르타' (Yogyakarta)이나 흔히 옛 표기법을 따라 '족자카르타'로 불러왔는데, 오늘날은 이 명칭이 거의 일반화되었다. 줄여서 '족자'라고도 한다. '불의 산' 므라피 화산 남쪽 30km 지점의 기름진 평야에 자리한 족자카르타는 자바문명의 요람이며, 자바의 전통문화를 가장 잘 보존하고 있는 자바인들의 정신적 고향이다.

여기에는 세계문화유산으로 등재된 유명한 2대 종교사원을 비롯해 귀중한 문화유산이 많이 있으며, 해마다 몇 차례씩 거행되는 왕궁 축제를 통해 이러한 문화유산들이 잘 보존되어가고 있다. 이 축제에서는 빠짐없이 자바 고유의 전통무용과 민속음악 가믈란

(gamelan)·인형극·바틱 공예가 선을 보인다. 이곳 사람들은 대체로 온순하고 예의를 중시하며 자기감정에 대한 통제력이 강한 편이다.

족자는 소통과 수용의 도시다. 일찍이 여기를 통해 불교와 힌두, 이슬람 문화뿐만 아니라, 네덜란드 식민문화까지 들어와 다양한 사회구조를 이루었다. 그 과정에서 문화의 도시, 교육의 도시, 혁명의 도시로 성장하였다. 국립 가자마다(Gadjah Mada) 대학과 인도네시아 이슬람 대학을 비롯해 160여 개의 고등교육기관이 밀집해 있으며, '학생의 도시'로 불리기도 한다. 네덜란드 식민통치에 항거하는 독립전쟁 때는 임시수도이기도 하였으며, 1949년 이곳의 용감한 주

민들은 손에 무기를 들고 식민지배자들을 몰아냈다. 면적: 32.8km²이고, 인구: 약 66만 명(2006년).

보로부두르 사원(Candi Borobudur) 전경
중부 자바의 고도 족자카르타에서 북서 42km 지점에 있는 세계 최대 불교구조물로, 높이는 약 31.5m이며 원형으로 3층을 쌓고 꼭대기에 큰 종 모양의 탑을 얹었다. 화랑을 따라 6층까지 이르는 통로의 길이가 5km로, 쌓아올린 돌덩어리는 무려 100만 개에 달한다. 화랑 벽면에는 석가의 생애와 가르침이 부조되어 있다. 예배드리는 신전이라기보다 깨달음을 얻는 교육과 수련의 장이다. 1006년에 인근의 므라피 화산 폭발로 재 속에 파묻혀 있다가 1973년부터 유네스코의 주도로 복구사업이 본격 진행되었다.

01   구멍 뚫린 72기의 스투파
원형 3층 위에 있는 이 스투파 속에는 정좌한 등
신불상이 있다. 속설에는 스투파 속으로 팔을 넣
어 부처님 발등에 손이 닿으면 소원이 성취된다
고 한다.

**02   프람바난 사원(Candi Prambanan)의 일부
외관**
족자카르타의 동쪽 17km 지점에 있는 힌두교
사원으로 자바 건축의 백미. 850년경에 세운
이 사원에는 대소 신전 240개가 있었으나 16세
기 화산폭발로 무너졌는데, 1918년부터 복원하
기 시작하였다. 현재까지 복원된 신전은 18개 뿐
이다. 사원 내에는 힌두교 3대 신을 모신, 뜨리삭
띠(삼위일체)로 불리는 3개의 주요 신전(브라만신
전·비슈누신전·시바신전)이 있으며, 높이 47m의
시바신전에는 부인과 아들 등 4상을 모신 4개의
석실이 있다. 시바신전과 브라만신전 외벽에는
인도 대서사시『라마야나』서사시가 부조로 묘사
되어 있다.

03   프람바난 사원 벽에 부조된 동물

04   보로부두르 사원 벽에 부조된 옛 배 모형

05

06

05   므라피 화산(Gunung Merapi)
'므'는 '있다', '라피'는 '불'이라는 뜻으로 '므라
피'는 '불이 있는', 즉 '화산'이라는 의미다. 자바
주에 있는 화산으로, 인도네시아에서 활동이 가
장 활발한 화산이다. 1548년 이래 68차나 폭발
해 많은 인명 피해를 가져왔다. 1930년 폭발 때
약 1,300명이 희생되었다. 해발 1,700m의 산
중턱까지 마을이 있어 수천 명이 살고 있다. 높이
2,968m의 이 화산은 4년마다 한 번씩 폭발한다
고 한다. 3년 전인 2009년에 폭발한 화산재가 아
직 길가에 잿더미로 남아 있다.

06   이모작 벼농사
자바는 세계 주요 쌀 생산지의 한 곳으로 자바쌀
은 단립형(短粒型)에 가깝고 풀기도 있다.

07 크라톤 궁전 내부의 화려한 수영장

08 **크라톤**(Kraton) 왕궁 남문
족자카르타를 장기간 통치해온 마타람 왕국의 궁전으로 1756년에 지었다. 내부는 남·북 두 부분으로 나뉘는데, 남쪽 부분에 박물관이 있어 관광객들은 주로 남문을 이용한다. 문 양측에는 수호신 라크사사가 지키고 있다. 박물관에는 역대 술탄들이 사용하던 각종 가구와 의상·도검·시계 등 유물이 전시되어 있다. 현 왕은 주지사를 겸하고 있다. 지사와 왕, 현대 정치사에서는 어울릴 수 없는 두 개념의 겸행(兼行)은 일종의 아이러니라 아니 할 수 없다.

자카르타

Jakarta

자바섬의 북서부 해안에 위치한 자카르타는 인도네시아의 수도이며, 동남아시아에서는 가장 큰 도시다. 솔로강 유역에서 발견된 자바원인에 의해 지금으로부터 100만 년 전에 이 섬에 사람들이 살고 있었다는 것이 입증되었다. 자카르타의 발원지는 보고르(Bogor) 근처의 한 어촌이다. 4세기경부터 동쪽의 말루쿠 제도와 서쪽의 말라카 해협 사이에는 향료무역이 진행되기 시작하였다. 이러한 무역로를 타고 5세기경부터 인도의 힌두교와 불교가 유입되면서 일련의 인도계 왕국들이 출현해 자바 지역을 통치하였다. 한편, 1522년 이곳에 첫 무역거점을 마련한 포르투갈은 인도왕국과 조약을 맺고 이곳에 요새를 구축하려고 하였다. 그러나 13세기 말엽부터 세를 확장해오던 이슬람왕국의 왕자 파타힐라(Fatahilah)는 1527년 6월 22일 무력으로 포르투갈을 축출하였다. 훗날 이날이 자카르타시 창립일로 정해졌다.

자카르타라는 명칭은 16세기 이슬람왕국이 들어서면서 부르기 시작한 '승리의 도시'라는 뜻의 '자야카르타'(Jayakarta)에서 유래하였다. 그 이전인 순다왕국 시대에는 특산물인 야자(칼라파)를 실어나르는 항구라는 뜻의 '순다 켈라파'(Sunda Kelapa)로 불렸으며, 16세기 말 네덜란드가 동인도회사의 기지로 이용하면서부터는 '바타비아'(Batavia)로 이름을 바꿨다. 바타비아는 동인도에 대한 네덜란드의 식민통치에서 핵심적 역할을 하였다. 1943년에 일본이 점령하면서 옛 이름인 자야카르타를 줄여서 자카르타(Jakarta)로 개명한 이래 오늘까지 그대로 사용되고 있다. 이름의 변화만큼이나 다양한 왕국이 흥망성쇠를 거듭하면서 이곳 주민의 구성이나 언어는 매우 복잡다단하게 되었다.

자카르타에는 식민시대의 유적유물과 더불어 기념비적 건물들도 병존한다. 국립박물관과 북부 코타(Kota) 지역의 파타힐라광장 주변에 자리한 3대 박물관(자카르타역사박물관, 회화·도자기박물관, 해양박물관)·순다 켈라파 구항구·게레하 교회(Gereja Catheral) 등 식민시대의 유적유물들은 자카르타의 역사 문화, 특히 식민시대의 사회상을 여실히 증언하고 있으며, 섬나라로서의 바닷길을 통한 교통과 교류 정보를 많이 제공해주고 있다. 높이 137m에 달하는 독립기념탑과 동남아시아 최대의 이슬람사원인 이스티크랄(독립) 마스지드는 인도네시아의 독립과 자존 의지를 보여주고 있다. 면적: 740.28km², 인구: 약 1,000만 명(2011년)

순다 켈라파항(Sunda Kelapa)
이슬람세력이 들어오기 전부터 순다 켈라파로 불리던 이 항은 네덜란드가 1619년 자카르타 이름을 바타비아로 개명하면서 이 항을 중심으로 한 코타 지역에 식민통치의 기반을 조성하였다. 오늘날 파타힐라광장 주변의 3대 박물관에 전시된 유물들이 그 실태를 생생하게 증언하고 있다.

The City of BATAVIA in the Island of Java and Capital of all the Dutch Factories & Settlements in the East Indies.   La Ville de BATAVIA en l'Isle de Java et Capitale de tous les Comptoirs et Etablissements Hollandois dans les Indes Orientales

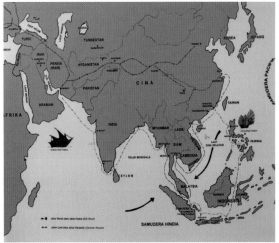

01 옛 항구(순다 켈라파)
일본 히라도(平戶)의 네덜란드상관 박물관에 전시된 벽화다.

02 옛 항구와 자카르타시 전경
히라도 네덜란드상관 박물관에 전시된 벽화다.

03 고대 배 암각화(해양박물관)

04 자카르타를 중심으로 한 해상 실크로드(해로)(해양박물관)

05 바하리(해양) 박물관 정문

06   국립박물관 외관
마르데카광장 서쪽에 자리한 4층 건물인 박물관에는 중부 자바에서 발견된 자
바원인의 두개골을 비롯한 여러 구의 고대 인류의 유골, 불교와 힌두교시대의
각종 신상, 민족분포도, 각이한 형태의 주택, 중국을 비롯한 각국의 무역 도자기
유물 등이 전시되어 있다. 4층에는 특별 보물실이 마련되어 있다. 타이 국왕이
코끼리를 선물한 바 있어, 이 박물관을 일명 '코끼리박물관'이라고도 한다. 그
것을 의미하듯 마당에는 코끼리상이 있다.

07   자바원인(Pithecanthropus erectus) **두개골**
네덜란드 군의관인 외젠 뒤부아(Eugène Dubois)가 1891~1892년 자바의 솔
로(Solo)강 근처의 트리닐에서 고인류의 두개골과 대퇴골을 발견하였다. 그는
그 주인공을 약 50만 년 전의 직립원인(直立猿人)이라고 명명하였다. 그것이 바
로 '자바원인'이다.

08   거석문화인 독석(獨石, 높이 약 5m)(국립박물관)
마을 어귀에 서 있는 독석으로, 수호 역할을 한 것으로 보인다.

09   고인돌(자카르타역사박물관)
인도네시아는 전형적인 남방 해양문화인 거석(巨石)문화, 특히 고인돌문화가
발달된 곳으로 알려지고 있다.

10 이스티크랄 마스지드
동남아시아 최대의 이슬람 사원으로. 수카르노대
통령시대인 1961년에 착공해 17년 만인 1978년
에 완공하였다.

11 독립기념탑(Monument National)
독립을 기리기 위해 세운 이 기념탑의 높이는
132m로, 꼭대기에는 순금 50kg가 들어간 횃불
이 얹혀 있으며, 자카르타 전시 가가 한눈에 들어
오는 전망대도 있다. 지하에는 자바원인으로부터
독립에 이르는 장구한 역사시대를 아우른 박물관
이 있다. 1945년 8월 17일 수카르노 초대 대통령
이 반포한 '독립선언문'도 여기에 소장되어 있다.

12 게레하 성당(Gereja Cathedral)
18세기에 지은 쌍봉(雙峯)의 화려한 교회 건물이다.

말라카 해협

Malacca Strait

말레이반도 끝단 말레이시아와 인도네시아의 수마트라섬 사이에 있는 좁고 긴 수역(水域)을 가리키며, 동쪽의 남중국해(태평양)와 서쪽의 안다만해(인도양)를 연결한다. 말라카 해협의 길이는 약 800km, 최대 폭은 300km이며, 최소 폭은 50km다. 연안과 해협 중앙부에서는 해류가 빨라 항행에 주의가 요구된다.

　이곳은 오래전부터 해상 실크로드 상의 요로였다. 인도양과 남중국해의 계절풍을 이용한 항해술이 발달하면서 말라카 해협은 중국에서 동남아시아를 거쳐 인도양과 페르시아만까지 이르는 해상교역로의 중요한 통로가 되었다. 또한 이 길을 통해 인도의 불교와 아랍의 이슬람교가 동전(東傳)하였다. 송나라 때부터는 중국인들이 동

남아시아로 활발하게 진출하면서 중국문화가 이 해협을 거쳐 서남아시아에 전파되었다. 명나라 때에는 정화(鄭和)가 대선단을 이끌고 일곱 번이나 이 해협을 넘나들면서 '하서양(下西洋)'해 아프리카까지 진출하기도 하였다. '대항해시대'에는 서구 열강들간에 동방으로 가는 해로의 관문인 이 해협을 선점하고 쟁탈하기 위한 각축전이 치열하게 벌어졌다.

말라카 해협은 수에즈 운하가 개통된 이후에는 동북아시아와 유럽을 잇고, 인도양과 태평양을 연결하는 해상통로로 그 중요성이 더욱 커졌다. 매년 7만 5천여 척의 배가 통과하는, 세계에서 가장 혼잡한 해협 가운데 하나가 되었다. 최근에는 중동의 원유를 운반하는 대형 유조선 항행이 급증하면서 수로 준설과 아울러 대형선 규제 등의 조치도 취해지고 있다. 뿐만 아니라, 고속 소형보트를 이용한 해적들의 빈번한 출몰과 노략질은 심대한 안전문제를 야기하고 있어 연안 국가들은 그 대책에 부심하고 있다.

말라카 해협
범선시대에 이 해협을 지나려면 무려 40~50일이나 걸렸다. 해협의 양안에 암초가 많아 배가 조심스럽게 느릿느릿 항행할 수밖에 없어서 해적들이 활동하기에 편리하였다. 그래서 예로부터 이 해협에서 가장 큰 문제는 해적의 노략질을 피하는 일이었다. 말라카 해협은 14세기 후반 마자파히트(Majapahit) 왕국의 판도에 들어가면서 세상에 알려진 이래 15세기 초 중국 명나라 정화 선단이 이곳을 다녀왔다. 1511년 포르투갈이 점령한 데 이어 서구 열강들 간의 각축전 끝에 1641년에는 네덜란드가, 1824년에는 영국이 각각 점령하였다.

<table>
<tr><td>01</td><td>02</td></tr>
<tr><td></td><td>03</td></tr>
</table>

01 말라카 시내를 관류하는 수로(운하)
시내의 중요한 교통수단의 하나로 이용될 뿐만 아니라, 관광유람, 특히 야경관광의
물길로도 많이 이용되고 있다.

02 세인트폴 성당 언덕에서 내려다본 시 전경
가운데 탑식 고층건물은 회전식 전망대(Menara Taming Sari)로, 높이는 110m
이며 한 번에 66명이 탈 수 있는 곤돌라가 회전한다.

03 산프란시스코 사비에르 성당(St. Francisco Xavier's Church)과 사비에르 동상
성자 사비에르를 기리기 위해 1849년에 세운 성당이다. 스페인 출신의 사비에
르(방제각 方濟各, 1506~1552년)는 예수회 창립자의 한 사람으로 동방 선교에
진력하였다. 만년에는 중국 남방 상촨섬(上川島)에서 중국 대륙에 상륙하려고
시도하다가 천막에서 객사하였다. 시체는 상촨섬에 매장되었다가 이듬해에 말
라카로, 그리고 1554년에는 인도 고아로 이장되었다. 그는 사후 가톨릭 성자로
시복(諡福)되었다.

04

05
06

04 해양박물관(Muzium Samudela) 외관
말라카에서 약탈한 보물을 가득 싣고 침몰한 포르투갈 선박을 그대로 복원한 2
층 구조물로, 내부에는 각종 선박 모형이 전시되어 있다.

05 술탄 궁전
1985년에 복원한 전통적인 건축양식의 목조건물로, 내부에는 전통의상과 장
식품 등이 전시되어 있다.

06 차이나타운
차이나타운의 주요 구성원의 하나는 중국인 남성과 말레이인 여성 사이에서 출
생한 이른바 페라나칸(Peranakan)들이며, 그들에 의해 융합문화(혹은 인종)인
바바뇨나문화가 탄생하고 유지되어가고 있다. 말레이어로 '바바'는 남성, '뇨
나'는 여성을 뜻한다. 따라서 '바바뇨나'는 융합문화나 혼혈인종을 뜻한다.

정화鄭和의 7차 '하서양(下西洋)'

1371년 중국 윈난성(雲南省) 쿤밍시(昆明市) 허다이촌(和代村)의 무슬림 마씨(馬氏) 가정에서 태어난 정화(1371~1433년)는 그의 나이 11세 때 명나라 군대가 윈난을 정복하자 생포되어 이듬해에 대도(大都, 현 베이징)에 주둔해 있던 연왕(燕王, 영락제永樂帝)에게 환관으로 보내졌다. 정화는 '정난(靖亂)의 변(變)' 때(1399~1402년) 연왕을 위해 무공을 세운 덕분에 환관들을 관리하는 내관감(內官監)과 삼보태감(三寶太監)에 발탁되었다(34세). 명 태조 영락제는 1404년 파격적으로 그에게 정씨 성을 하사하고 중용하였다.

정화는 영락제의 명을 받고 1405년부터 1433년까지 28년간 7차 '하서양(下西洋)', 즉 일곱 차례나 대선단을 이끌고 서양에 다녀왔다. 그동안 중국 난징(南京)에서 아프리카 동안까지 약 30개국, 50여 개 지방을 역방하고 총 18만 5천km를 항행하였다. 정화가 '하서양'을 단행한 것은 해금(海禁)으로 인해 추락된 국위의 선양, 대외무역의 진작, 특권층의 부귀영화를 위한 이방의 보물 취득 등 복합적인 원인에서였다.

정화의 '하서양'은 심원한 세계사적 의미를 지니고 있다. 중국과 해로 연안국들 간의 통교를 활성화시키고 교류를 추진하였다. '하서양'을 계기로 내화 사절이 낙역부절(絡繹不絕)했으며, 수입품은 180여 종으로 급증하였다. 뿐만 아니라, 세계항해사에서 선구적 역할을 수행하였다. 항정거리나 항행기간, 선박의 규모와 수량 및 적재량, 승선인원수와 항해술 등 모든 면에서 당시 세계 최대의 원양항해였으며 목선과 범선 항해의 기적이었다. 콜럼버스보다 87년, 다 가마보다 93년이나 앞선 항해였다.

정화는 제7차 '하서양'을 마치고 귀국하던 중 향년 62세로 객사하였다. 그러나 어디서 어떻게 세상을 떠나 어디에 묻혔는지 아직껏 수수께끼다. 일세를 풍미한 한 환관의 최후는 이렇게 초라하다. 그러나 역사는 혜안(慧眼)이다. 1997년 미국『라이프』지가 선정한, 지난 1,000년을 만든 세계 위인 100명 중 동양인으로는 정화가 가장 앞선 순위(14위)에 올랐다.

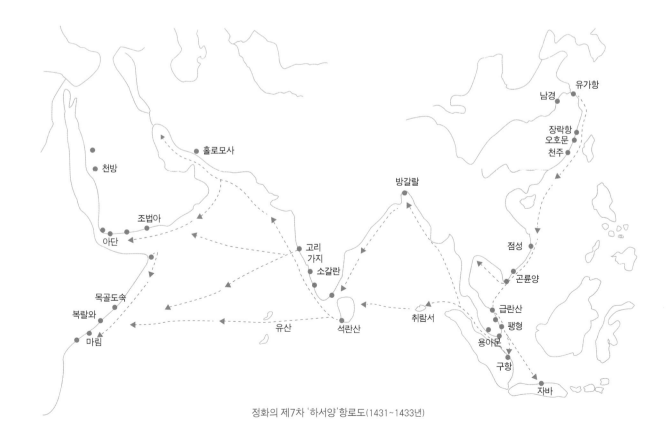

정화의 제7차 '하서양' 항로도(1431~1433년)

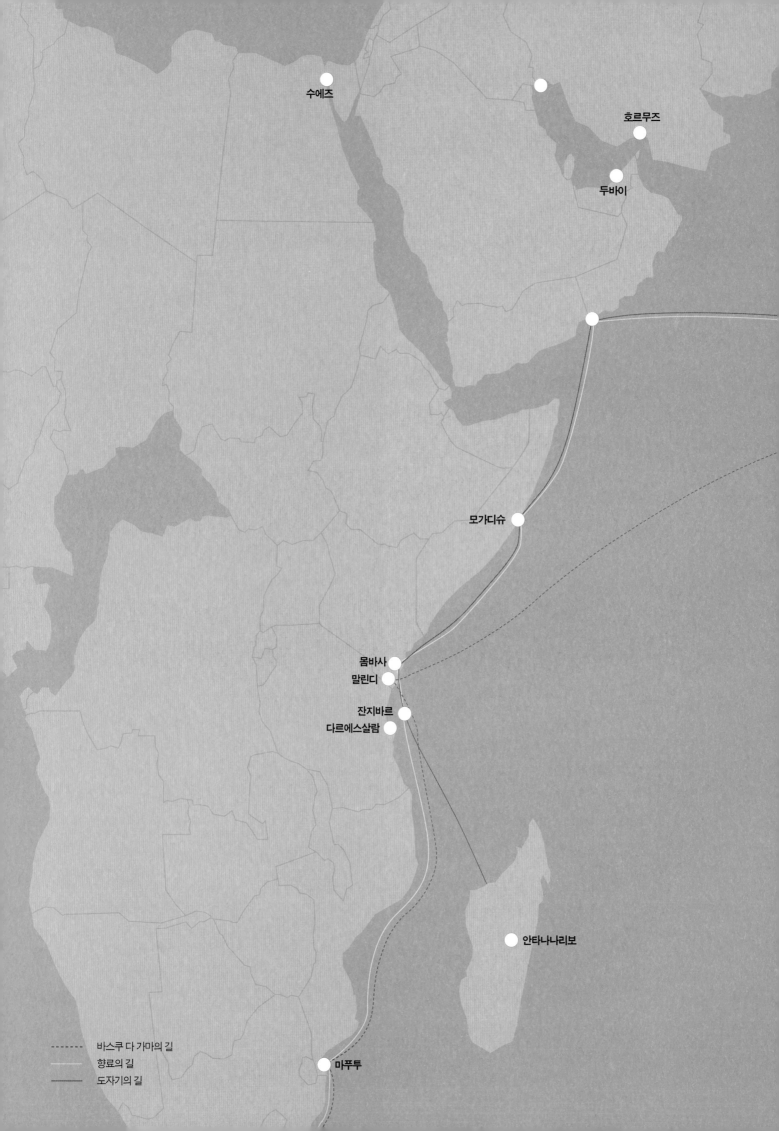

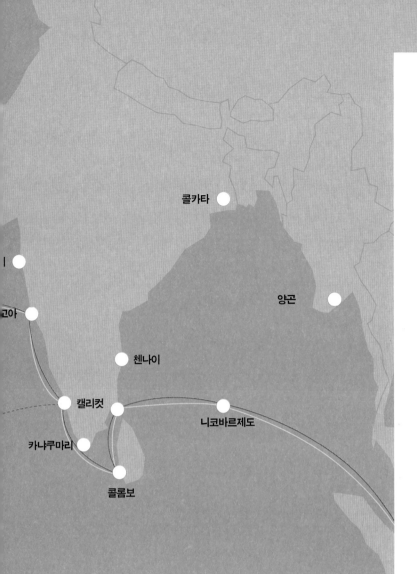

콜카타

고아

양곤

첸나이

캘리컷

카냐쿠마리

니코바르제도

콜롬보

제2부

인도양

인도 국가이름에서 유래한 인도양(Indian Ocean)은 태평양과 대서양에 이어 세 번째로 큰 바다로 북쪽은 인도, 서쪽은 아프리카, 동쪽은 오스트레일리아, 남쪽은 남빙양(남극해)과 맞닿아 있다. 그 표면적은 약 7,340만km²로 전체 대양의 24%를 차지하며, 평균수심은 약 3,960m이고, 가장 깊은 곳은 자바 해구(海溝)로 수심 7,450m이다. 인도양은 해령(海嶺)이 발달하여 크게 3개의 해저분지로 나뉜다. 해류로는 북적도해류와 적도반류(赤道反流)를 비롯한 몇 개의 해류가 있으며, 북부 벵골만과 아라비아해에서는 계절풍의 영향으로 겨울에는 서향류가, 여름에는 동향류가 만들어져 해류의 방향이 반대로 바뀐다. 인도양 항해사에는 13세기 말 이탈리아의 마르코 폴로가 인도 서해안을 따라 페르시아만에 이른 항해, 1405~1433년 명(明)나라 정화(鄭和)의 7차례 '하서양(下西洋)', 1498년 포르투갈의 바스쿠 다 가마(Vasco da Gama)가 희망봉(喜望峰)을 돌아 인도 서남해안에 도착한 '인도항로' 개척, 그리고 17~18세기 네덜란드의 타스만(A. J. Tasman, 1642년)과 영국의 쿡(James Cook, 1771~1777년) 등의 인도양 탐험이 기록되어 있다. 19세기 후반 수에즈 운하가 개통되면서 인도양은 아시아와 유럽을 잇는 중요한 항로가 되었다.

제1장

벵골만

양곤

Yangon

미안마의 옛 수도이자 최대의 무역도시다. 북동과 북서쪽에서 흘러드는 두 강의 합류점(하구에서 34km)에 자리한 양곤은 원래 불교의 성지 순례자들이 찾아오던 작은 어촌이었으나, 18세기에 몬족을 제압한 버마족이 '전쟁의 종결'이라는 뜻의 '양곤'이라는 이름으로 부르기 시작하였다. 19세기에 영국은 이곳을 정복하여 동남아시아 식민지 통치의 거점으로 삼으면서 항만과 도시를 건설하고 이름을 '랑군'(Rangoon)이라고 불렀다. 당시 만들어진 바둑판 모양의 시가지에는 붉은 벽돌로 지은 식민지시대의 낡은 건물들이 아직 남아있다. 1824년과 1852년 두 차례의 영국-버마 전쟁에서 승리한 영국은 랑군(양곤)을 영국령 버마의 중심도시로 재건함으로써 항만도시로서의 양곤의 중요성이 더욱 커졌다.

20세기에 들어와서 그러한 중요성은 계속 높아져 18세기 말 3만 명이던 인구가 1931년에는 40만 명으로 급증하였다. 1948년 버마가 독립하자 양곤은 수도가 되었다. 계속되는 인구증가에 대비해 1958년에는 3개의 위성도시를 건설하였다. 1989년에는 영국식 이름 '랑군'을 버마식 이름인 '양곤'으로 바꾸고, 2005년 11월에는 수도를 밀림지대인 핀마나(Pyinmana)로 옮기고 네피도(Naypyidaw)로 이름을 바꿨다.

시의 북부 언덕에는 이 나라의 상징인 높이 100여 미터의 금색찬연한 슈웨다곤(Shwedagon) 불탑이 우뚝 서 있다. 전설에 의하면 그 속에 불발(佛髮, 석가의 머리카락)과 전생 3불의 유품이 묻혀 있다고 한다. 그래서 옛적부터 이곳을 성지 다곤(Dagon)이라 불러왔다.
면적: 598.75km², 인구: 약 600만 명(2010년)

슈웨다곤 파고다
양곤시 북부 다곤(Dagon)언덕에 세워진 슈웨다곤 파고다(불탑)는 미안마 불교의 상징이며, 세계적 불교성지의 하나다. 산스크리트어로 '슈웨'는 '황금'이라는 뜻이고, '다곤'은 양곤의 옛 이름이라고 한다. 전설에 의하면 불타가 성불 후 미안마인들이 밀고(蜜糕, 아가위단묵)를 보낸 데 대한 답례로 보낸 불발(佛髮) 8대와 전생 3불의 유품이 이곳에 묻혀 있어 성지로 숭앙되고 있다.

01 성공회 성당
1824년 영국-버마 전쟁에서 승리한 영국이 기독교 포교를 위해 세운 성당이다.

02 19세기 영국에 의해 개항된 양곤항

03 1948년 영국 식민지로부터의 독립을 기념하기 위해 세워진 높이 45m의
독립기념비

04 양곤의 번화가
1950년대 말 주위에 3개의 위성도시가 건설되면서 수도 양곤은 더욱더 번창하게
되었다.

05 │ 06

07│08

05 슈웨다곤 파고다의 화려한 내부

세계적 불교성지의 하나인 이 불탑은 585년에 8.3m의 높이로 세워졌는데, 후대에 증축하면서 지금은
112m의 높이로 우뚝 서 있다. 부지 둘레가 427m나 되는 이 탑의 한가운데는 대금탑이 자리하고, 그 주위에
68개의 소금탑들이 배치되어 마치 '금탑의 숲'을 연상케 한다. 탑 정상에는 높이 5m에, 무게가 무려 1.25톤
이나 되는 보산(寶傘)이 얹혀 있으며, 탑 처마에는 1,000여 개의 금방울이 달려 있다.

06 타욱 찬 전쟁공동묘지

07 미얀마 독립영웅 아웅산(Aung San, 1915~1947년) 장군 동상

미얀마독립의용군(BIA)을 조직하고 반파쇼인민자유연맹 등을 결성해 항일투쟁을 진두 지휘했으며, 행정참
의회 부의장으로 영국으로부터의 독립을 준비하다가 1947년 7월 각료 6명과 함께 정적에게 암살당하였다.

08 양곤시 청사

콜카타

Kolkata

인도 서벵골주의 주도로 2001년 이전에는 '캘커타'(Calcutta) 로 불렸다. 17세기까지는 벵골(Bengal)의 영주(Nawab)가 지배하 는 세 마을, 즉 콜리카타(Kolikata), 수타누티(Sutanuti), 고빈다푸르 (Govindapur)가 있는 후글리(Hooghly)강 하구의 작은 읍이었다. 그 후 향신료 무역에 유리한 입지를 찾고 있던 영국 동인도회사가 이 곳에 상관을 세우면서 동인도 제1의 항구로 부상하였다. 덥고 습한 강기슭의 습지라는 점에서 사람들의 거주지로는 적당하지 않지만, 무역항으로서는 유리한 입지조건이 되었다. 그리하여 1712년 영국 은 이곳에 윌리엄 요새(Fort William)를 구축하고, 1912년에 수도를 뉴델리로 옮기기 전까지 영국령 인도의 수도로 삼았다.

갠지스강의 지류인 후글리강 하구에서 약 130km 상류에 위치한 콜카타는 17세기 후반 영국이 이곳에 상관을 설치하고 18세기 초 요새를 구축하면서 1912년 뉴델리로 천도할 때까지 줄곧 영국령 인도의 수도였다. 그것이 바탕이 되어 콜카타는 인도에서 뭄바이와 뉴델리에 이은 세 번째 큰 도시로, 그리고 항구로는 동인도에서 제일 큰 항, 전국적으로는 뭄바이에 이은 두 번째 국제무역항으로 부상하였다.

콜카타의 건축물은 인도와 서양의 문화요소가 융합되어 있는데, 그 대표적인 일례가 서양의 고전양식과 무굴양식이 혼합되어 있는 빅토리아 기념관이다. 공원 안에 세워진 이 웅장한 흰색 대리석 건물은 1901년 빅토리아 여왕의 취임 60주년을 기리기 위해 기공되었는데, 완공은 여왕이 서거한 후 거의 20년이 지나서였다. 또 시내에서 가볼 만한 곳으로는 인도에서 가장 오래된 박물관인 인도 박물관(Indian Museum)이 있다. 이곳에는 1,000여 년에 걸쳐 제작된 고풍찬연한 각종 조각상과 귀중한 고고학적 유물 및 민속 수집품 등이 전시되어 있다. 특히 화려한 곤충표본은 눈길을 끌기에 충분하다. 면적: 185km², 인구: 약 450만 명(2011년)

콜카타항

01 　신 · 구형 선박들로 붐비는 콜카타항

02 　소형 선박으로 하역작업을 하는 콜카타항

03 　콜카타의 번화가 모습

04 　빅토리아 기념관(Victoria Memorial)
인도 황제를 겸하고 있던 영국 빅토리아 여왕의 취임 60주년을 기리기 위해 1901년에 착공해 여왕의 서거 후인 1921년에 완공하였다. 남북 길이 3km나 되는 대형 마이단 공원(Calcutta Maidan)의 동남부에 자리한 이 기념관은 타지마할을 모델로 삼아 백색 대리석으로 지었다. 내부에는 인도 각지에서 수집한 미술작품을 전시한 미술관과 여왕이 어릴 적에 사용하던 피아노가 놓여 있고, 역대 총독들의 초상화가 걸려 있다. 총 3,500여 점에 달하는 전시품은 25개 전시실에 나뉘어 전시되고 있다.

05

06

05 자이나교의 파레슈나트 사원(Pareshnath Tem
-ple, 일명 시탈나트지 사원 Sheethalnathji Temple)

06 세인트폴 성당(St. Paul's Cathedral)

07

08

07 타고르(Rabindranath Tagore, 1861~1941년)
의 집(Tagore House)

아시아인으로는 최초로 노벨상(문학상, 1913년)
을 수상한 인도의 시성 타고르의 생가로, 1784
년에 지어졌으며, 지금은 라빈드라 브하라티
(Rabindra Bharati) 대학으로 쓰이고 있다. 별관
으로 박물관이 있는데, 거기에는 시인이 영어와
벵골어로 쓴 작품과 자필화, 편지 등 유품이 전시
되어 있다. 타고르의 가족과 동시대인들이 그린
작품을 전시한 갤러리가 따로 있다.

08 인도 박물관(Indian Museum)

1875년에 건립된, 인도에서 가장 오래된 박물관
으로 고고학 · 예술 · 민족학 · 지질학 · 물산 · 동
물학 등 6개 부문으로 나누어 유물을 전시하고 있
다. 고고학 부문 내용이 가장 풍부한데, 거기에는
인도 고대문명부터 이슬람시대까지의 유물이 전
시되어 있다. 불교와 힌두교의 우수한 작품들도
이 관에서 만날 수 있다. 예술부문에서는 인도 각
지의 방직품과 카펫, 금속 및 상아 제품들이 전시
되어 있으며, 민족학 부문에서는 인도 각 지방의
풍속과 습관, 풍토 등을 소개하고 있다. 동물학 부
문에서는 다양한 곤충표본이 눈길을 끌며, 특히
지질학 부문은 아시아에서 최대 규모의 지질학
전람관이라고 한다.

첸나이

Chennai

인도 타밀나두주의 주도로, 옛 이름은 마드라스(Madras)이다. 마드라스는 1639년 영국의 동인도회사가 이곳에 무역기지를 건설했던 어촌 마드라스파트남(Madraspatnam)을 줄여서 부른 말이다. 2,000년 전에 이미 중국 · 그리스 · 로마 · 바빌론 등 지역과 교역을 해온 것으로 전해지고 있다. 사실 영국이 이곳에 도시를 개발하기 훨씬 이전부터 로마제국에 후추와 직물을 보내고 금을 받아오던 해상교역의 중심항구 마일라푸르(Mylapur)에 관한 기록이 있는데, 지금의 첸나이 지역으로 추정된다. 2세기경 프톨레마이오스(Ptolemios)는 마일라푸르항이 그리스와 로마사람들에게 잘 알려져 있다고 하였으며, 마르코 폴로도 13세기 말엽 이곳을 방문하였다.

1522년 마일라푸르(첸나이)에 처음 도착한 포르투갈은 1세기경

이곳에서 고대 기독교를 전파하다 순교한 사도 도마(St. Thomas)의 무덤이 있던 곳에 산토메 성당(San Thome Church)을 세웠는데, 지금까지도 여전히 성당으로 사용되고 있다. 영국은 1639년에 이곳에 동인도회사를 설치한 데 이어, 1653년에는 세인트조지(Saint George) 요새를 건설하였다. 이를 계기로 동인도회사의 본부 역할을 하면서 마드라스로 불렸다. 1756년 프랑스와의 카르나틱 전쟁(Carnatic War)에서 로버트 클라이브(Robert Clive)가 이끌고 온 2,000명의 원정군인 세포이(sepoy, 영국군 내의 인도인 고용병)가 승리함으로써 프랑스는 이곳에서 철수하고, 영국이 완전히 장악하였다. 그러다가 인도가 영국으로부터 독립한 후인 1996년 첸나이로 개명하였다. 현재 첸나이는 인도에서 네 번째로 큰 도시이며, 남인도 최대의 정치 · 경제 · 문화의 중심지이다.

시내에는 1세기경 이곳에 와 기독교를 전파한 예수의 제자 사도 도마를 기리기 위해 세운 산토메 성당이 있고, 근교에는 사도 도마가 숨어서 선교활동을 했다고 하는 리틀 마운트(Little Mount, 작은 산)와 순교한 곳인 성 토마스 산(St. Thomas Mount)이 있다. 면적: 181.06km², 인구: 약 750만 명(2007년)

첸나이 항구
인도 남단 타밀나두주의 주도인 첸나이는 2천 년 전부터 이 항구를 통해 그리스 · 페니키아 · 로마 · 바빌론 · 중국과 교역을 하였으며, 중세에는 포르투갈 · 네덜란드 · 영국 등 서구 나라들의 동방 진출을 위한 거점항이었다.

01 칸치푸람의 데바라자스와미 사원

비자야나가르 왕조 때 비슈누신에게 바치기 위해 지어진 사원으로 기둥 위에
사원을 얹혀놓은 것이 특징이다. 원래는 아름답게 장식된 1,000개의 기둥이 있
었으나 지금은 96개만이 남아 있다. 칸치푸람은 동아시아에서 선종(禪宗)을 일
으킨 달마 선사의 고향이다.

**02 첸나이 근교 성 토마스 산(St. Thomas Mount)에 있는 성 토마스 성당과
사도 도마(성 토마스) 동상**

여러가지 전설과 기록 및 유물을 종합해 보면, 사도 도마는 동방에 기독교를 전도
하는 사명을 띠고 1세기경에 인도 동남부 일원에 도착해 어려움을 무릅쓰고 전도
에 성공한다. 53년경부터 박해를 피해 리틀 마운트에 은신해 있다가 72년에 거
기서 3km 떨어진 성 토마스 산에서 한 브라만교도에 피격되어 운명한다.

03 사도 도마의 피격 장면

사도 도마는 전도에 불만을 품은 가비족의 한 우상숭배자, 즉 브라만 교도가 던
진 창에 찔려 숨을 거두었다. 마일라푸르에 안장되었던 그의 시신은 에데사와
키오스(Chios)섬에 이장되었다가 지금은 이탈리아의 오르토나(Ortona)에 묻혀
있다.

04 산토메 성당의 외관

사도 도마의 인도 전도를 기념하기 위해 포르투갈이 1504년에 건립한 뒤
1893년에 재건된 이 성당은 흰색으로 바깥벽을 단장한 우아한 건물로 지금도
여전히 이용되고 있다. 성당 내에는 사도 도마의 전도활동에 관한 기록과 자료
가 전시되어 있다.

05

06

05 고대 인도 무역항이던 아리카메두 해변
기원전 1세기를 전후한 시기 아리카메두는 인도양을 건너온 로마 상인들이 모여드는 국제무역항으로 로마문명이 인도로 들어오는 관문이었다.

06 아리카메두 유적
교역소로 추정되는 이 유적에서는 로마의 교역을 실증하는 주화가 발견되었다. 특히 신라 고분에서 출토된 인면유리구슬과 동류의 구슬이 발견되었는데, 이는 로마문명의 동전(東傳)과 더불어 로마와 신라 간에 있었던 교류를 시사한다.

07

08

07 힌두교 사원의 벽 장식

북방으로부터 힌두교 문화를 받아들인 타밀인들은 화려하기가 극치에 이른 사원문화를 가꾸었다. 하늘로 치솟는 고푸람(gopuram, 관문탑)과 정교하게 조각된 기둥에 받쳐진 만다팜(mandapam, 사원 앞의 누각)으로 건축의 미를 한껏 살렸다. 그리고 주로 종교적 내용을 담은 각양각색의 조각품으로 벽을 장식하였다. 사원 안에서는 푸자(puja, 공양)의식과 축제가 연일 벌어졌다.

08 칸치푸람으로 들어가는 강(지금은 말라버림)

중국『한서』「지리지」에 의하면, 전한 무제(武帝) 때(기원전 141~87년 재위) 한나라 상선이 인도 동남해안의 황지국(黃支國)까지 다녀왔는데, 이 황지국이 바로 칸치푸람이라는 것이 중론이다. 그리고 특기할 것은 한국 고려 25대 충렬왕(忠烈王) 때 이 칸치푸람의 도해처(渡海處)로 추측되는 마팔아(馬八亞, 마아바르 Maábar)국의 왕자 패합리(孛哈里)가 침향과 면포 등 공물을 보내온 사실이다.

카냐쿠마리

Kanyakumari (Cape Comorin)

인도 아대륙을 포함한 전 아시아 대륙의 최남단(북위 5도)에 자리하여 벵골만과 인도양, 아라비아해 3대 바다의 거센 물결을 한품에 껴안고 오로지 항해자들의 안녕만을 지켜온 카냐쿠마리는 숱한 비원과 전설을 간직하고 있는 성스러운 고장이다. 3개의 바닷물이 뒤섞이고, 지는 해가 떠오르는 달을 만나는 이곳이야말로 인간으로 하여금 신비와 성스러움을 느끼지 않을 수 없게 하였다.

일찍이 서기 70년경에 씌어진 것으로 알려진 『에리트라해 안내기』(Periplus Maris Erythraei)에는 다음과 같은 기사가 실려 있다. 즉 바다 어디에 곶과 항구가 있는 코마리(지금의 코모린Comorin)라는 곳이 있는데, 남자와 여자 들이 남은 생을 수행과 금욕을 하며 살기 위해 이곳으로 몰려온다. 이곳에는 한때 한 여신이 살고 있었다고 한다. 그 여신이 바로 이곳에서 전해 내려오는 카냐(Kanya, 동정녀)

비베카난다 기념관(Vivekananda Memorial)
카냐쿠마리 해안에서 약 400m 떨어진 바위섬 위에 있는 이 기념관은 성인 비베카난다를 기리기 위해 1970년에 세워졌다. 그는 인도 전역에 도덕적 교훈을 전하기 위해 이 섬에서 출발하였다. 기념관은 전형적인 인도양식으로 지어졌다.

여신 쿠마리다. 여신은 한 손으로 악마를 물리치고 세상에 자유를 선사했다고 전한다. 이를테면 자유의 수호신이다. 이 여신을 기리기 위해 해안가에 돌로 쿠마리암만 사원(Kumari Amman Temple)이 지어졌다. 신도들은 저녁마다 황혼이 깃들 무렵이면 3개 바다가 만나 내는 신비로운 파도소리를 들으며 그녀를 경배한다. 오늘날까지도 남자들은 윗옷을 벗고 참배를 해야 한다. 또 참배객들에게는 일일이 빨간 꽃가루를 손에 쥐어주는데, 그러면 참배객들은 작은 놋쇠컵 등잔을 들고 작은 여신 앞을 세 번 돈다. 자못 엄숙하다. 사원 내외 촬영은 일절 금지다.

그리고 해안에서 약 400m 떨어진 바다 한가운데에, '방랑 스님'으로 알려진 철학자 스와미 비베카난다(Swami Vivekananda, 1863~1902년)가 도덕적 교훈을 가르치기 위해 인도 전역으로 떠나기 전에 명상을 수행한 바위섬이 있다. 그를 기리기 위해 1970년 이 바위 위에 인도 건축양식을 집대성한 '비베카난다 기념관'(Vivekananda Memorial)을 세웠다. 2000년에는 이 기념관 옆에 타밀 시인 티루발루발(Thiruvalluval)의 동상이 세워졌다. '로도스 거상'처럼 보이는 이 동상은 5,000명 이상의 조각가들에 의해 만들어졌다. 133개 장에 이르는 그의 시 『티루쿠랄』(Thirukural)에 경의를 표하는 뜻에서 40.5m 높이로 세워졌다. 카냐쿠마리곶 끝에 있는 간디 기념관(Gandhi Memorial)과 '남부의 간디'로 알려진 카마라즈(Kamaraj)의 기념관에도 사람들의 발길이 끊이지 않는다.

01

02

01 대형 티루발루바르 석상(Statue of Thiruval luvar)과 비베카난다 기념관

벵골만과 인도양 및 아라비아해 상의 순항(順航)을 기원해 2000년에 5,000명이 넘는 조각가들이 참여하여 인도의 최남단(북위 5도)에 위치한 이 해안성지 카냐쿠마리의 해상 바위에 높이 40.5m에 달하는 타밀의 대시인 티루발루바르의 대형 석상을 세웠다.

02 티루발루바르 석상의 발

큰 발과 생동감 넘치는 조긱술에서 이 석상의 우람함과 뛰어난 예술성을 감지할 수 있다.

03

04

03 카냐쿠마리 해안가 풍경과 어선

04 카냐쿠마리 해안에서 많이 나는 여러가지
아름다운 진주와 조개류는 이곳 성지 순례객들
에게 인기있는 기념품이다.

05.06 간디 기념관 내부
힌두교와 기독교 및 이슬람교의 건축양식을 융합해 해변에 지어놓은 우아한 돔
형식의 건물이다. 인도의 국부 간디를 기리기 위한 이 기념관 내벽에는 간디의
일생에 관한 사진들이 걸려 있다. 간디의 골회 일부를 바다에 날려 보낸 지점인
건물의 정중앙에는 사방이 60cm쯤 되는 정사각형 기념 흑석이 놓여 있어, 사
람들은 그 앞에서 걸음을 멈추고 참배한다. 높이 30m 가까이 되는 돔 천장 한
가운데 구멍이 뚫려 있는데, 해마다 그의 기일인 10월 2일이 되면 햇빛이 그 구
멍을 통해 기념흑석을 비춘다고 한다.

07 남인도를 순방하는 간디 일행(간디 기념관)

08.09 땅바닥 장식
남인도 타밀인들은 축제나 명절 때면 집 문 앞 땅바닥에 복을기원해 여러가지
채색문양을 그려놓는다. 특히 전통축제인 폰갈축제가 되면 화려한 색과 갓 수
확한 곡식과 꽃 등으로 집 앞마당을 아름답게 장식한다.

10 카냐쿠마리의 거리 찻집

11 검정색 복장의 순례자들
시바신의 아들을 신봉하는 힌두교도들이 검정색 복장으로 순례하고 있다. 인도
인들은 복식의 색깔과 양식에 따라 종교나 종파가 구별된다.

콜롬보

Colombo

스리랑카의 행정수도이며, 인도양의 중요한 항구도시다. 어원은 '망과 항(芒果港)'이라는 신할리어 '콜라 암바 토타'(Kola-amba-thota)에서 유래하였는데, 포르투갈인들이 콜럼버스를 기리기 위해 유사음으로 '콜롬보'라는 이름을 붙였다고 한다. 일설에는 신할리어의 '바다의 천당'이라는 뜻이 있다고도 한다. 7~8세기 무슬림들이 향료와 보석 때문에 무역항으로 개척할 때는 '카란바'라고 불렸다. 14세기 이곳에 들른 아랍의 대여행가 이븐 바투타는 여행기에 이곳을 칼란푸(Kalanpu)라고 표기하였다. 그런가 하면 1330년 중국 원나라 여행가 왕대연(汪大淵)은 이곳을 방문하면서 '고랑보(高郞步)'라고 불렀다.

'아시아의 문' '동방십자로의 문'이라고 불리는 콜롬보는 천혜의 양항으로 2,000년 전부터 인도와 그리스·로마·페르시아·아랍·중국의 상인들이 드나들었다. 8세기 들어 아랍인들이 정착하기 시작하면서 본격적인 남해무역의 중계항으로, 스리랑카 상업무역의 중심지로 자리매김되어갔다. 대항해시대인 16세기에 접어들면서 유럽 각국

이 앞다퉈 동방으로 진출하는 과정에서 콜롬보는 번갈아 포르투갈과 네덜란드, 영국의 지배하에 놓이게 되었다. 영국은 1815년에 스리랑카 중심부의 캔디 왕국을 공략하고 콜롬보를 식민지 수도로 삼았다. 콜롬보는 1985년에 스리자야와르데네푸라코테(Sri Jayawardenepura Kotte, 신할리어로 '요새화된 승리의 도시'라는 뜻)로 천도할 때까지 줄곧 스리랑카의 수도였다. 수도를 옮겼지만 대통령과 총리의 관저, 대법원, 중앙은행 등 주요 기관은 여전히 콜롬보에 남아서 행정수도 역할을 맡고 있다.

콜롬보는 인도양 유수의 국제무역항으로 세계에서 가장 긴 인공 항만의 하나에 자리하고 있어 4만~5만 톤 선박 40여 척이 동시에 접안할 수 있다. 도시의 남북 길이가 15km나 되며 전국 대외무역품의 90%가 여기서 집산된다. 또 시 동쪽 40km 지점에 불교 · 천주교 · 기독교 · 이슬람교가 공히 성지로 숭앙하고 있는 '아담산', 일명 '성족산(聖足山)'(높이 2,243m)이 자리하고 있다. 규모가 방대한 콜롬보 국립박물관에는 1409년 중국 정화(鄭和)함대가 이곳에 도착했음을 입증하는 '정화 공양비'말고도 중국의 청화백자와 페르시아의 청자, 네덜란드 마크가 새겨진 이마리 자기 등 동서양 교역 유물이 다수 전시되어 있다. 또한 시내에는 1009년에 세워진 이슬람 사원 자미울 알파(Jami-ul-Alfar mosque)를 비롯하여 불교사원 · 힌두교사원 · 성당 등이 오랜 세월 동안 공존하고 있다. 면적: 37.31km², 인구: 약 56만 명(2011년)

콜롬보항의 전경
천혜의 양항으로 2,000년 전부터 그리스 · 로마 · 페르시아 · 인도 · 중국 상인들이 드나들기 시작했으며, 8세기에 이르러 보석과 향료무역을 위해 아랍인들이 대거 몰려와 정착하면서 남해무역의 중계항으로 자리매김되었으며, 스리랑카 상업무역의 중심지가 되었다. 포르투갈과 네덜란드, 그리고 영국의 식민지시대를 거치면서 부단히 확충되어 오던 콜롬보항은 1882년의 대대적인 확장공사를 거쳐 명실상부한 인도양 상의 손꼽히는 항구가 되었다.

01

02

01 콜롬보의 포트 기차역
영국 식민지 시대에 지어진 흰색 건물로 스리랑카
철도의 기점이다.

02 콜롬보 남부에 자리한 옛 골(Galle)항의 전경

03 콜롬보 국립박물관 외관

1877년 영국의 세일론(스리랑카) 총독 윌리엄 그레고리(William Gregory)에 의해 지어진 이 종합박물관은 1·2층으로 나뉘어 있다. 1층에는 주로 역사고고학 관련 유물이 전시되어 있는데, 그중에는 선주민들이 사용하던 석기와 토기 파편, 중부 도시 시기리야(Sigiriya)에서 발굴된 도기 유물과 여러 시대에 걸쳐 제작된 불상들, 그리고 힌두교의 시바신상 등이 전시되어 있다. 2층에는 생활민속 관련 유물이 전시되어 있는데, 그 가운데서 주목을 끄는 것은 세계 각지에서 수집한 인형이다. 그밖에 박물관 안에는 50여 만 권의 서적을 소장한 도서관도 있다.

04 중세 세계교역도

이 지도는 중세에 콜롬보를 중계항으로 하여 전개된 세계 교역관계를 일목요연하게 보여주고 있다.(국립박물관)

05 지석묘(支石墓, 고인돌)

지석묘는 해양문화인 양석(陽石)문화에 속하는 신석기-청동기시대의 거석문화다. 국립박물관에 소장된 이런 문화 유물의 발견은 스리랑카도 고대해양문화의 주역이었음을 입증한다.

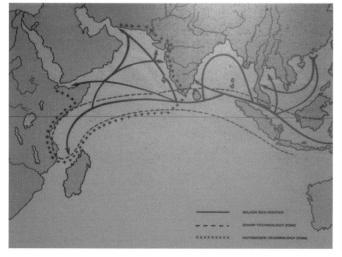

06 각종 중국 도자기(골 해양박물관)
골 해양박물관에는 각종 중국도자기가 소장되어
있는데, 청화백자와 오채(五彩)자기도 포함되어
있다.

07 정화(鄭和)의 동상(골 해양박물관)
15세기 초 중국 명나라의 삼보태감(三寶太監) 정
화는 28년간(1405~1433년) 7차에 걸쳐 대선단
을 이끌고 아프리카 동안까지 '하서양(下西洋)'하
면서, 매번 중계항인 콜롬보항에 들렀다.

08 법현(法顯, 338~423년)의 흉상(골 해양박물관)
중국 동진(東晉)의 고승 법현은 천축(天竺, 인도)
에서 11년간 구도하다가 409년 초겨울 갠지스
강 하구에서 계절풍을 타고 14일 만에 사자국(師
子國, 스리랑카)에 이르러 2년간 머물었다. 이를 기
리기 위해 이 흉상이 만들어졌다.

09　정화의 보시비 원본
1911년 골에서 발견된 높이 약 2m의 이 석비는 중국어와 타밀어, 페르시아어의 3종 언어로 쓰였으며, 보시
품목으로 금 1,000전(錢), 각종 비단 50필, 청동향로 5구 등을 열거하고 있다.

10　정화의 보시비(布施碑) 탁본
정화는 제2차 '하서양'(1407~1409년) 때 콜롬보에 들러 항해의 안전과 성공을 기원하는 내용과 보시 품목이
새겨진 보시석비를 세웠다.

11　파르티아(Parthia, 安息) 토기 (골, 해양박물관)
파르티아를 비롯한 서역 여러 나라들과의 교역을 입증하는 유물이다. 박물관에는 그밖에 여러 점의 로만
글라스나 사산조의 도자기 유물들이 전시되어 있다.

12　딸 구시가 지리의 보석상점에 전시된 스리랑카 각종 보석들
'인도양의 진주', '보석왕국'으로 불리는 스리랑카는 묘안석(猫眼石)을 국석(國石)으로 삼고 있으며, 수십
종의 진귀한 진주와 보석을 갈무리하고 있다.

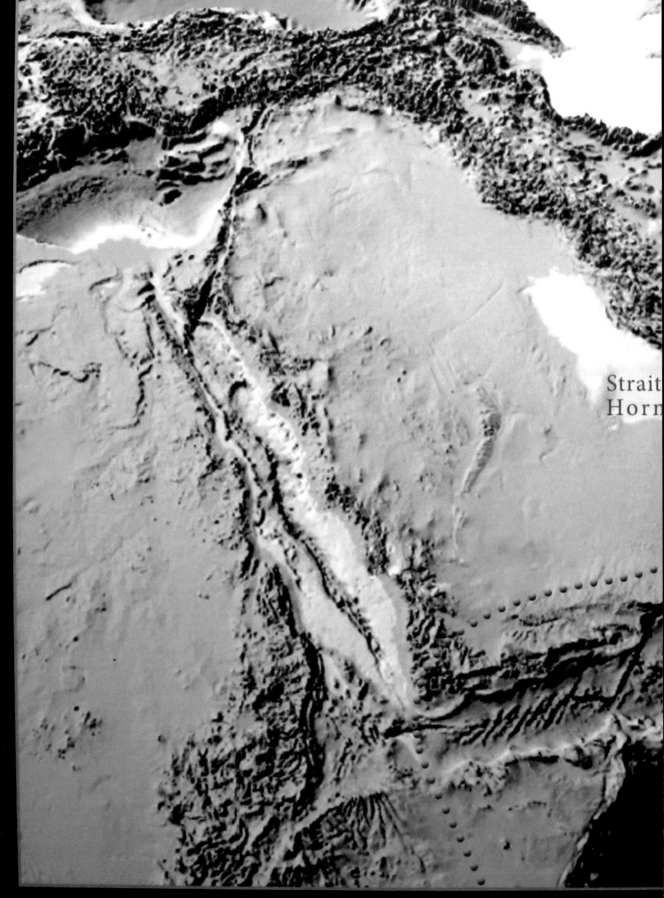

PERSIAN GULF

Strait
Horn

گذرگاه های مستعد برای مهاجرتهای بشر اولیه به جنوب آسیا

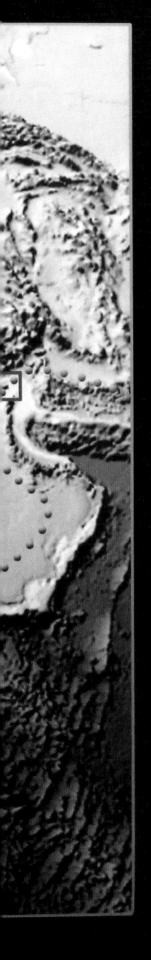

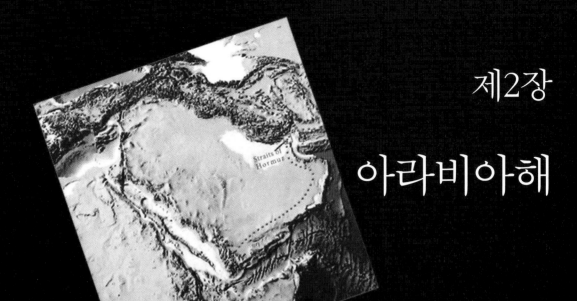

제2장

아라비아해

بسیاری از تئوریهای باستانشناسان حاکی از آن است که مناطق ساحلی نقشی مهم درمهاجرت بشراولیه براساس فرضیه خروج از آفریقا بازی می کنند. تنگه هرمز یکی از مناطق مهم در مهاجرتهای بشراولیه از آفریقا به جنوب آسیا محسوب می شود.

Many archaeologists opine that coastal areas have played important role in early human migration considering the out of Africa hypotheses. The straits of Hormuz is one of the important region for early human migration from Africa to south of Asia.

캘리컷(칼리쿠트)

Calicut

인도 남서부 케랄라(Kerala)주 말라바르(Malabar) 해안의 오래된 항구로 지금은 코지코드(Kozhikode)로 불린다. 사적에는 여러가지 이름으로 나온다. 기원전 3세기~기원후 3세기의 상감(Sangam)시대에는 타밀어로 '칼리코타(Kallikkotta)항'이라 불렸으며, 아랍 대여행가 이븐 바투타는 여행기에 이와 유사하게 '칼리컷'(Kalicut)이라고 기록하였다. 한적(漢籍)을 보면, 송대에는 남비국(南毗國, Namburi), 원대에는 고리불(古里佛), 명대에는 고리(古里)라는 이름으로 나온다. 그밖에 유래는 불분명하나 '수탉보루'(Cock Fort)라는 별명도 갖고 있다.

7세기 아랍 상인들이 처음으로 정착하였으며, 1498년에는 포르투갈의 항해가인 바스쿠 다 가마(Vasco da Gama)가 희망봉을 에돌아 이곳에 기항함으로써 '인도항로'가 개척되었다. 13~14세기경 항구가 크게 번성하였는데, 중국의 무역품을 실은 중국의 정크선과 이 물건을 구입하여 다시 서양에 중계하는 이슬람 선박들이 폭주(輻輳)하는 국제 중계무역항이었다. 이곳의 주요수출품은 후추와 생강이었다. 17세기 초부터는 영국이 캘리컷에서 이곳 특산물인 calico(면포인 옥양목)를 수입해갔다. 그리하여 영어에 옥양목을 지칭하는 '캘리코'라는 단어가 생겨났다. 이븐 바투타는 시나 · 자바 · 세일론 · 몰디브 · 야만 · 파루스 사람들이 이곳에서 장사를 하는데, 장사가 흥하기로는 세계에서 최고라고 기술하고 있다.

고리는 중국 명나라와 특별한 친선관계를 유지하였다. 1405년 정화(鄭和)의 제1차 '하서양(下西洋)' 때 성조(成祖)는 고리 국왕에게 봉작(封爵)했으며, 국왕은 조공을 약속하였다. 정화는 비를 세워 이 사실을 비문으로 남겼다. 정화는 매번 이곳에 체류하면서 이곳을 항해와 교역의 중계지와 보급기지로 삼았다. 17세기 중엽 한국의 이수광(李睟光)도 그의 백과전서인 『지봉유설(芝峯類說)』에서 고리를 소개하고 있다.

포르투갈의 항해가 바스쿠 다 가마(Vasco da Gama)의 인도 상륙기념비와 비문
흔히 다 가마가 도착한 곳을 고대 항구도시 캘리컷(현 코지코드)으로 알고 있는데, 사실은 이 항구에서 북쪽으로 얼마쯤 떨어진 말라바르(Malabar) 해안이다. 영국식민지시대에는 상륙 해안에서 약 500m 거리에 있는 카프카다부(Kappkadavu)라고 하는 어촌에는 자그마한 이 상륙기념비를 세우고 관리해왔다. 그러나 다 가마의 도착으로 '인도항로'가 개척되어 인도가 식민지로 약탈을 당하게 되었다는 부정적인 영향이 밝혀지면서 지금은 무관심 속에 방치되어 있다. 비문에는 "바스쿠 다 가마가 1498년 이곳 카프카다부에 상륙하였다."라고 씌어 있다.

<table>
<tr><td>01</td></tr>
<tr><td>02</td></tr>
<tr><td>03</td></tr>
</table>

01 다 가마의 상륙지점인 말라바르 해안의 카파오(Kappao) 비치

02 오늘날 인도 서남부의 케랄라(Kerala)주에 속한 코지코드의 시가지 모습

03 정화(鄭和) 방문기념비 터
15세기 전반 중국 명나라의 정화 선단이 이곳을 방문한 것을 기리기 위해 화교들이 코지코드시의 아르파나 스위츠(Arpana Sweets)거리에 기념비를 세웠는데, 지금은 터(거리 끝 저수지 가의 나무가 무성한 곳)만 남아 있고 흔적은 사라졌다.

바스쿠 다 가마의 '인도항로' 개척
(1497~1498년)

포르투갈의 항해가이자 장교인 바스쿠 다 가마(1469~1524년)는 국왕의 명을 받고 1497년 대포로 무장한 120톤급의 범선 4척(승선인원 160명)을 이끌고 리스본을 떠나 아프리카 서해안으로 남하하였다. 남하 끝에 아프리카 남단인 희망봉을 우회한 다음 동해안을 따라 북상해 1498년 4월에 케냐의 말린디(Malindi)에 도착하였다. 거기서부터는 아랍 항해가 이븐 마지드(Ibn Mājīd)의 안내를 받아 그해 5월 20일, 출항 10개월 만에 인도 서해안, 말라바르(Malabar) 해안의 캘리컷(Calicut, 현 코지코드) 카파오(Kappao)비치에 종착하였다. 이것이 이른바 다 가마에 의한 '인도항로'의 개척이다. 그는 나중에 60배의 이익을 남긴 후추와 육계(肉桂) 등 향료를 싣고 이듬해에 리스본으로 귀항하였다. 그가 총 4만 2천km의 이 새로운 항로에서 보낸 시간은 2년이 넘으며(그중 해상에서만 약 300일), 항해 중에 3분의 1 이상의 선원을 잃었다. 그후 다 가마는 두 차례 (1502~1503년, 1524년) 더 인도를 찾았다. '인도항로'의 개척은 서방이 추구한 동방식민지화 경략의 효시(嚆矢)이자 서세동점의 서막이었다.

바스쿠 다 가마의 '인도항로' 개척노정도

고아

Goa

아라비아해에 면한 인도 서남부의 한 주로, 기원전 3세기 마우리아 왕조에 의해 인도의 영토가 되었으며, 이후 델리의 술탄(Sultan) 왕조에 의해 이슬람이 정착되었다. 1498년에 포르투갈의 항해가인 바스쿠 다 가마가 '인도항로'를 발견한 후, 알부케르크(Afonso de Albuquerque the Great)가 이끄는 포르투갈 선단이 1510년 다시 고아에 도착하여 비자푸르(Bijapur) 왕들을 몰아내고 올드 고아(Old Goa)를 점령하면서 극동무역의 거점을 마련하였다. 18세기 후반 마라타스(Marathas, 인도 중서부 봉건제후들의 연합체)인들이 한때 포르투갈을 몰아내고, 나폴레옹 전쟁 때 영국이 잠시 점령한 때를 제외하고 고아는 줄곧 포르투갈령 인도의 수도로 남아 있었으며, 1575~1600년에 향료무역을 통해 최대의 번영기를 누렸다.

17세기에 이르러 영국과 네덜란드 등이 고아를 차지하기 위해 각축을 벌였으나 별 소득이 없었다. 고아는 이렇게 약 450년간 포르투갈의 식민지로 있다가 1961년 인도군의 진격에 의해 식민지체제를 종언하고 인도에 합병되었다. 포르투갈의 영향으로 그리스도교 관련 건축물이 많이 남아 있으며, 오랫동안 중국도자기가 이 항구를 통해 유럽으로 수출되었기 때문에 17, 18세기의 중국 청화백자, 백자, 채화 파편이 해안가에서 종종 발견된다. 식민지 통치의 후과로 이곳은 북부와 중부, 남부의 3지역으로 나눠져 있다. 해마다 약 200만 명의 관광객이 유치되며, 인도에서 위생수준과 식자율, 국민소득이 매우 높은 곳 중 하나다.

그리고 16~18세기 '동방의 로마'라고 일컬어졌던, 중부에 위치한 주도 파나지(Panaji)에는 1541년에 지은 동정녀 마리아성당(Church of Our Lady)과 고아 주립박물관이 자리하고 있다. 또한 파나지에서 동쪽으로 9km 지점에는 아시아에서 가장 큰 성당이라는 세 성당(Sé Cathedral)이 위용을 자랑하고 있다. 이 성당은 1562~1619년에 건설되었는데, 높이는 76m, 너비는 55m이며, 종탑에는 아시아에서 가장 큰 종인 골든 벨이 걸려 있다. 면적: 3,702km², 인구: 약 150만 명(2011년)

세 데 산타 카타리나(Sé de Santa Catarina, 약칭 세 성당 Sé Cathedral) 외관
성 캐서린(St, Catherine)을 기리기 위해 포르투갈의 동 세바스티앙(Dom Sebastian)왕에 의해 1562년에 착공되어 근 60년 만인 1619년에 완공되었다. 제단은 그로부터 또 한참 후인 1652년에 완성되었다. 건축양식은 포르투갈-고딕 스타일인데, 외부는 토스카나식이고, 내부는 코린트식이다.

YOU ARE HERE

CHURCH SQUARE

This Majestic church is
dedicated to Our Lady of
Immaculate Conception and
built in 1541 - 1619

The Church Square in front
of it was initially called as
"Largo da Igreja"

Salida Del Sol

The Only
Business Boutique
Hotel In Panaji

Tel: (0832) 242 6666
www.salidadelsol.in

01

02

01 '중국 어망'
중국 원나라 때 들여와(일설에는 하사받아) 코친 해변가에서 전해져 내려오는 '중
국어망'으로 코친에 가까운 고아 해변가에서도 발견하였는데, 사진을 확보하지
는 못했다.

02 대형 유조선과 유람선이 오가는 고아 해변 모습

03 04

05

03 식민시대의 낡은 건물
400여 년간의 식민통치는 '황금의 고아'를 올드 고아(Old Goa)와 파나지(Panaji, 신 고아), 바스쿠 다 가마 등 구역으로 갈기갈기 찢어놓았다. 오늘날까지도 식민통치의 흉물스러운 잔해들이 도처에서 눈에 띈다.

04 봄 지저스 성당(Basilica of Bom Jesus) **안에 안치된 성 프란시스코 사비에르의 관**
1594년에 착공해 1605년에 완공한 이 대성당의 우측 앞 모퉁이에 황금으로 칠한 3층의 중층에 사비에르 관이 놓여 있다. 사비에르는 말라카와 일본, 중국 등 동아시아에서 포교활동을 하다가 중국에서 병사하였다. 사후 6개월이 걸려 시신을 중국에서 이곳으로 옮겨왔는데, 시신이 전혀 부패하지 않았다고 한다.

05.06 봄 지서스 성당 외관과 '기적의 십자가'(외관 사진 내)

뭄바이

Mumbai

인도 마하라슈트라주의 주도(州都)로, 원래 기원전 2세기경에는 콜리(Koli, 낚시꾼)들의 고향이었으나 6세기부터 힌두 왕조의 치하에 들어갔다. 14세기부터 이슬람화가 시작되었으나 16세기 포르투갈이 들어오기 전까지는 뭄바이섬 남단에 위치한 작은 어촌에 지나지 않았다. 1534년에 이곳을 지배하던 토후(土侯)인 구자라트(Gujarat) 술탄이 포르투갈에 뭄바이를 넘겨주었고, 포르투갈 국왕은 누이동생 캐서린의 결혼 지참금으로 1662년에 영국의 찰스 2세에게 양도하였다. 캐서린과 결혼한 찰스 2세는 당시 인도에서 적절한 입지의 항구를 찾고 있던 영국 동인도회사에 10파운드의 금을 받기로 하고 뭄바이를 임대하였다.

18세기 영국 동인도회사는 7개의 섬으로 구성된 뭄바이섬 주변을 매립하고 항만과 도시를 건설하여 인도 경영을 본격화하였다. 1869년에는 수에즈 운하가 개통되어 유럽에서 가까워지게 된 뭄바이항의 중요성이 더욱 높아졌다. 인도 전국으로 연결되는 철도가 완성되면서 인도 서해안의 경제 중심지로서 발전하였고, 인도 무역의 절반 가까이가 뭄바이항을 통해 이루어졌다. 이 도시는 원래 '봄베이'로 불러오다가 1996년 이 지역을 수호하는 뭄바 여신의 이름을 따서 '뭄바이'로 바꿨다.

뭄바이는 인도 독립운동의 책원지다. 1885년 최초의 인도 국민회의가 여기서 열렸고, 1942년 간디는 이곳에서 민족해방운동을 주창하였다. 1947년 독립 후 이곳은 봄베이주 주도가 되었으나 언어문제가 악화되어 1960년 마하라슈트라와 구자라트의 2개 주로 나뉘었다. 시내에서 우선 눈에 띄는 것은 항구를 바라보며 위엄있게 서 있는 현무암 아치 '인도의 문'이다. 1911년 영국 국왕 조지 5세의 내방을 기념하기 위해 기공해 13년 만인 1924년에 완공하였다. 인도 독립 후 1948년 마지막으로 철수하는 영국 군대가 여기를 통과하였다. 이 문 옆에는 바로 뭄바이 건축물의 압권이라고 할 수 있는 화려한 호텔인 타지마할 팰리스(Taj Mahal Palace & Tower)가 자리하고 있다. 주인이 민족적 천대에 울분을 참지 못해 지었다는 강골의 저항을 상징하는 건물이다. 그밖에도 박물관이나 미술관, 성당 등 가볼 만한 곳이 여럿 있다. 그 가운데서 1,000여 개의 야외빨래터가 몰려 있는 도비 가트(Dhobi Ghat)에서는 카스트 제도의 고리를 끊지 못한 채 오늘을 살아가는 인도 하층민들의 비참한 생활현장을 목격할 수 있다. 면적: 603km², 인구: 1,200만 명(2011년)

식민통치와 독립의 이중적 상징물인 '인도의 문'(Gateway of India)
이 대형 조형물은 영국식민지시대인 1911년에 영국왕 조지 5세 부부를 영접하기 위해 인도 최대 도시인 뭄바이의 항구 지역 남쪽 만에 세워졌다. 그후 영국으로부터 중요한 요인이 올 때마다 환영의식을 치르는 장소가 되었다. 그런가 하면 여기서 인도 독립의 행진이 시작되었다. 건물은 구자라트 양식을 취하고, 소재는 현무암이다. 수만 명을 수용할 수 있는 광장 모퉁이에는 17세기 데칸 고원에 마라타 왕국을 세워 반영투쟁을 벌인 시바지의 기마동상이 위엄있게 서 있다.

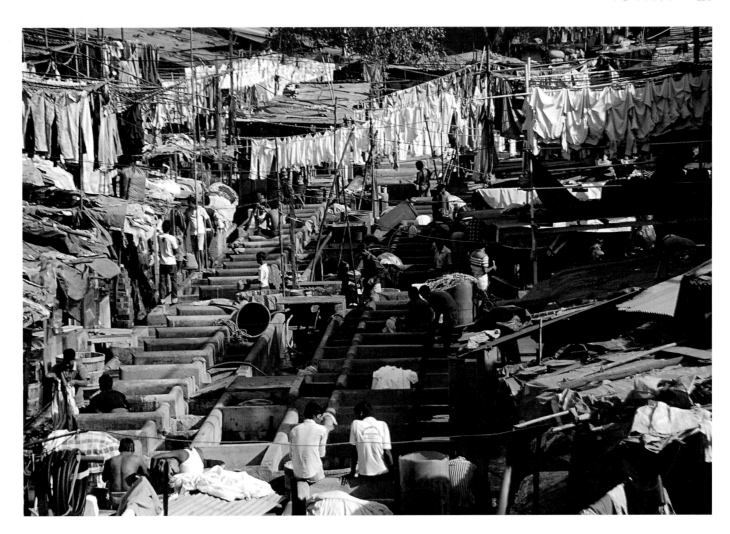

01 **인도 민족주의의 상징인 타지마할 팰리스(호텔)**
'인도의 문' 바로 앞에 자리한 이 웅장하고 화려한 호텔의 탄생에는 드라마틱한
사연이 있다. 19세기 말 뭄바이 대부호 잠세트지 타 타는 어느 날 외국인 친구
와 함께 어느 한 호텔의 만찬에 초대되어 갔는데, '외국인 전용호텔'이라는 이
유로 입장이 거절당하였다. 민족적 울분에 사무친 타 타는 이곳에 보란 듯 세계
일류급 호텔을 짓기로 작심한다. 유럽에서 발전기와 엘리베이터 등 최신 기자
재를 가져다가 1903년 '아시아의 별'이라는 칭호에 걸맞은 이 호텔을 지었다.
바다에 면하도록 설계되어 창문만 열어도 선상에 있는 기분이 든다.

02 **앞바다인 아라비아해 가운데 자리한 백색 이슬람 사원**
650년간(1206~1857년) 인도의 중세사를 수놓은 5대 이슬람 왕조는 타지마할
과 같은 인도의 찬란한 문화유산을 많이 남겨놓았다. "이슬람에 대한 이해 없이
는 인도를 전체로서 이해했다고 할 수 없다."

03 **빨래터인 도비가트**
여전히 전근대적 카스트 제도가 지배하는 인도에서 최하층인 불가촉민(不可觸
民)들이 운명 아닌 운명으로 받아들이는 고달픈 생계현장이다.

04 **허름한 거리의 자판대**

05 **뭄바이 명물인 낡은 택시**
이제는 서서히 사라지고 최신 차량으로 대체되고 있다.

06

07 08

06 프린스 오브 웨일즈(Prince of Wales) **박물관**
동서양의 다양한 건축양식을 조화시킨 건물로 유
명하다. 1905년 영국 황태자의 인도 방문을 맞아
지은 이 박물관에는 정밀하게 조각된 각종 불상
과 힌두교 신상이 전시되어 있다. 간다라미술과
불타의 생애를 그린 석조각도 눈길을 끈다.

07 화려한 광배장식을 지닌 불상(프린스 오브
웨일즈 박물관)

08 무굴제국의 세밀화(프린스 오브 웨일즈 박물관)
이슬람 회화의 대표적인 화법인 세밀화(細密畵,
miniature)는 16세기에 이르러 인도에서도 크게
유행하였다. 1258년 몽골이 이슬람세계의 심장
바그다드를 공략한 것을 계기로 세밀화는 '바그
다드파' 화풍과 '몽골파' 화풍의 두 가지로 갈라진
다. 인도의 무굴제국(1526~1857년)이 받아들인
'몽골파' 화풍의 특징은 입체감을 살리고 부감(俯
瞰) 구도를 채용해 산수나 수목으로 원근을 조절
하는 섬세하면서도 화려한 기법이다.

석굴미술의 백미
아잔타와 엘로라

아잔타 석굴은 데칸 고원 북서쪽 끝자락을 흐르는 와고라강 계곡의 길이 1.5km 완곡부에 높이 70m 암벽을 20m 깊이로 파 조성되었다. 2~7세기 사이에 모두 29개 굴로 조성된 이 석굴은 개인과 집단이 헌납한 기부금으로 조영하였다. 불교미술의 핵심이며 인도 회화의 대표작의 하나로 평가받는 이 석굴은 1983년에 세계문화유산으로 등재되었다. 이 석굴은 성소인 차이티야와 주거지인 비하라가 혼재해 있고, 불전도를 비롯한 불교가 주제이며, 전형적인 프레스코 벽화로 다채로운 색채를 쓴 것 등이 특징이다. 더불어 매혹적인 표정을 지닌 여인상은 아잔타만의 '보석 같은 가치'다.

아잔타 석굴의 전경

엘로라 석굴은 6~8세기 사이에 우랑가바드 북서쪽 20km 지점의 바위산 서쪽 사면을 깎아 조성되었다. 2km의 거리에 34개의 석굴로 조성된 이 석굴은 불교(1~12굴), 힌두교(13~29굴), 자이나교(30~34굴)의 3대 종교 석굴이 공존하고, 위에서 파내려가면서 광량을 조절하는 과학적 방법을 도입해 조영했으며, 보살의 가슴이 도발적으로 두드러지게 형상화되거나(6굴) 자이나교 석굴의 인물상이 불상과 상사한 것 등의 특징을 보이고 있다. 아울러 힌두교의 화려한 조각이 도입되어 있다.

제16굴인 카일라스 석굴은 힌두교 주신인 시바신이 산다는 카일라스산을 형상화한 석굴로 엘로라 석굴의 백미다.

호르무즈

Hormuz

페르시아만 입구에 있는 이란령 섬으로. 기원전 325년 마케도니아의 제독 네아르코스 (Nearchos)가 알렉산드로스의 동방원정에 동행했다가 돌아오는 길에 이 섬에 들렀다 는 기록이 있다. 호르무즈는 지리적으로 페르시아만(Persian Gulf)으로 들어가는 길목 에 위치하여 페르시아만을 통한 교역활동과 내왕에서 중요한 역할을 하였다. 이탈리 아의 여행가 마르코 폴로는 이곳에 두 차례 들렀으며, 15세기 초 명나라의 대규모 해 상원정대를 이끌었던 정화(鄭和)도 7차의 '하서양(下西洋)'에서 4차례나 이곳에 들렀다. 16세기 초에 포르투갈이 이곳에 요새를 세우고 거류지를 조성하면서 100년 이상 포 르투갈령으로 남아 있었다. 섬에는 당시의 성채와 건물 유적들이 생생하게 남아 있다.

페르시아만은 아라비아 반도와 이란 사이의 만(灣)으로, 아랍에서는 아라비아만 이라고 한다. 페르시아만에 처음으로 등장한 세력은 수메르(Sumer)이다. 유프라테 스강과 티그리스강이 흘러드는 지역에 자리잡은 도시 우르(Ur)는 기원전 3000년경 에 이미 주변 도시를 통합하여 도시국가의 형태를 갖추었으며, 아카드 제국(Akkadian Empire)은 기원전 2350년경에 메소포타미아 지역 전체를 통합하여 서쪽의 지중해에 서 남쪽의 페르시아만에 이르는 광대한 영역을 지배하는 제국으로 성장하였다. 유물 이 말해주듯, 수메르와 인더스 문명 간에는 육로와 해로를 통한 교류가 있었다. 육로 는 이란고원을 거쳐 인더스로 가는 길이고, 해로는 페르시아만에서 출발하여 인도양 의 해안선을 따라 인더스에 이르는 길이다.

6세기경 페르시아 사산 왕조는 전성기를 맞아 아프리카 동해안-페르시아만-인도 양-남중국해를 잇는 무역 항로를 장악하고 활발한 무역활동을 벌였다. 압바스조 이슬 람제국시대(750~1258년)에 이르러 무슬림들은 동아프리카와 인도, 인도네시아, 중국 까지 무역망을 넓혔다. 이에 자극을 받은 중국인들 역시 남해상의 무역활동을 스리랑 카에서 점차 페르시아만까지 확대하였다. 한편, 16세기 초 포르투갈은 페르시아만에 진주해 항해권을 차지하기 위해 바레인(Bahrain)을 공략하였다. 한 세기가 지난 17세 기 초에 영국의 도움을 받은 페르시아의 사파비왕조(Safavid Persian Empire)는 바레인 과 호르무즈섬(Island of Hormuz) 등을 포르투갈로부터 되찾았다. 이후 페르시아만은 포르투갈·네덜란드·스페인·영국 상인들에게 개방되면서 많은 특권을 이들에게 내주었다. 19세기에 들어오면서 이 지역의 몇몇 국가들이 영국의 지배하에 들어갔다 가 1971년 영국군의 철수로 독립하게 되었다.

호르무즈섬항 전경
호르무즈 해협의 북쪽에 널려 있는 여러 섬들 가운데 하나인 호르무즈섬은 역사적으로 교통과 전략상의 요충 지였다. '호르무즈'라는 말은 본토 대륙부에 있었던 항구도시 하르모지아(Harmozia)에서 유래하였다. 반다 르 압바스에서 5마일 거리에 있는 이 섬의 인구는 약 5,800명(2014년)인데, 모두가 어부다. 옛날에는 바닷물의 퇴조시에는 낙타를 타고 이 두 곳을 오갔다고 한다.

01 페르시아만 입구의 호르무즈섬에 있는 포르투갈 성채를 드나들던 나루터

02 포르투갈 성채 잔해
1507년 호르무즈섬을 강점한 포르투갈은 이곳에 거류지를 마련하고 성채를 쌓아 이권을 독점하였다. 포르투갈은 전략적으로 중요한 이 성채를 30년에 걸려 건설했으며, 당시 성채 안에 6,000명, 밖에 약 4만 명이 거주하였다.

03 호르무즈섬 입구의 조형물
배에서 내려 섬에 들어가는 어귀에 이란어로 여기가 바로 호르무즈섬임을 알리는 호형(弧形) 조형물이 세워져 있다.

04.05 페르시아만의 고대 지도
05에는 호르무즈 해협에서 가장 큰 섬인 케슘섬(Jazire-ye Qeshm, 총 길이 135km)이 표시되어 있다.

06 **반다르 압바스(Bandar Abbas)의 페르시아만 대인류학박물관에 소장되어 있는 불두(佛頭)상**
반다르 압바스는 호르무즈간주의 주도로, 호르무즈섬을 비롯한 호르무즈 해협의 여러 섬들은 행정적으로 이 도시에 속한다. '반다르'는 페르시아어로 '항구'라는 뜻으로, 17세기 샤 압바스 1세가 건설한 이 항구는 역대로 이란의 3대 국제무역항의 하나다. 이름에 비해 초라한 4층짜리 이 박물관에는 주로 호르무즈 지역의 고고학적 유물이 선을 보이고 있다. 그 가운데서 불두상(3층)을 만난다. 분명히 이곳 출토품이라는 설명문이 붙어 있다. 불교 서전 (西傳) 연구의 중요한 단서가 될 성싶다.

07 **반다르 압바스에 있는 힌두교 비쉬뉴 사원 외관**

08 **중국 도자기(페르시아만 대인류학 박물관)**
일찍이 중국 당대부터 페르시아만을 통해 이슬람제국과의 교역이 진행되었다. 특히 송대부터는 중국 도자기가 교역의 주종을 이루어 페르시아만 일대에는 오늘날까지도 그 유물이 곳곳에서 발견되고 있다.

09 **옹관(甕棺)(페르시아만 대인류학 박물관)**
조로아스터교의 발생지이며, 한때 이 종교를 국교로 삼았던 이란(페르시아)에서는 교법에 따라 시신을 조장(鳥葬)한 다음 유골을 추려서 항아리 속에 넣어 매장하는 옹관 풍습이 있었다.

두바이

Dubai

두바이시(市)는 아랍에미리트연방(UAE)을 구성하는 7개 토호국 가운데 가장 큰 도시이다. 페르시아만의 작은 항구도시였던 두바이는 1969년부터 석유를 수출하면서 산업화의 길에 들어섰다. 인근 국가들에 비해 석유매장량이 적은 점을 극복하기 위해 자유무역단지를 조성하는 등 국제중계무역항으로 발전하였다. 두바이 지역은 한때 페르시아 사산조의 통치권에 속하였으나 이슬람의 우마이야조 시대에 사산조의 치하에서 벗어나 이슬람권에 들어가게 되었다. 19세기 초에 바니 야스(Bani Yas) 부족이 두바이를 경영하였으나 영국이 프랑스와 독일, 러시아로부터 두바이를 보호한다는 구실하에 두바이와 조약을 맺고 통제하기 시작하였다.

1971년에 영국이 페르시아만에서 물러나면서 두바이는 아부다비(Abu Dhabi)를 포함한 6개의 토호국과 아랍에미리트연방을 결성하였다. 1970년대 들어 두바이는 석유산업과 무역으로 계속 성장하였으며, 1985년에는 이른바 '제벨 알리 자유구역'(Jebel Ali Free Zone)을 설치해 외국 자본과 노동력을 끌어들였다. 1990년에 발발한 걸프전쟁으로 외국기업들이 주변국의 불안정한 정치상황을 피해 두바이로 몰려오게 되면서 두바이는 중흥기를 맞이하게 되었다. 대형 건설프로젝트를 과감하게 시행한 결과 세계적인 규모의 마천루(摩天樓)들이 속속 들어서고 있다. 세계에서 가장 높은 빌딩 부르즈 할리파(Burj Khalifa)는 한국의 건설회사가 시공사로 참여하였다.

면적: 4,114km², 인구: 약 210만 명(2013년)

주메이라(Jumeirah) 비치에 세워진 아랍탑 호텔(Burj al-Arab Hotel)
두바이는 최신 기술에 의해 개척된 현대적 해항(海港)의 전형이다. 일명 '아랍의 별'이라고 하는 세계 유일의 7성(星) 호텔인 이 호텔은 영국인 애트킨스(S. Atkins)가 인공섬 위에 범선 형태로 설계한 초호화 건물이다. 56층에 높이는 321m이고, 방당 면적은 170~780m²이며, 1일 숙박료는 900~18,000달러에 이른다. 중층에 헬리콥터장까지 갖추고 있다.

01 마천루(摩天樓)

02 옛 목선(국가박물관)
두바이의 5,000여 년 유구한 역사를 시사해주는 여러가지 유물이 국가박물관에 전시되어 있다. 1798년에 축조된 알 파하이디(Al-Faheidi) 성채를 1971년에 오늘의 이 박물관으로 개조하였다. 미로를 따라 배치된 전시실에는 고대 아랍인들의 생활문화를 엿볼 수 있는 소박한 유물들이 전시되어 있다. 이 목선은 그중 하나로, 오늘은 어제로부터 이어졌다는 역사의식을 애써 보여주는 듯하다.

03 세계 최고층 건물인 부르즈 할리파(Burj Khalifa) 빌딩
원래는 '두바이 타워' 혹은 '두바이 청사'라고 불렸다가 완공 후 현재의 명칭으로 바꿨다. 미국인 애드리언 스미스(Adrian Smith)가 설계하고 한국 삼성이 시공에 참여한 이 세계적인 역사(役事)는 근 6년(2004.9.21.~2010.1.4.)이 걸렸다. 70억 달러라는 거액이 투자된 이 건물은 162층으로 높이는 무려 828m에 달한다. 오르내리는 데 최고 속도가 초속 17.4m인 엘리베이터 56대가 설치되어 있다.

04.05 각종 마노 목걸이(기원전 3세기)(국가박물관)
상당히 세련된 기법을 보여주고 있다.

06 도자 봉수병(9~12세기)(국가박물관)

07.08 각종 상감(上嵌) 청동검(국가박물관)
박물관에 전시된 청동기시대의 청동검들로 세공이 아주 정교하다.

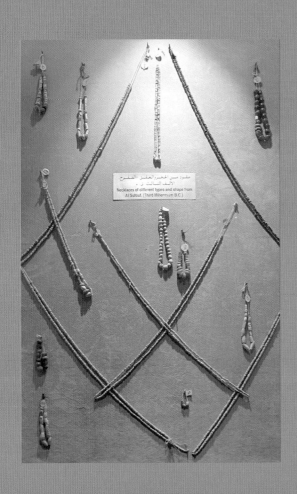

수에즈 운하

Suez Canal

지중해와 홍해, 인도양을 연결하는 수에즈 운하는 유라시아의 해상 실크로드를 서로 이어주고 그 거리를 단축시키는 데 중요한 의미를 갖는 운하다. 항로를 단축하기 위해 수에즈 지협(地峽)을 운하로 항행하려는 인간들의 염원과 시도는 오래전부터 있어왔다. 그 발단으로 기원전 1380년경 나일강과 홍해를 잇는 운하가 개굴되었다. 그후 운하는 천재와 전쟁 등으로 인해 매몰되었지만, 로마시대에 이르러 개수(改修)를 거쳐 항행이 재개되었다. 대항해시대에 접어든 16세기에 지중해 연안에서 해상무역에 눈을 뜬 베네치아 상인들은 수에즈 지협에 운하를 파서 포르투갈이나 스페인의 해상패권에 대응하려고 하였다. 17~18세기에는 프랑스의 루이 14세와 독일 황제 라이프니츠도 수에즈 운하를 파서 네덜란드나 영국의 아시아 무역을 제지하려고 하였다. 이집트에 진출한 나폴레옹도 영국의 인도무역에 타격을 가하기 위해 운하 개설을 위한 조사를 했으나 지중해와 홍해의 수심

차가 10m나 되어서 개설 계획을 포기하였다.

　이런 상황에서 1846년 프랑스의 시몬주의자(공상적 사회주의자)들이 프랑스와 영국, 오스트리아의 지식인들과 협력체인 '수에즈 운하 연구협회'를 결성하고 국제적 기업에 의한 운하 개설을 계획하였다. 그러나 1854년 이집트의 아미르(통치자, 수장)는 프랑스인 페르디낭 드 레셉스에게 운하개설 특허권과 수에즈 지협 조차권(租借權)을 양도했으며, 1856년 이집트의 종주국인 오스만 투르크도 이를 승인하였다. 레셉스는 2억 프랑(800만 파운드)의 자본금으로 1858년에 '만국 수에즈 해양운하회사'(Compagnie Universelle du Canal Maritime de Suez)를 이집트 법인으로 설립하였다. 공사는 1859년 4월에 시작해 10년 만인 1869년 11월 17일에 완공하였다.

　총 길이 162.5km의 운하가 개통됨으로써 런던과 싱가포르 간의 항로는 케이프타운 경유 시 24,500km이던 데서 15,025km로 줄어들고, 런던과 뭄바이 간은 21,400km에서 11,472km로 단축되었다. 여러 차례 확장공사를 거쳐 수심은 깊어지고 폭은 넓어졌다. 통과 소요시간은 15시간이다. 영국은 1875년에 이집트의 주식을 매입하고 1914년에는 이집트를 보호국으로 만들었다. 이에 수에즈 운하의 실질적 소유권은 프랑스와 영국이 차지하게 되었다. 그러나 1956년 7월 이집트 대통령 나세르가 운하의 국유화를 선포함으로써 운하의 소유권은 마침내 주인인 이집트로 넘어갔다.

수에즈 운하를 항행하는 콘테이너선(船)
세계에서 가장 긴 운하인 수에즈 운하는 개굴 이래 여러차례의 확장공사를 거쳤다. 처음에는 수심 8m에, 폭은 바닥에서 22m, 수면에서 57m로 일정하지 않았으나, 정비와 확충을 거쳐 수심은 대개 12m로 고정되고, 수면의 가장 좁은 곳은 54m로, 전반적인 수면 확장이 이루어졌다. 배수량 15만 톤의 선박이 지나갈 수 있으며, 속도는 8노트(시간당 15km)로 통과하는 데는 11~16시간이 걸린다. 1950년대에는 유럽의 석유 3분의 2가 이 운하를 통과했으나, 지금은 세계 해상무역량의 7.5% 정도만 통과하고 있다.

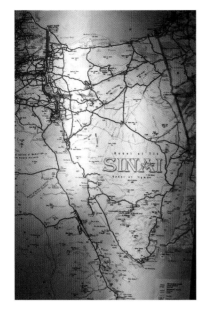

01 **초기 범선시대 수에즈 운하의 모습**
1869년 수에즈 운하가 개통되자 프랑스 동력선
이 운하를 통과하고 있다.(Edourd Riou의 기록화)

02~05 **1869년과 1892년, 1896년 수에즈 운
하의 모습**(수에즈 운하 홍보관)

06 **수에즈 운하 주변지도**(수에즈 운하 홍보관)

07 **홍해**
아프리카 대륙과 아라비아 반도 사이에 있는 좁
고 긴 해역으로, 이집트의 수에즈에서 바블만데
브(Babu'l Mandeb)해협을 거쳐 아덴(Aden)만과
인도양으로 이어진다. 서쪽 해안에는 이집트와
수단, 에티오피아가 자리하고 있으며, 동쪽에는
사우디아라비아와 예멘이 면해 있다. 바다 속의
해조 때문에 물빛이 붉은 색을 띨 때가 있어서 '홍
해(紅海)'라고 불린다. 기원전 3000년경 이집트
는 동아프리카의 해안 지역과 교역을 하기 위해
이곳에 알꾸사이르(Al-Qusair) 등 여러 항구를 건
설하였다. 홍해를 지중해와 연결시키려는 노력은
고대부터 있어왔으나, 오랫동안 실현되지 못하였
다. 1869년 수에즈 운하가 개통되면서 비로소 그
노력이 결실을 맺음으로써 홍해는 유라시아를 이
어주는 첩경 통로가 되었다.

08 **수에즈 운하 구간별 지도**(수에즈 운하 홍보관)

페트라 유적

기원 전후 요르단의 나바테아 왕국의 도시 유적. 기원전 6세기부터 아라비아 반도에서 이주해온 나바테아인들은 기원전 3세기에 이르러 페트라를 수도로 한 나바테아 왕국을 세웠다. 그들은 남쪽의 홍해에 면한 사우디아라비아로부터 북쪽의 시리아 팔미라에 이르는 이른바 '왕의 길'의 중간 기착지에서 대상교역으로 부를 축적하고, 그리스 –로마의 문화적 영향을 많이 받았다. 전성기 때는 인구가 3만 명을 헤아렸다. 106년 로마군이 점령하고 열주(列柱)거리와 목욕탕 등을 건설하였다. 그후 비잔틴과 이슬람, 십자군 등 외세의 치하에 있으면서 흥망성쇠를 거듭하였다. 오랫동안 잊혔다가 1812년 '잃어버린 도시'를 찾아 헤매던 스위스 탐험가 요한 루드비히 부르크하르트(Johann Ludwig Burckhardt)에 의해 발견되었다. 그리스어로 '바위'라는 뜻의 페트라는 붉은 사암 암벽으로 이루어져 '붉은 도시'라고도 한다. 사해(死海)에서 80km 떨어진 해발 950m의 와디 무사 분지에 자리하고 있다. 유적의 입구는 높이 100m에, 길이 1.5km나 되는 협곡이고, 그 끝에는 유적의 백미라고 하는 높이 43m, 폭 30m의 화려한 로마 코린트식 2층 건물인 가즈나 신전이 있다. 거기서부터 시작되는 유적군에는 6,000명 수용 가능한 원형극장과 폭 6m에, 길이 150m의 열주거리와 개선문, 왕궁 분묘군, 까스르 알빈트(Qasr Al-Bint) 신전 등이 있다.

페트라 유적의 백미인 가즈나 신전 전경

6,000명 수용의 원형극장

폭 6m 길이 150m의 열주거리와 주변유적

제3장

동아프리카

말린디

Malindi

인도양에 면해 있는 케냐 남동부의 말린디는 산호초의 낮은 해안 단구(段丘)에 자리잡고 있는 동아프리카 해안의 여타 부족국들과 마찬가지로 일찍이 아랍인 무역상들에 의해 항구도시로 개발되었다. 말린디의 외교 관련 기록에 의하면, 1414년에 이 나라의 사신이 새로 즉위한 벵골(Bengal)국의 술탄에게 기린 등을 선물하였다. 이듬해에는 중국에도 사신을 보내 기린 한 마리를 선물하였는데, 정화(鄭和)가 그의 다섯 번째 '하서양(下西洋)'때, 이 사신들을 태우고 말린디에 도착하였다고 한다.

말린디에는 포르투갈의 탐험가 바스쿠 다 가마에 관한 여러가지 전설이 오늘날까지도 인구에 회자되고 있다. 1498년 몸바사 상륙에 실패한 그는 이곳에 이르러 추장의 환대를 받고 교역협정을 체결하였다. 그리고 유능한 아랍 항해가 아흐마드 이븐 마지드(Ahemad Ibn Mājid)를 만나 그의 인도하에 인도양을 횡단해 인도 서해안의 캘리컷에 도착함으로써 '인도항로' 개척에 성공하였다. 다 가마는 그 해 이곳에 성채도 구축하였다고 한다. 그후 포르투갈은 이곳을 '인도항로'의 전진기지로 삼았으나, 1590년에 포르투갈이 근거지를 몸바사로 옮기면서 쇠퇴하기 시작하였다. 19세기 중엽에 인근 잔지바르의 술탄이 5천여 명의 노예가 일하는 대규모 농장을 운영하자 말린디는 다시 활기를 되찾았다. 말린디 경내에서 13~14세기의 중국산 도자기와 비단 유물이 발견되었는데, 이것은 15세기 초에 단행된 정화의 '하서양'에 의해 전해진 것이라고 추정된다.

바스쿠 다 가마 십자탑(Vasco da Gama's Pillar)
바스쿠 다 가마가 1499년 남아프리카 희망봉을 에돌아 북상하면서 케냐령 말린디 반도에 상륙해 십자탑을 세웠다. 16세기에 아랍인들이 그 탑을 지금의 반도 끝자락으로 옮겼다. 이 탑의 바로 북쪽 해안에 있는 만이 바로 포르투갈인들이 '인도항로'를 통해 동양과 교역하던 중간 기착지 항구였다. 지금은 갯벌이 생겨 수심이 얕아지는 바람에 큰 배들의 출입은 불가능하나 작은 배들은 여전히 교역항으로 이용하고 있다.

01 중국 도자기(스와힐리 문화복원 전시관)
이 전시관에는 시대별로 교류유물을 전시하고 있다. 그 가운데 상당수의 중국 도자기 유물이 포함되어 있다.

02 제데 왕궁 터
12~17세기 말린디에는 성세를 누리던 이슬람 제데(Gede) 왕국이 있었다. '케냐 국립공원 제데 구(舊)마을'이라는 명칭의 공원 안에 궁터와 사원 터가 아직 남아 있다.

03 바오밥 나무(Baobab Tree)
아프리카의 상징수라고 할 수 있는 수령이 500년을 넘은 바오밥 나무가 궁전터 옆에 흰 꽃을 피우고 과실을 주렁주렁 드리운 채 서 있다. 어른 주먹만한 과실의 속살은 진홍색인데, 그저는 먹지 못하고 설탕이나 소금을 넣고 끓여서 먹는다고 한다.

04

05

04 바스쿠 다 가마의 십자탑(일명 '가마탑')
높이가 10m쯤 되는 원추형 백탑에는 포르투갈
의 십자문장이 새겨져 있다.

05 제데 왕국 시대의 배
'케냐 국립공원 제데 구(舊)마을'공원 내에는 '작은
박물관'과 '스와힐리 문화복원 전시관'이 있는데,
배를 비롯해 왕국시대의 유물을 전시하고 있다.

몸바사

Mombasa

몸바사는 인구 150만을 헤아리는 케냐의 제2 대도시다. 옛 이름은 '싸우는 섬'이라는 뜻의 '므타'다. 이름이 뜻하다시피, 몸바사의 역사는 외세를 물리치는 투쟁으로 점철되어 있다. 비록 면적이 13km²밖에 안 되는 자그마한 섬이지만, 땅이 기름지고 해산물이나 사이잘삼(Saisal hemp, 로프) 같은 경제작물이 풍부한데다가 섬을 뒤덮고 있는 울창한 아라부코(Arabuko)숲은 섬을 선호의 대상으로 만들기에 충분하였다. 그러나 그만큼 지키기가 힘겨웠는데, 도처에 그런 흔적이 남아 있다. 1593년 3년 만에 지어져 400여 년 동안이나 지탱해온 지저스 성보(Fort Jesus)가 그 일례라 할 수 있다. 성보 안에는 대포를 비롯한 각종 방어용 무기들이 전시되어 있다.

몸바사의 중심거리에 있는 커다란 상아 두 대씩을 십자로 엮은 대형 조형물 터스크스(Tusks) 두 기가 오가는 사람들의 눈길을 끈다. 이 도시의 상징물로, 높이가 실히 10m는 된다. 평화와 결백을 상징하는 상아 조형물은 마치 몸바사 사람들의 심지(心地)를 반영하고 있는 성싶다. 이곳에는 다양한 종교(이슬람교 60%, 기독교 30%, 힌두교 10%)와 문화가 있으나, 하등의 분쟁이나 갈등 없이 어울려 지낸다고 만나는 사람마다 자랑한다. 아프리카에서는 흔치 않는 일이다. 그리고 거리를 거닐다보면, 건물의 구조나 색조의 다양성에 놀라지 않을 수 없다. 한 채도 꼭 같은 집이 없다고 해도 과언이 아니다. 다양성을 생명으로 아는 건축술만큼은 앞섰다고 할 수 있다.

예로부터 몸바사는 동아프리카 해상교통의 요로였다. 인근 도서들과의 교통은 물론, 내륙의 나이로비나 남아프리카의 여러 연안도시들과도 육·해로로 연결되어 있다. 그런가 하면 더 멀리 중국과도 해상교역이 빈번하였다. 지저스 박물관에 전시된 다양한 중국 도자기와 아랍 도자기 유물이 이를 증명해주고 있다.

몸바사의 상징인 대형 상아 크로스 조형물
자그마한 몸바사섬에 자리한 케냐 제2 대도시 몸바사는 아랍풍이 물씬 풍기는 도시로, 건물들은 단아하고 거리는 비교적 깨끗하다. 도시의 상징물은 대형 유백색 상아 두 대씩을십자로 엮은 두 개의 구조물로, 평화와 순결, 어울림을 상징한다고 한다.

01 **지저스 성보**(Fort Jesus)**의 보호를 받는 몸바사 항구**

02 **지저스 성보**
1593년에 축조된 이 대형 성보는 외래 공격으로부터 항구를 보호하는 방어보루인 동시에 노예매매의 거점이기도 하였다. 이를 증명이라도 하듯, 옥상에는 육중한 화포들이 진열되어 있고, 노예들을 실어 나르기 위한 돌문이 바다 쪽을 향해 나 있다.

03 **사이잘삼 밭**
도처에 푸르싱싱하게 자라는 사이잘삼 밭이 눈앞 가득 펼쳐져 있다. 사이잘삼은 선인장의 일종으로, 질 좋은 로프를 만드는 원료다. 땅이 기름지고 온도와 습도가 생육에 적당한 몸바사는 예부터 사이잘삼의 유명한 산지로, 대부분이 수출된다.

04 **다채로운 건물**
시내의 공공기관이건 주택이건, 상점이건 구조와 색조가 같은 것이 거의 없이 다양하고 다채롭다. 그리하여 생동감이 넘친다. 그것은 아마도 전통과 서구, 그리고 아랍의 상이한 건축요소들을 받아들인 결과라고 여겨진다.

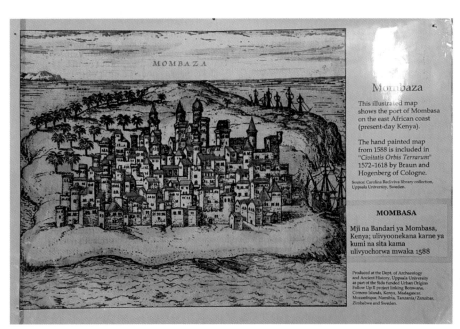

05 　지저스 성보 내 박물관에 전시된 벽화
교역과 항해를 주 모티브로 한 여러 폭의 다양하고 생동감 있는 벽화는 당시 몸
바사인들의 생활상을 여실히 나타내고 있다.

06 　옛 몸바사 지도(다르에스살람 박물관 소장)

07 　몸바사를 비롯한 케냐 해안 지역의 대외관계를 표시한 지도

08 　지저스 성보 앞 삼거리의 조형물
이슬람 미술의 영향이 역력하다.

09.10 　지저스 성보 박물관에 전시된 중국 도자기 유물
15세기 전반, 명대의 정화(鄭和)가 이끄는 중국 선단의 아프리카 동해안 항행을
계기로 도자기를 비롯한 중국 화물이 이곳에 유입된 것으로 보인다.

11 　화합을 상징하는 청동조각
다양한 인종과 종교, 문화가 어울려 조화를 이루며 평화롭게 살아가는 몸바사
특유의 화합정신을 반영한 조각이라고 한다.

다르에스살람

Dar es Salaam

9세기 중엽에 잔지바르(Zanzibar)의 술탄 마지드 빈 사이드(Mājid bin Said)가 탕가니카(Tanganyika, 현 탄자니아Tanzania) 지역에 항구를 개척하고 다르에스살람이라고 이름하였다. 다르에스살람은 아랍어로 '평화의 집'(the abode of peace)이라는 뜻이다. 당시 잔지바르는 오만에서 온 아랍인들이 노예무역에 종사하면서 부를 쌓고 있던 고장이다. 다르에스살람은 제1차 세계대전 이후 독일령에서 영국령으로 바뀌면서 영국령 탕가니카의 수도가 되었고, 동아프리카 연안의 식민지 무역 중심지로 부상하였다. 지금도 다르에스살람은 탄자니아에서 생산되는 농산물과 광산물 대부분을 수출하는 주요한 항구역할을 하고 있다.

제2차 세계대전이 끝나고 탕가니카와 잔지바르가 각각 영국으로부터 독립한 후, 1964년에 두 나라가 합병해 탄자니아로 통일하고

수도를 다르에스살람으로 정하였다. 그러다가 1974년에 수도를 도도마(Dodoma)로 이전하였으나 대부분의 정부청사는 여전히 다르에스살람에 남아 있어 여전히 정치와 경제, 교통의 중심지 역할을 하고 있다.

탄자니아는 인류의 기원지로 유명하다. 시내에 있는 국립박물관에는 탄자니아의 올두바이(Olduvai) 계곡에서 발견된, 인류 진화의 첫 단계에 속하는 진잔트로푸스 보이세이(Zinjanthropus boisei, 400만~500만 년 전) 두개골을 비롯한 원시 인류의 유골이 여러 점 전시되어 있다. 그 정도로 탄자니아의 역사는 유구하다. 면적: 1,590.5km², 인구: 약 440만 명(2012년)

바가모요(Bagamoyo) 해변가
다르에스살람 북쪽으로 80km 떨어진 바가모요는 인근 잔지바르나 다르에스살람 등 해안지역과 교역한 항구와 아랍인들이 경영한 노예교역소가 있던 곳이다. 바다에서 50m 쯤 떨어진 해변가에는 무너진 옛 항구 터가 흉물처럼 남아 있으며, 그와 나란히 현재 운영중인 신항구가 있다. 오늘도 예나 다름없이 등짐으로 배에 하적하고 있다. 해변가는 어시장으로 북적거리지만, 바다는 고요하고 평화롭다.

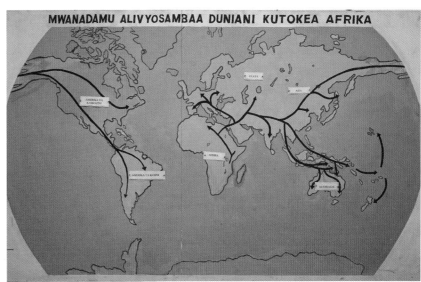

MWANADAMU ALIVYOSAMBAA DUNIANI KUTOKEA AFRIKA

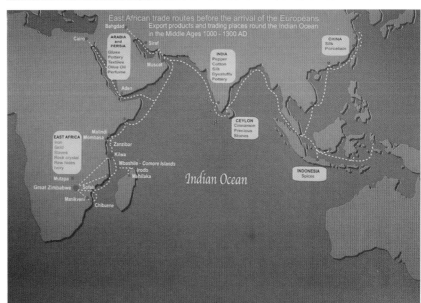

East African trade routes before the arrival of the Europeans. Export products and trading places round the Indian Ocean in the Middle Ages 1000 - 1300 AD

01	03
	04
02	

01 다르에스살람 항구 전경

다르에스살람만(灣)에 자리한 이 항구도시는 인도양에 면한 동아프리카의 해항(海港)의 하나로, 아랍계 오만인들에 의해 개척된 후 독일과 영국에 의해 중요한 식민지 무역항으로 발달하였다. 도시는 원주민인 탕가니카인들의 거주지구, 주로 인도와 잔지바르계 상인들이 활동하는 상업지구, 독일과 영국의 식민지관청이 몰려 있는 지구, 북부 교외의 고급주택 지구의 4대 구역으로 나눠져 있다.

02 항구와 연결된 철도역

식민지시대에 약탈을 가속화하기 위해 해상의 항구와 육상의 철도역을 동시에 부설하고 연결시킨 경우다. 이곳을 비롯해 킨샤사 등 아프리카의 여러 항구도시에서 이러한 현상을 찾아볼 수 있다. 이것은 실크로드역사에서의 해상 실크로드와 육상 실크로드의 상보상조적 관계다.

03 아프리카 고대인류의 이동로 지도(다르에스살람 국립박물관)

인류의 요람인 아프리카에서 발원한 현생인류는 라틴아메리카의 남단까지 동진해 인디언의 조상이 되었다.

04 유럽인들이 도래하기 전 동아프리카의 교역로 지도(다르에스살람 국립박물관)

"ZINJ"

Mchoro wa msanii wa Zinj
An artist's rendering of Zinj

1. Aligunduliwa na Mary Leakey mwaka 1959 kwenye Bonde la Oldupai
2. Ana umri wa miaka millioni 1.74 iliyopita
3. Zinj anajulikana kwa namba O.H. 5 kwenye Makumbusho ya Taifa, ambayo kirefu chake ni Olduvai Hominid 5.
4. "Zinjanthropus" maana yake ni "mwanadamu wa Afrika ya Mashariki"
5. Zinj ni zamadamu mzima wa jamii ya spishi iitwayo *Paranthropus boisei*, ambayo si mhenga wa karibu wa binadamu .
6. Magego na taya kubwa la Zinj yalimsaidia sana kutafuna chakula kigumu

Louis Leakey qkimchimbua Zinj
Louis Leakey excavating Zinj

1. Found by Mary Leakey in 1959 at Olduvai Gorge
2. 1.74 Million years old
3. Zinj's accession number is O.H. 5, which stands for Olduvai Hominid 5.
4. "Zinjanthropus" means "East African Man"
5. Zinj is an adult male member of species *Paranthropus boisei*, which is not directly ancestral to modern humans.
6. Zinj's huge molars and massive jaw helped him chew tough food

Louis na Mary Leakey wakiwa Oldupai
Louis and Mary Leakey at Olduvai

05　진잔트로푸스 보이세이 발견 관련 기사와 발견자 루이스 부부(올두바이 박물관, 다르에스살람 국립박물관)

06　진잔트로푸스 보이세이 두개골(다르에스살람 국립박물관)

07　아프리카 고생인류인 진잔트로푸스 보이세이 발견지인 올두바이(Olduvi) 계곡(올두바이박물관)

08　노예교역소
바가모요는 악명 높은 노예교역지로, 아랍인들이 운영하던 노예교역소 유적이 증거물로 남아 있다. 4층짜리 자그마한 돌집에 150~200명의 노예들이 3m²도 채 안 되는 11개 방에 나뉘어 갇혔다가 바다로 통하는 비밀 통로를 통해 팔려가곤 하였다. 바닷가에는 독일인들의 만행에 항거하는 노예들을 잡아다가 무화과 나무에 매달아놓고 참수한 현장을 고발하는 돌비석(높이 약 15m)이 서 있다.

09　아랍 노예 상인

10　상아무역
노예들이 대형 상아를 운반하고 있다(다르에스살람 국립박물관)

잔지바르

Zanzibar

잔지바르는 페르시아어의 '잔지'(zanzi, 검은, 흑인)와 '바르'(bar, 해안)의 합성어로 '검은 해안'이라는 뜻이다. 일찍부터 아프리카 동남해상에서 아랍과 인도, 아프리카 간의 중계무역지로 알려져왔다. 이런 명성과 더불어 '스톤 타운'(돌의 마을), '아프리카의 흑진주'라는 별명도 가지고 있다. '스톤 타운'은 산호석(珊瑚石) 벽으로 아랍식 고불고불한 골목길에 지은 주택들을 에워쌌기 때문이며, '진주'처럼 귀중한 보물이 많이 나는 데서 '아프리카의 흑진주'라 불렸다고 한다. 이러한 미명과 함께 잔지바르는 노예교역소라는 악명도 가지고 있다. 이곳에는 아랍인들과 인도계 무슬림들, 그리고 아프리카인들이 한데 어울려 사는 다인종·다문화 융합사회가 형성되어왔다.

잔지바르섬에는 지금부터 2만 년 전에 사람들이 살고 있었다는 것이 석기유물에서 확인되었다. 70년경에 씌어진, 해상 실크로드에

관한 고전 1호로 평가받는 『에리트라해 안내기』와 중세 아랍문헌에는 이곳을 메누디아스(Menudias)라고 부르면서 기원을 전후한 시기에 이곳이 범인도양 교역의 한 거점이었음을 지적하고 있다. 이곳을 제일 먼저 발견한 사람은 아랍 상인들이며, 그들은 1107년에 첫 이슬람사원을 지었다. 1503년부터 약 200년간 포르투갈이 지배한 데 이어, 영국과 독일이 식민권을 둘러싸고 각축을 벌였다. 그러는 사이 아라비아 반도의 오만은 1828년에 잔지바르를 거점으로 한 동아프리카(모가디슈에서 모잠비크까지)의 지배권을 획득하였다. 그러나 얼마 안 가서 영국이 지배하게 되자 잔지바르는 오만의 치하에서 벗어나(1861년) 명의상 술탄왕국이 되었다. 1963년 왕국으로 독립하여 이듬해 1월 국왕제를 공화제로 대체하고, 4월에는 탕가니카와 탄자니아연합공화국을 수립하여, 오늘날까지 그 자치령으로 지내고 있다.

시내에는 국립박물관과 술탄궁전을 개조한 팰리스(평화)박물관, 노예시장 부지에 세운 성공회 대교회, 포르투갈의 옛 성터가 있다. 놀라운 것은 조스 코너(Jaws Corner)라는 골목에 '일본인 바'가 있었다는 사실이다. 그리고 잔지바르 근교에는 유명한 코코넛 농장과 향료농장들이 있다.

잔지바르의 항구

'검은 해안''아프리카의 흑진주'라고 불려온 잔지바르는 기원을 전후한 시기부터 범인도양 교역의 중요한 거점 역할을 하였다. 12세기 초 처음 들어온 아랍 상인들을 비롯해 15세기 초부터 내침한 포르투갈과 영국은 이 항구를 통해 진주같이 귀중한 보물들을 마구 약탈해갔다. 그뿐만 아니라, 숱한 노예들이 이 항구를 거쳐 서아프리카 노예교역소와 아메리카 대륙으로 끌려갔다. 그러한 흔적이 오늘날까지도 이 '흑진주' 섬에 역력히 남아 있다.

01 잠보(Jambo) 향신료농장 판매대에 신열된 각종 향료
시에서 북쪽으로 약 10km 떨어진 이 농장에서는 근 20종에 달하는 향신료와
안료, 약재를 재배하고 있다.

02 립스틱 원료나무
열매 속 붉은 살이 립스틱 자연원료다.

03 육도(陸稻, 밭벼) 농사(잠보 향신료농장)

04 영국 성공회 대교회 외관
원래 이곳은 노예시장(46×27m의 장방형)이었으나, 1873년 6월 6일 폐쇄된 후
영국성공회 주교 스틸이 그 자리에 성당을 지었다.

05 영국 성공회 대교회 정원에 있는 '노예 군상'
1998년 이곳을 방문한 스웨덴의 한 조각가의 작품이다. 노예상들은 매번 75
명의 노예들을 두 개의 지하감방에 가둬놓고 이틀 동안 먹이지도 새우지도 않
은 채 시장에 내다 팔곤 하였다.

06   방과후 골목길로 귀가하는 여학생들

07   1894년부터 일본 여인 가라유키상 일가가 살던 집
조스 코너(Jaws Corner)라는 이곳에 살면서 20m쯤 떨어져 있는 광장의 모퉁이에서 '일본인 바'를 운영하였다.

08   포르투갈의 옛 성채터

09   술탄궁전의 화려한 기둥 조각장식
잔지바르는 영국의 식민지배하에 술탄왕국으로 100여 년간(1861~1964년) 지냈다. 궁전 내부의 건축양식이나 생활모습은 아랍(오만)-이슬람의 영향을 많이 받은 것으로 보인다.

아프리카 사파리

일반적으로 사파리(safari)라고 하면 야생동물을 놓아기르는 자연공원에 차를 타고 다니면서 차 안에서 관람하는 일을 말한다. 이 말은 스와힐리어 '여행'이라는 뜻에서 유래하였는데, 그 본래의 어원은 아랍어의 '여행' '사파르'(복수 아스파르asfár)이다. 시대의 변천에 따라 사파리의 함의(含意)도 달라졌다. 지난 식민시대에는 유럽인들이 동아프리카 내륙지역에서 주로 야생동물 사냥을 위한 수렵여행을 하거나, 탐험조사여행을 하는 행위를 일컬었지만, 야생동물 수렵이 금지된 오늘날에 와서는 수렵여행이 불허되어 주로 직접 접하기 어려운 야생동물에 대한 관찰이나 사진촬영 같은 목적으로 즐기는 여행이 되고 말았다. 그래서 일명 사파리 투어라고도 한다. 그런데 아직까지도 적잖은 밀렵꾼들은 호시탐탐 기회만 노리고 있다고 공원 경호원들은 귀띔한다.

작금 사파리 투어로 가장 유명한 곳은 동아프리카 탄자니아의 세렝게티 공원과 케냐의 마사이마라 공원을 아우른 약 10만km²의 사바나(savanna, 열대지방의 초원으로 우량이 적고 식물도 듬성듬성한 곳) 초원지대인데, 여기에는 300여 만 마리의 야생동물이 관광의 대상이 되고 있다. 비록 이 두 공원은 야생동물들의 집중도나 군집도(群集度)에 따라 '공원'이라는 울타리가 쳐져 있지만, 동물들은 국경 없이 자유로이 오간다. 이 광활한 초원지대에는 약 23만 명의 목축민 마사이족(Masai)이 흩어져 살고 있다. 그런가 하면 이곳은 인류의 발생지이기도 하다. 세렝게티 공원 가까이의 올두바이(Olduvi) 계곡에서 지금까지 가장 오래된 인간유골인 아프리카 고생인류 진잔트로푸스 보이세이(Zinjanthropus boisei, 400만~500만 년 전)의 두개골이 발견되었다.

세렝게티 공원 내의 옹고롱고로(Ngorongoro)는 동물들의 집중도나 군집도가 가장 높기 때문에 사파리 투어의 명소로 꼽힌다. 여기서는 사파리 투어를 일명 '게임 드라이브'라고도 한다. 이곳은 세계 최대의 화산분출구로, 동서 너비와 남북 길이가 각각 19km와 16km에 달하며, 분출구 높이는 해발 2,300~2,400m이고 바닥에서 분출구까지 높이는 약 600m이다. 장마 때는 바닥에 물이 고이나 건조기가 되면 마른다. 그렇지만 염기(鹽氣) 호수는 군데군데 남아 있어 동물들의 음수원이다. 게다가 풀이 무성하고 관목도 자라 동물들이 서식하기에는 안성맞춤이다. 그래서 이곳에는 갖가지 동물들이 서식하고 있다. 이곳을 비롯해 두 공원에 서식하고 있는 동물들로는 아프리카 5대 동물인 코끼리 · 코뿔소 · 버팔로 · 사자 · 표범 외에 하마 · 누 · 인팔라 · 톰슨가젤 · 하이에나 · 기린 · 여우 · 자칼 · 대머리독수리 · 원숭이 · 얼룩말 · 멧돼지 · 윈터벅(물사슴), 그리고 각종 조류 등이 있다.

신기한 것은 동물세계의 공존공생 현상이다. 맹수와 약체 짐승, 짐승과 새, 육식동물과 초식동물 등 서로가 이웃을 하며 살아가고 있다. 적어도 관광객들 앞에서는 약육강식(弱肉强食)이 마냥 외면당하는 것 같다.

안타나나리보

Antananarivo

아프리카의 동남단 해상에 자리한 섬의 나라 마다가스카르의 수도로, 해발고도 1,400m의 섬 중앙 고원에 위치하고 있다. 안타나나리보는 '1,000킬로미터의 거리'라는 뜻인데, 높은 고도에 대한 상징적인 표현이라고 할 수 있다. 선주민은 동남아시아 계통의 인종으로, 처음에는 아프리카 대륙의 동남해안에 이주했다가 10세기경에 마다가스카르섬에 이주해 정착하였다. 이 동남아시아 계통의 호바(Hova)족이 통치하다가 1794년에 메리나(Merina)족이 이곳을 점령하여 이메리나(Imerina, 일명 메리나 Merina)왕국을 건설하고 유럽과 교역하면서 근대화 정책을 도입하였다.

19세기 초부터 영국과 프랑스가 경쟁적으로 포교활동을 전개하였다. 그 결과 1869년 여왕 라나바로나 2세가 기독교로 개종하고 신교를 국교로 반포하였다. 그리하여 기독교가 전국토에 널리 퍼져나갔다. 그러나 1895년에 프랑스가 수도 안타나나리보를 무력으로 점령하고 마다가스카르섬 전체를 식민지화하였다. 개신교를 믿는 마다가스카르는 가톨릭국가인 프랑스의 지배를 쉽게 받아들이지 않고 저항운동을 벌였다.

제2차 세계대전 후에도 저항운동은 계속되었다. 그 결과 1957년에 프랑스공동체 안의 '말라가시(Malagasy)공화국'으로 자치권을 얻었으며, 1960년에 완전히 독립하였다. 이후 몇 차례의 정권교체를 경험하였으며, 1975년에 이르러 나라 이름을 마다가스카르민주공화국으로 개칭하였다. 현재 안타나나리보는 마다가스카르 최대의 도시로, 정치와 경제, 문화의 중심지로, 공공기관과 연구소 등 국책기관들이 모여 있다. 동북쪽 220km 지점에 있는 무역 외항인 타마타브(Tamatave)와는 철도 및 도로로 연결되어 사실상 무역항 기능을 수행하고 있다. 면적: 88km², 인구: 약 150만 명(2006년)

이메리나 왕국의 궁전
높은 언덕 위에 지어진 이 궁전에는 초대 왕 안드리안자카와 그의 아들인 2대 왕의 무덤이 있다. 건축양식은 고깔형 지붕을 한 동남아시아식 전통 양식과 3각 뾰족형의 앵글로색슨식 건축양식을 배합하였다. 왕실 구조는 높은 나무 침대를 놓고, 중앙에 바베큐하는 5개의 돌이 지면에 돌출돼 있다. 그리고 방 사방은 땅·물·바람·불의 4우(偶, 구석)로 구분지어 신앙시(信仰視) 되고 있다.

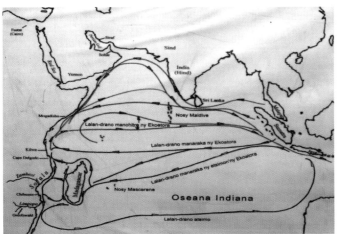

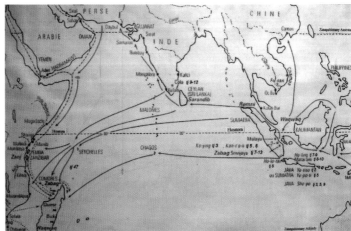

01	02
	03 04

01 인파로 붐비는 거리 모습
안타나나리보는 도시 자체가 언덕과 언덕으로 연결된 도시다. 언덕들 위로 거주지가 조성되어 있고 언덕을
올라가는 길가에 상점들이 즐비하다.

02 논밭
다른 아프리카 지역과 마찬가지로 시기를 달리하는 윤작(輪作)재배법을 도입하고 있다.

03.04 해로를 통한 말레이계 인종의 서진로
300~1000년에 동남아시아의 말레이계 인종이 아프리카 동해안과 마다가르카스섬에 집단 이주해 정착하
였다. 그리하여 이곳에는 말레이계 이주민문화와 아프리카 흑인 원주민문화 및 포르투갈과 영국의 외래 서
구문화가 융합된 이른바 '삼합(三合)'혼성문화가 이루어졌다.

05 온갖 토산품이 집산되는 재래시장

06 동남아시아 말레이계 인종을 닮은 여인

07 가톨릭 성당 외관

08 성공회 교회와 개신교 예배당
가톨릭 성당과 불과 200m거리에 성공회 교회와
개신교 예배당이 나란히 공존하고 있다.

09 **거석(巨石) 게이트(문)**
컨자(Kianja) 지역으로 들어가는 7개 거석 게이트 중 하나로, 지름이 약 2m, 두께 20cm 가량 된다. 요지(要地)나 신성한 곳에 수호나 방어용으로 이러한 거석 게이트를 설치했다고 한다. 남방 해양문화에 속하는 거석 문화 현상이다.

10 **마다가스카르의 특산인 여우원숭이**(안타나나리보 동식물원)

11 **닭**
닭은 쌀 · 얌 · 바나나 · 토란 등과 함께 동남아시아에서 유입되었다.

12 **초대 대통령의 동상과 독립기념비**
시내에는 독립투쟁을 기리는 '독립 거리'와 '혁명 공원'이 있다.

마푸투

Maputo

모잠비크(Mozambique)의 수도로, 인도양의 델라고아(Delagoa)만에 위치한 중계무역항이다. 900년경에 동아프리카 해안에서 일찍부터 교역활동을 해오던 아랍인들이 반투(Bantu)족이 살던 모잠비크 지역을 점령하고 이곳을 항구로 사용하였다. 포르투갈의 상인 로렌수 마르케스(Lourenço Marques)에 의해 중계무역항으로 개척된 이래 1976년에 지금의 이름인 마푸투로 개칭하기 전까지는 로렌수 마르케스로 불렸다. 15세기 말에 인도항로를 찾던 바스쿠 다 가마(Vasco da Gama)가 이곳에 들른 후 마푸투는 포르투갈의 인도항로에서 빼놓을 수 없는 주요한 중간기지로 등장해 17세기 말까지 크게 성장하였다.

1787년 이곳에 에스피리토 산투(Espírito Santo) 성채가 축조되어 군사요지가 되었고, 1887년에 시(市)로 승격하였으며, 1907년에는 포르투갈령 동아프리카의 수도가 되었다. 1895년에는 철도로 남아프리카공화국의 트란스발(Transvaal)주(州)와 스와질란드 및 로디지아(현 짐바브웨)와 연결되고, 다시 아프리카대륙횡단철도와도 이어져 명실상부한 교통요충지가 되었다. 1907년에는 모잠비크의 정청(政廳)이 설치되어 영내의 정치와 행정의 중심도시가 되었으며, 1975년 독립이 선포되자 수도로 지정되었다.

마푸투는 노예와 상아뿐 아니라, 남아프리카의 다이아몬드 광산 및 금광에서 채굴한 광물을 실어 나르기에 적합한 곳에 위치하고 있다. 그리하여 이 지역의 소유권을 둘러싸고 포르투갈과 네덜란드, 영국 등이 치열한 경쟁을 벌였지만, 종국적으로는 포르투갈의 속지가 되었다. 1960년대부터 모잠비크해방전선(FRELIMO)을 비롯한 독립운동 단체들이 지속적인 독립운동을 전개한 결과 1975년에 포르투갈의 식민지에서 독립하였다. 면적: 346km², 인구: 약 180만 명 (2007년)

마푸투의 상징인 철도역
1910년 국내뿐만 아니라, 남부 아프리카 내지와의 운송을 원활하게 하기 위해 건설한 철도역으로, 높이 20m의 돔형 건물이다. 오래된 기차역으로, 첫 운행 기관차를 비롯해 녹슨 기관차나 객차가 유물로 전시되어 있기도 하지만, 여전히 기차역으로 운영되고 있다. 부연할 것은 과거 식민역사에 관한 한 마푸투보다 1898년까지 포르투갈령 동아프리카의 수도였던 모잠비크섬에 더 많은 내용이 있다는 사실이다.

01

02

03

01 힌두교도들의 화장터
길이 2.5km, 너비 0.5km의 모잠비크섬은 남반부의 스톤 타운과 북반부의 마쿠티 두 지역으로 나뉘어 있으며, 전체 섬이 세계문화유산으로 유네스코에 등재되어 있다. 이 화장터는 마쿠티 지역에 있다.

02 모잠비크의 옛 지도(스톤 타운의 해사박물관)

03 모잠비크섬에서 출토된 중국 명대의 도자기 유물(해사박물관)
섬은 1558~1620년에 포르투갈의 첫 동아프리카 식민지로 개발되어 동아프리카의 교역을 관장하였다. 스톤 타운의 인도인 거주 지역에는 인도에서 유입된 피그레(pigre)라는 나무가 무성하게 자라고 있다.

04 스톤 타운의 바스쿠 다 가마 동상
이 높이가 약 3m의 동상은 1498년 이곳에 들른 다 가마를 기리기 위해 해사박
물관 앞 광장에 세워졌다.

05 스톤 타운의 남단에 있는 성 세바스티안 성채
높이가 3m쯤 되는 벽으로 에워싸인 성채는 상당히 웅장하다. 벽은 2중 벽으로
견고하고, 섬 전체의 식수원으로 깊이 6m나 되는 저수탱크가 굴설되어 있다.
노예구류소로 짐작되는 감방도 여러 개 있다. 모퉁이에 있는 자그마한 성당은
1522년 이슬람 사원을 개조한 것이다.

06
07
08

06 마쿠티의 전통적 갈대 이엉집 모습

07 모잠비크 남풀라 지역의 옥수수밭
옥수수는 이 지역의 주식이다.

08 남풀라와 모잠비크섬을 잇는 길이 3km의
인도양 상 다리

빅토리아 폭포
Victoria Falls

아프리카 남부 내륙에 있는 세계 3대 폭포의 하나로, 잠비아 북서쪽 해발 90m의 고원에서 발원해 짐바브웨와 모잠비크를 거쳐 인도양으로 흘러들어가는 길이 2,740m의 잠비지강 중상류에 있다. 1.7km이 넓은 강폭은 폭포에 이르러 급격하게 좁아져서 낙차 110~150m로 60m의 좁은 현무암 협곡에 떨어진다. 지금으로부터 1억 8천만 년 전에 형성된 빅토리아 폭포는 세계에서 가장 긴 폭포로 수량이 많은 11~12월에는 1분당 낙하하는 수량이 무려 30만m²에 달한다. 울창한 숲 속에 묻혀 있어 치솟는 물보라만 보이고 낙하수의 굉음밖에는 들리지 않기 때문에 원주민인 콜로로족은 이 폭포를 가리켜 '모시-오아-툰야', 즉 '천둥 치는 연기'라고 불렀다. 폭포는 잠비아와 짐바브웨 두 나라에 갈라져 있기 때문에 잠비아측에서는 동물보호구역으로, 짐바브웨측에서는 국립공원으로 각각 다르게 설정해 관리하고 있으며, 관광객을 유치하고 있다. 1938년에는 수력발전소를 건설해 전기를 생산하고 있다. 이 폭포는 1855년 영국의 탐험가 데이비드 리빙스턴(David Livingstone, 1813~1873년)에 의해 발견되었으며, 당시 영국 여왕의 이름을 따서 '빅토리아 폭포'라고 명명하였다.

폭포 발견자 데이비드 리빙스턴

짐바브웨의 빅토리아 폭포

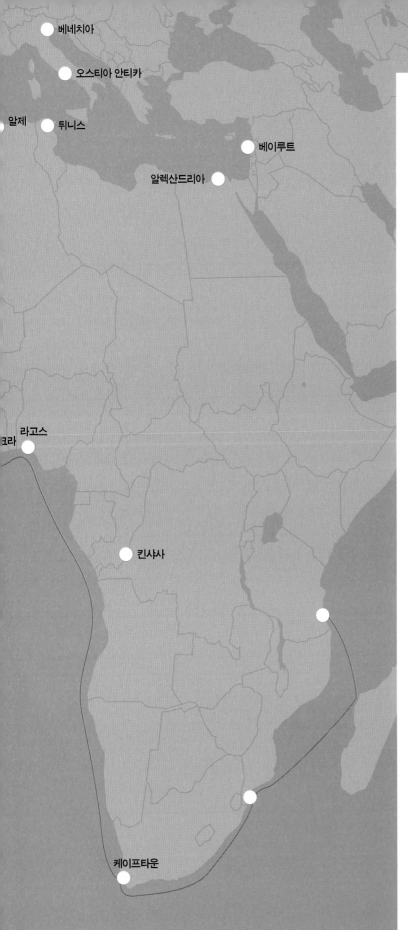

베네치아

오스티아 안티카

알제

튀니스

베이루트

알렉산드리아

라고스

코라

킨샤사

케이프타운

제3부
대서양

태평양에 이어 세계에서 두 번째로 큰 바다로, 서쪽은 남북아메리카, 북쪽은 그린란드와 북극해, 동쪽은 유럽과 아프리카, 남쪽은 남빙양(남극해)과 맞닿아 있다. 동경 20도에서 인도양과 나뉘며, 남아메리카 대륙과 남극대륙 사이의 드레이크 해협을 통해 태평양과 연결된다. 한자 이름 대서양은 유럽의 서쪽에 있는 큰 바다라는 의미이고, 영어 이름은 그리스 신화에 나오는 '아틀라스'에서 유래하였다. 표면적은 부속해를 포함하면 1억 646만 km²이다. 평균 수심은 약 3,300m이며, 가장 깊은 곳은 푸에르토리코 해구(海溝)로 8,380m나 된다. 대서양 연안에는 대륙붕이 발달하고, 중앙부에는 남북 방향으로 길게 대서양 중앙해령(海嶺)이 해저에서 1,800~2,000m의 높이로 솟아 있다. 해저화산 활동이 활발하고 해저지진이 발생하기도 하며, 멕시코 만류나 동그린란드 해류는 대서양의 기후에 영향을 끼친다. 바이킹들은 11세기 목선으로 북대서양을 항해하였으며, 1492~1493년에 콜럼버스가 대서양을 횡단한 데 이어 많은 유럽인들의 장거리 항해와 해양과학탐사가 전개되었다. 1842년 미국 해군장교 모리(Mathew F. Maury)는 대서양을 탐사해 해류도를 만들었고, 영국의 톰슨경(Sir Charles W. Thomson)은 1872~1876년 챌린저호 탐사를 통해 대서양에 남북으로 길게 뻗은 해저산맥이 있음을 발견하였다.

제1장
서아프리카

케이프타운

Cape Town

남아프리카공화국의 의회가 있는 입법수도로, 아프리칸스어(아프리카어와 네덜란드어 혼성어)로는 카프스타드(Kaapstad)라고 한다. 대서양과 인도양의 경계가 되는 희망봉에서 북쪽으로 약 50km 떨어진 케이프 반도 북단에 위치한 항만도시로 남아프리카공화국 최대의 무역항이다. 엔히크 해양왕자가 단행한 신항로 개척의 일환으로 1488년 포르투갈의 항해가 바르톨로뮤 디아스(Bartholomeu Diaz)는 케이프타운에 가까운 반도의 남단인 '폭풍우의 곳'(Cape of Storms), 즉 희망봉(Cape of Good Hope)에 도착하였다. 이어 1497년 바스쿠 다 가마는 희망봉을 에돌아 동쪽으로 진출해 1498년 인도 캘리컷에 도착함으로써 드디어 '인도항로'가 개척되었으며, 이를 계기로 대항해시대의 막이 올랐다.

　　대항해시대가 열리면서 케이프타운은 동양과 서양의 접점이 되

어 인도와 동남아시아, 동아시아로 항해하는 선박의 중요한 기항지가 되었다. 1652년 네덜란드가 동인도회사의 보급기지를 건설하기 위해 이곳에 상관을 설치하고 항만시설을 구축했으나, 1806년 영국으로 소유권이 넘어갔다. 1869년 수에즈 운하가 개통되면서 유럽에서 아시아로 가는 항로의 주요 거점인 케이프타운은 큰 타격을 받았다. 그렇지만, 킴벌리(Kimberley)에서 다이아몬드가 발견되고, 트란스발(Transvaal)에서 금광이 개발되면서 다시 번영을 되찾았다. 1910년 영국의 자치령(남아프리카연방)이 되어 연방의회가 이곳에서 만들어졌다. 그러나 1961년 남아프리카연방은 영국연방에서 탈퇴해 남아프리카공화국을 수립하였다. 이를 계기로 케이프타운은 공화국의 입법수도로 재탄생하였다.

시내에는 대공원을 중심으로 주위에 식민시대의 건물 유적이 흩어져 있다. 그 가운데는 네덜란드 동인도회사 소속 노예들의 교역소였던 슬레이브 로지(Slave Lodge)와 인종차별법철폐선언소, 첫 금광 개발자인 세실 로즈(Cecil John Rhodes)의 동상, 남아프리카박물관 등이 있으며, 시 외곽에는 만델라를 비롯한 흑인 정치범들을 수감했던 로벤섬과 세계적인 자연관광명소 테이블(Table)산, 케이프반도 남단의 희망봉자연보호구 등이 있다. 한마디로, 케이프타운은 유적유물과 관광명소의 집합처다. 면적: 496.7km², 인구: 약 350만 명(2006년)

희망봉(希望峯)
남아프리카공화국 케이프주 남서쪽 케이프반도의 맨끝을 이루는 암석 곶인 희망봉은 1488년 포르투갈 항해가 바르톨로뮤 디아스가 발견했는데, 그는 폭풍이 심해 '폭풍의 곶'(Cape of Storms)이라고 불렀다. 그러나 당시 미래의 해양 개척에 관심을 갖고 있던 왕 주앙 2세는 이 무시무시한 이름을 버리고 대신 '카부 다 보아 에스페란사', 즉 '희망봉'으로 명명하였다.

01 높이 1,080m의 테이블산 상에서 내려다본 시 전경

02 희망봉에서 동남쪽으로 150m 떨어진 아프리카 대륙의 최남단 아굴라스곶(Cape Agulhas)

03 테이블산 기슭에 자리한 항구(Waterfront)
케이프반도 북단에 위치한 케이프타운은 항만도시로 남아프리카 최대의 국제무역항이다. 1652년 네덜란드가 동인도회사의 보급기지를 건설하기 위해 이곳에 상관을 설치하고 항만시설을 구축한 이래 케이프타운은 인도와 동남아시아 및 동아시아로 항해하는 선박의 중요한 기항지가 되었다.

04 바닷가 바위 위에서 햇볕을 쬐는 물개

05 07
06 08 09

05 **희망봉이 바라보이는, 자연보호구역 내에 있는 디아스 석조 기념탑**

06 **강제로 끌려가는 노예들**
네덜란드 동인도회사 소속 노예 구류소였던 슬레이브 로지(Slave Lodge)의 벽화다.

07 **교외에 있는 스텔렌보쉬 와이너리의 포도밭**

08 **억울하게 매 맞는 노예**(슬레이브 로지 벽화)

09 **각종 다이아몬드**(남아프리카 박물관)

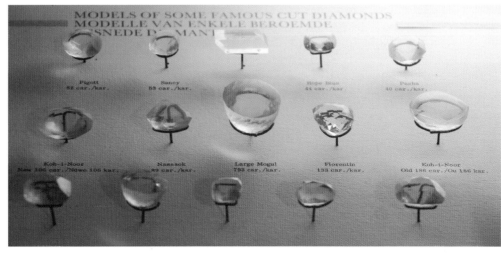

10 **만델라를 흠모하는 홍보물**
코트디부아르 아비장 국립대학(학생 7만 명) 정문
거리에 만델라의 영상이 눈동자에 비친 사진 홍
보물이 붙어 있다.

11 **만델라의 흉상**
만델라가 석방 후 첫 연설을 한 옛 시청 입구에 세
워진 그의 흉상.

12 **만델라가 18년간 수감되었던 로벤섬 감옥**
외관

13

14

13 식민시대의 시청 건물
만델라는 27년간의 수감생활을 마치고 풀려나오
던 날 이 청사 1층 테라스에서 운집한 환영군중을
향해 역사적인 첫 연설을 하였다. 지금은 공연장
등으로 쓰인다.

14 인종차별을 고발하는 의자 유물
'유럽인만'이라는 경고문을 붙여 유색인종에 대
한 극도의 혐오를 드러낸 거리의 의자다.

킨샤사

Kinshasa

콩고민주공화국(Democratic Republic of the Congo)의 수도다. 1881 년에 벨기에 국왕 레오폴드 2세(King Leopold II)의 후원으로 콩고 지역을 탐험한 미국의 스탠리(Henry Morton Stanley)가 이곳에 병참 기지를 건설하고 레오폴드빌(Leopoldville)이라고 불렀다. 당시 킨샤 사는 근처의 원주민 거주지대를 지칭하는 말이었는데, 1966년에 이 도시의 공식 이름이 되었다. 1898년에 마타디(Matadi)항과 철도로 연결되면서 킨샤사는 크게 발전하였다. 외국에서 들어오는 물품이 마타디항에서 철도를 통해 킨샤사로 들어오면 여기서 콩고강의 수 운을 이용해 각지로 운송되고, 반대로 이곳의 주요 수출품인 구리와 다이아몬드, 코발트 등 광물과 커피 등이 킨샤사에 집하(集荷)된 뒤 마타디항을 통해 외국으로 수출되었다.

콩고민주공화국은 당초 벨기에 레오폴드 2세의 사유지일 때는 콩고자유국(Congo Free State)으로 불렸다. 그러나 그가 원주민에 대해 가혹한 탄압정책을 시행하고 자원을 수탈해 사복을 채우는 바람에 국제적 여론이 악화되자 1908년에 벨기에령 콩고(Belgian Congo) 식민지로 전락하고 말았다. 그러다가 제2차 세계대전 후 반식민주의 투쟁이 격화되면서 1960년에 벨기에로부터 독립해 콩고민주공화국이 수립되었다.

콩고강을 사이에 두고 맞은편 콩고공화국의 땅이 한눈에 내려다보이는 언덕 위에 콩고국립박물관이 자리하고 있는데, 그 입구에 스탠리 기마동상이 서 있다. 시 중심에 자리한 '6월 31일 광장' 옆에는 동부 킨샤사시(市) 기차 종착역 터가 있다. 역 구내에는 마타디항과 킨샤사 사이 375km를 달리던 철마가 녹슨 채 방치되어 있다. 콩고강과 나란히 운송경쟁을 하던 이 철도는 비싼 운송비 때문에 결국 경쟁에서 밀려 도태되었다. 하지만 아직도 일부 구간은 운행되고 있다고 한다. 면적: 9,965km², 인구: 9백만 명(2012년)

항구 전경
킨샤사 항구는 바다에 임한 해항(海港)이 아니라, 강에 면한 하항(河港)이다. 킨샤사는 길이 4,640km의 콩고강(자이르강) 좌안에 자리하고 있는데, 여기서 375km 떨어진 강 하구인 해항 마타디 사이에는 리빙스톤 폭포(Livingstone Falls)를 비롯한 총 낙차 260m에 달하는 급류가 있어 선박의 항행이 거의 불가능하다. 반면에 1,700km나 떨어진 상류의 키상가니까지는 선박이 오르내리며 하항으로서의 역할을 담당한다.

01	02
	03

01 섬을 사이에 둔 맞은편의 콩고공화국 수도 브라자빌(Brazzaville)

02 루뭄바(Patrice Lumumba, 1925~61년) **동상과 높이 205m의 독립기념탑**
미션학교 출신의 루뭄바는 노동운동과 민족주의운동의 지도자로서 1960년 독립과 더불어 초대 수상이 되었
다. 그러나 지방분권주의자인 대통령과의 갈등 속에 수도를 떠나 출신 지역인 카사이주로 탈출하던 도중 정
부군에게 피살되었다. 후일 명예가 회복되어 독립운동의 영웅으로 추앙받고 있다. 웅장한 독립기념탑은 중
국의 '위해국제(威海國際)'라는 회사가 시공을 담당하였다.

03 콩고의 민속화 전통을 계승한 벽화(국립박물관)

04 콩고 국립박물관 경내에 있는 미국 탐험가 스탠리(Henry Morton Stanley, 1841~1904년)**의 기마동상**
영국 사생아 출신의 미국 국적 소유자(만년에 다시 영국 국적으로 회귀)인 스탠리는 종군기자로 나일강과 아프리카 중앙부 등 여러 곳을 탐험한 후 벨기에 왕 레오폴드(Leopold) 2세의 후원으로 1879년 오늘의 킨샤사 지역에 파견되어 탐험하고는 이곳에 병참기지를 건설하고 레오폴드빌(Leopoldville)이라고 불렀다. (콩고 국립박물관 경내)

05 땅바닥에 넘어져 있는 한 벨기에 식민지 관료의 동상(콩고 국립박물관)

06 국조(國鳥)

07 **킨샤사~마타디 구간 철도건설 장면**
폭포로 인한 급류가 심해 콩고강 하류에 선박 운항이 불가능하자 1897년부터 강을 따라 남동부를 우회하는 철도(375km)를 부설하기 시작하였다. 이 철도공사에서 유럽인 136명, 현지인 1,800명이 희생되었다고 한다. 철도의 대부분 구간은 폐쇄되었으나 일부 구간은 아직도 운행되고 있다.

08 **동부 킨샤사 기차역에 방치된 기차와 철로**
교통사에서 하운(河運)과 육운(陸運) 및 해운(海運)이 동시에 운영된 복합운송 시스템의 전형적인 한 예다.

09 **동부 킨샤사 기차역 청사와 기관차**

라고스

Lagos

라고스는 라고스섬을 중심으로 발달한 항만도시로, 나이지리아의 최대 도시이며 1991년에 아부자(Abuja)로 천도하기 전까지는 줄곧 나이지리아의 수도였다. 나이지리아의 고대역사에 관해서는 거의 알려진 것이 없었는데 20세기 초에 나이지리아 중부의 작은 마을 노크(Nok) 근처에서 두상(頭狀)이 두드러진 점토상을 비롯해 철제도구, 돌도끼, 돌장신구 등 유물이 다수 발굴되었다. 이를 노크문화라 하는데, 기원전 500년경부터 기원후 200년경까지 지속된 것으로 추정되며 나이지리아의 부족 중에 이 점토상과 유사한 머리형을 지닌 사람들이 있어서 그들의 고대 선조들에 의해 창조된 것으로 짐작된다. 850년경부터 부족국가들이 형성되었고, 11세기 초에는 소왕국들이 연합한 큰 규모의 국가가 나타났다.

15세기에 포르투갈이 처음으로 라고스 해안에 상륙해 당시 이곳을 통치하던 베닌(Benin) 왕국과 외교사절을 교환하기도 하였다. 이후 많은 유럽인들이 진출하였는데, 특히 영국은 노예무역회사를 설립한 데 이어 1862년에는 노예무역기지인 라고스를 직할 식민지로 만들고 서아프리카 노예무역의 중심지로 삼았다. 제2차 세계대전이 끝나고 아프리카대륙에서 민족주의운동이 일어나면서 영국은 1960년에 나이지리아를 영연방국으로 독립시켰다. 라고스의 극심한 인구과잉과 교통난으로 고심하던 나이지리아 정부는 수도를 중부 사바나 지대의 아부자로 이전하였다.

시내에 있는 국립박물관은 촬영이 불허되어 유물들을 일일이 확인할 수는 없지만, 이 나라의 유구한 역사를 증언하는 것 중에는 8,000년 전 운하 유구(遺構)와 배가 있으며, 석인(石人) 조각이 꽤 정밀하다. 그리고 니제르강 유역은 아프리카에서 고대 벼농사가 처음 시작된 곳이다. 재래시장에서 바다(Bada)와 아바칼리키(Abakaliki)라는 2종의 전통 벼를 확인할 수 있다. 면적: 999.6km², 인구: 약 2,100만 명(2012년)

대서양 기니만에 위치한 라고스항

나이지리아 13개 항구 중 가장 크고 중요한 항구로 15세기 포르투갈이 무역항으로 개발한 이래 5번에 걸쳐 확충공사를 진행하였다. 항구 양측에 부채꼴의 대형 방파제를 구축해 파도를 막음으로써 항구의 안전을 보장하고 있다. 2개의 대형 부두를 비롯해 약 30개의 현대적 접안시설을 갖추고 있으며, 1만 톤급 선박이 정박할 수 있다. 부두 중앙에 있는 높이 30여m의 통제탑이 항구의 신경중추 역할을 하고 있다. 전국 수출입 무역량의 70~80%를 담당하고 있다. 1820년부터 1861년 영국의 속지가 될 때까지 라고스항은 노예무역의 중계항으로 악명이 높았다.

01 재래시장에 있는 라고스 최대의 이슬람 사원(마스지드)
인구의 40%가 무슬림인 나이지리아는 이슬람 전통이 잘 이어지고 있는 나라들 중의 하나다.

02 재래시장
재래시장에는 브라질 거리가 있는데, 브라질에 팔려갔던 노예의 후예들이 이곳 고향에 돌아와 꾸린 시장으로, 외관은 물론, 가옥의 구조나 생활 방식에서 상당히 이색적이다.

03
04 05 06

03 화초가 무성한 4km의 자연공원
'아프리카의 베네치아'로 불리는 라고스는 비록 적도에 가까운 지역이지만 석호(潟湖)가 많고 일조량과 수자원이 풍족하며 시원한 바닷바람이 불어와 생물의 생육에 적당하다.

04 라고스섬의 템포 와이26(Tempo Y26) 재래시장에 있는 잇도 마켓(Iddo Market) 쌀가게 주인
카비루 지모(Kabiru Jimoh) 씨

05 나이지리아산 흰 장립(長粒)형 쌀 아바칼리키(Abakaliki)
나이지리아를 흐르는 니제르강 유역은 아시아와 더불어 쌀(벼)의 원산지의 하나다. 그러나 18세기 서구 식민주의자들이 들어와서 벼 대신 밀 재배만 장려하는 바람에 벼 재배는 거의 자취를 감추고 말았다. 몇몇 곳에서만 전통벼 재배를 간신히 유지하고 있는 형편이다. 이 아바칼리키는 잇도 마켓 쌀가게에서 어렵사리 구입하였다.

06 잇도 마켓 쌀 가게에서 구입한 누런색 단립(短粒)형 쌀 바다(Bada)

아크라

Accra

가나의 수도로 기니만에 면해 있는 서아프리카의 주요 항구의 하나다. 15세기 말에 포르투갈이 처음으로 이곳에 도착한 후, 가나 해안이 황금 해안으로 알려지자 17세기에 영국과 네덜란드, 덴마크 등이 몰려들어와 요새를 쌓고 원주민과 교역을 시작하면서 해안에 도시가 생겨나게 되었다. 아크라도 그중의 하나다. 아크라의 어원에 관해서는 '검은 개미'라는 말에서 유래하여 아크라 지역에 사는 사람들에 대한 지칭으로 되었다는 설과 16세기 동방에서 온 선주민 '아칸'을 '은크란(nkran)'으로 불렀는데 그것이 유럽인들에 의해 '아크라'로 와전되었다는 두 가지 설이 있다.

영국은 덴마크가 17세기 이곳에 축조한 요새를 1850년에 매입해 식민화 근거지로 삼았으며, 1877년에는 영국령 황금해안의 수도로 정하였다. 1923년에 코코아와 철광물이 생산되는 내륙과 연결하는 철도를 건설함으로써 내륙의 황금과 노예를 수출하는 주요 거점항구가 되었다. 그러나 수심이 얕을 뿐만 아니라, 내륙에서 멀리 떨어져 있는 아크라항은 대형선박의 접안이 불가능하였다. 그리하여 제2차 세계대전 후 '은크루마 계획'에 따라 1961년 27km 떨어진 동쪽 교외에 근대적인 외항(外港) 테마(Tema) 항을 새로 건설해 물류수송을 보장하고, 인근에 댐과 수력발전소를 건설해 공업단지를 형성하였다.

제2차 세계대전을 전후해 은크루마(Nkrumah)라는 걸출한 지도자가 나타나 아크라는 범아프리카니즘에 바탕한 아프리카 독립운동의 책원지가 되었으며, 1957년 독립한 가나의 수도가 된 아크라에서는 각종 범아프리카적인 국제회의가 개최되는 등 아프리카의 정치·학술·문화의 중심지 역할을 하였다. 시내에는 옛 항구터 제임스타운과 아프리카 여러 나라들의 유물을 소장한 국립박물관, 그리고 은크루마기념관과 '검은 별문'(黑星門), 독립광장, 2월 28일 거리, 희생자기념비 등 독립투쟁과정을 반영한 일련의 유적유물이 있다. 아크라에서 서쪽으로 150km 거리에 있는 세인트조지 성보(Saint George Fort)는 처참한 노예무역 실상을 신랄하게 증언하는 현장이다. 면적: 173km², 인구: 약 230만 명(2013년)

가나의 대표적인 노예교역소 세인트조지 성보
아크라에서 서쪽으로 150km쯤 가면 엘미나(Elmina) 지역에 자리한 세인트조지 성보가 나타난다. 대서양에 면한 이 악명 높은 노예교역소는 포르투갈과 네덜란드, 영국이 연달아 관리해왔다. 보통 1,000명의 노예를 끌어다가 남자(600명)와 여자(400명)를 나눠 구금하고는 온갖 박해를 가하면서 길들인 후 바다와 연결된 비밀통로(높이 1.5, 너비 0.7m)를 통해 배에 실어보냈다.

01

02
03

01 제임스타운의 구항구
17세기 영국이 건설한 이 항구는 수백 년 동안 이용되어오다가 수심이 얕은 등 항구로서의 조건이 미흡하여
독립 후 1961년에 여기서 동쪽으로 27km의 지점에 새로운 테마(Tema)항을 신설하였다. 지금은 주로 어항
으로 쓰이고 있다. 여기에도 예외없이 노예교역장이 있었다.

02 세인트조지 성보 내부

03 제임스타운의 높이 약 40m가 되는 등대

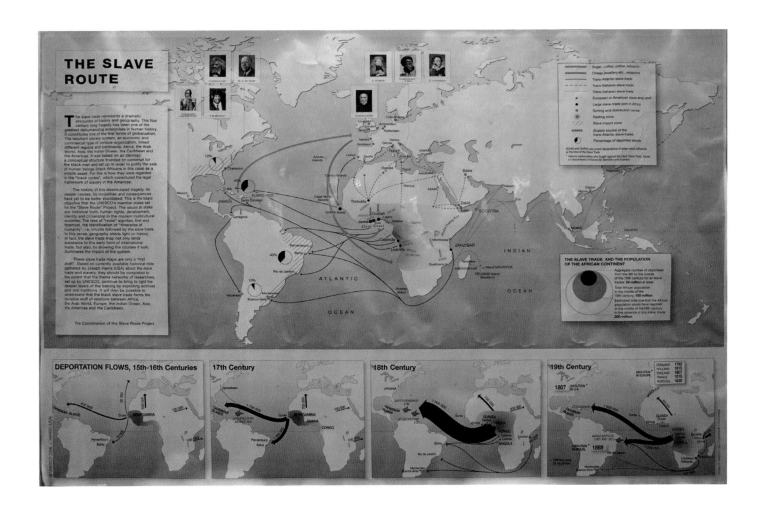

10　가나 독립 후 초대 수상과 초대 대통령을 역임한 은크루마(Nkrumah, 1909~72년) 기념관.

기념관 지하에 시신이 안치되어 있다. 부설 박물관에는 생전의 유물들이 전시되어 있다. 대외활동에 관한 사진도 다수 걸려 있는데, 여기서 주목되는 것은 중국 지도자들과 찍은 기념사진이 유달리 많다는 점이다. 그리고 뒤뜰에는 그가 쿠데타에 의해 축출되자 동상에서 잘려나간 머리를 그대로 전시하고 있는 점도 의아스럽다.

11　은크루마 기념관 앞에 세워진 그의 동상

가톨릭계 신학교의 교사 출신인 은크루마는 10년간(1935~1945년)의 미국 유학을 마치고 영국에 가서 서아프리카학생동맹 부회장을 맡아 '아프리카 합중국' 창설을 목표로 한 범아프리카주의운동의 지도자가 되었다. 1947년 귀국 후에는 인민당을 창건하고, 1957년 가나 독립과 더불어 초대 수상과 1960년 초대 대통령에 취임하여 '구세주'로 추앙되었다. 1966년 2월 중국 방문 중 군부 쿠데타에 의해 실각하고 기니아에 망명하였다. 루마니아에서 치료받다가 객사하였다. 그러나 지금은 명예가 회복되어 '국부'로 예우되고 있다.

12　성지에 세워진 '검은 별 문'

높이가 약 30m인 이 문은 시내의 '자유의 거리'와 영국 총독부가 있는 해변가로 뻗은 '2월 28일 거리'의 접점에 있으며, 그 옆에는 50만 명을 수용하는 독립광장이 있다. 1947년 2월 28일에 체납된 봉급 지불을 요구해 시위에 나선 제대군인 3명이 격살된 사건이 독립투쟁의 도화선이 되었다. 이를 기리기 위해 '검은 별 문'을 세우고, 거리 끝자락에는 '희생자기념비'도 세웠다.

13　은크루마 기념관 1층에 안장된 그의 관을 둘러싸고 교사의 설명을 듣고 있는 학생들

아비장

Abidjan

코트디부아르의 최대 도시로 1983년까지 수도였다. 기니만에 자리한 이 도시는 1920년대에 프랑스가 항만도시로 개발하기 전까지는 원주민이 사는 자그마한 어촌이었다. 15세기 후반부터 유럽 여러 나라들이 이곳에 몰려와 저마다 '상아해안'이니, '황금해안'이니, '노예해안'이니 하는 이름으로 불렸다. 그러다가 프랑스의 영향력이 강화되자 프랑스어로 '상아해안'(Cote d'Ivoire)이라는 이름이 고정되었다. 영어권에서는 아이보리 코스트(Ivory Coast)라고 불린다. 부를 상징하는 '상아해안'답게 무려 길이 32km, 폭이 370m에 달하는 내륙운하와 연결된 대항구가 자국뿐만 아니라, 인근 여러 나라의 교역과 수송을 담당하고 있다. 주종 화물의 하나가 바로 초콜릿 원료인 카카오다. 이 나라가 카카오 생산에서는 세계 1위라고 한다.

17세기부터 프랑스령 서아프리카를 식민화한 프랑스는 1903년에 아비장에서부터 내륙을 연결하는 철도를 건설하고, 1934년에 아비장을 프랑스령 코트디부아르의 수도로 정하기는 했으나, 항만 건설은 50년대에 와서야 완공되었다. 아비장은 1960년에 독립한 코트디부아르의 공식 수도가 되면서 근대화 도시로 급속하게 성장하였다. 1983년에 수도를 야무수크로(Yamoussoukro)로 이전하였으나 아비장은 여전히 국내의 행정과 경제의 중심지뿐만 아니라, 서아프리카의 학술, 문화의 중심지 역할을 하고 있다. 1966년에 업무를 시작한 아프리카개발은행 본부가 여기에 자리하고 있다.

시 동쪽에 자리한 그랑바상(Grand Bassam)은 섬에 있는 도시로 1893년에 프랑스가 개척한 전형적인 식민지교역장소다. 이곳에는 서아프리카무역센터를 비롯해 행정기관 · 우체국 · 병원 · 재판소 · 연회장 등 복합시설이 두루 갖춰져 있다. 그 유물들이 흉물스러운 모습으로 오늘날까지 남아 있다. 이곳 민속박물관이나 시내에 있는 코트디부아르 문명박물관은 실망스러울 정도로 내용이 빈약하다. 면적: 2,119km², 인구: 약 450만 명(2012년)

야자수숲이 우거진 아비장의 해변가
대서양의 기니만에 면한 아비장은 1920년대에 프랑스가 해항도시로 개발한 이래 오늘날까지도 진형적인 자본주의적 개발노선을 따라 금융과 교통, 관광업이 발달함으로써 '아프리카의 작은 파리'로 불릴 정도로 아름다운 해안도시가 되었다. 해안선을 따라 종려나무가 수림대를 이루고, 그 너머로 야자수가 무성하다.

01 그랑바상(Grand Bassam)섬에 있는 프랑스 식민주의자들이 설립한 '서아프리카 무역센터'(C.F.A.O.) 건물 외관

02 코트디부아르 문명박물관 전실(前室)에 전시된 대형 상아
프랑스어로 '상아해안'(Cote d'Ivoire)이라고 부르는 나라답게 이름답게 부를 상징하는 상아 몇 점이 전시되어 있을 뿐, 언필칭 '문명'이라고 할 만한 전시품은 별로 없다.

03 아비장 시내 중심의 고층건물들과 세인트 폴(St. Paul)성당
아비장 인구의 25%는 카톨릭 신자이고 35%는 무슬림이며, 70%는 외래인이다. 성당 내 벽에는 화려한 채색 모자이크로 이곳의 개척사를 그려내고 있다.

04 아비장 항구 입항처
여기로부터 아비장의 '진정한 탯줄'이라고 하는 길이 32km, 너비 370m, 깊이
13.5~15m의 브리디 운하(1950년에 개통)를 거쳐 대륙 깊숙한 곳에 자리한 아
비장 항구에 이른다. 서아프리카에서 가장 큰 이 항구는 인근 여러 대륙 나라들
의 중계항구로서 연간 화물처리량은 900만 톤 이상에 달한다.

05 그랑바상섬에 있는 프랑스 여인 뻴그라의 동상
1905년 이 섬에서 황열병이 창궐해 주민 거지반이 병사할 때, 그녀는 이곳 전
통 약초로 환자들을 구제했다고 한다. 그녀의 선행을 기리기 위해 세운 동상이
다. 발 앞에는 흰색 시체가 가로놓여 있다.

06 민가의 전통 커피 볶기 장면

07 라군 호숫가의 흙탕물 빨래터
빨래는 인근 빈민들의 일종의 생계수단이다.

08 어린이를 업은 여인의 모습

09 민예품 가게의 각종 나무조각품
아프리카적 환조(丸彫)기법이 두드러지다.

10 초콜릿 원료인 카카오 열매
코트디부아르의 카카오 생산량은 세계 1위로 전
세계 생산량의 3분의 1을 차지한다. 커피 생산은
브라질과 콜롬비아에 이어 세계 3위다. 어른의 주
먹만큼이나 큰 열매 속에는 유백색 점질의 속살
이 차곡차곡 쌓여 있다.

다카르

Dakar

세네갈의 수도이자 아프리카대륙의 서쪽 끝 베르데곶(Cape Verde)에 자리한 대서양 연안의 양항으로 유럽과 서아프리카 및 라틴아메리카를 이어주는 교통의 요충지 역할을 하고 있다. 베르데곶은 16세기 말엽부터 네덜란드와 영국, 프랑스 간의 각축장이 되었다. 1857년 프랑스는 베르데곶과 고레(Gorée)섬에 사는 프랑스 상인들을 보호한다는 명목으로 베르데곶에 요새를 건설하였는데, 이것이 다카르의 모체이다. 철도를 부설하는 등 도시화가 진척되면서 1887년에는 프랑스의 자치도시가 되었다.

1902년에 이르러서는 생루이 대신 프랑스령 서아프리카연방의 수도가 되면서 도시는 '아프리카의 파리'로 변모해갔다. 제2차 세계대전 때에는 잠시 미군에 의해 통치되기도 하였다. 1959~1960년 기간에는 세네갈이 말리(Mali)와 연방을 구성하자 연방의 수도가 되었지만, 1960년 프랑스령 서아프리카가 7개의 독립국으로 분할되면서 다카르는 세네갈 왕국의 수도가 되어 오늘에 이르고 있다. 다카르는 세계 최대의 땅콩 수출항이다.

한때 아프리카의 독립과 통일투쟁의 진두에 섰던 나라의 수도답게 독립광장이 시내의 한복판을 차지하고, 거기서 얼마쯤 떨어진 곳에는 작지만 의미있는 아프리카독립탑이 로터리를 장식하고 있으며, 시내를 약간 벗어난 곳 언덕 위에는 높이 250m에 달하는 웅장한 아프리카르네상스기념탑이 하늘 높이 솟아 있다. 시에서 배편으로 20분 거리에는 노예매매로 악명 높았던 고레섬이 관광객의 발길을 끌며, 270km 떨어진 세네갈강 하구와 대서양이 만나는 생루이에는 총독부를 비롯한 프랑스 식민통치시대의 건물들이 적잖게 남아 있다. 이곳 어시장도 유명하다. 면적: 547km², 인구: 약 240만 명(2011년)

다카르 항구
프랑스가 자국 상인들을 보호한다는 구실하에 베르데곶을 점령한 후 1861년부터 항구를 건설하기 시작하였다. 다카르가 프랑스령 서아프리카의 수도가 되면서 방풍 등 유리한 자연환경을 갖춘 이 항구는 대대적으로 확충되어 서아프리카의 제2대 항으로 발전하였다. 이 항은 인근 내륙국들의 화물을 취급하는 중계항이며, 아프리카 최서단에 위치해 대서양 횡단무역에서 중요한 해항(海港)이다.

01 땅콩을 만재한 트럭들
세네갈은 땅콩 생산에서 세계 제1위 인데, 그 대부분이 다카르항을 통해 수출된다.

02 아메리고 베스푸치(Amerigo Vespucci)의 초상(고레섬 역사박물관)
이탈리아 출신의 항해가로 1499~1504년에 세 차례나 중남미 일원을 탐험한 그는 이곳이 유럽인에게는 미지의 '신세계'(the New World)라는 견해를 발표하였다. 그뒤 발트제뮐러가 이 '신대륙'을 아메리고의 이름을 따서 '아메리카'라고 불렀고, 그 명명이 오늘날까지 이어져오고 있다.

03 노예교역으로 악명 높았던 고레(Gorée)섬
다카르의 동남방 3km의 지점에 있는 작은 섬으로 남북 길이는 900m, 동서 너비는 300m, 면적은 36km²에 불과하다. 인구는 노예매매가 성행할 때는 5만 명에 이르렀으나, 지금은 1,800명이다. 섬 도처에 지긋지긋한 노예교역의 현장을 증언하는 흔적이 생생하게 남아 있다. 성보였던 오른쪽 석조건물이 지금은 역사박물관으로 쓰이고 있다.

04   고레섬의 한 노예거래소 자리에서 현지 가이드가 노예매매 실상을 설명하고 있는 장면
서양인들을 비롯한 많은 관광객들이 주의깊게 설명을 경청하고 있다.

05   고레섬에 있는 노예해방 조각상

06   고레섬에 있는 한 노예 구금소의 지하방

07   노예들을 강제로 끌고 가 노예무역선에 싣는 장면(고레섬 역사박물관)

08

10 11

09

12

08 아프리카르네상스기념비
북아프리카 몇 개 나라의 협조하에 8년간(2002
~2010년) 언덕 위에 축조했는데, 높이는 250m,
오르내리는 계단만도 198m나 된다. 상당히 웅장
하고 상징성이 강한 기념물이다.

**09 아프리카르네상스기념비 언덕에서 바라본
다카르시 전경**

10 세인트루이스의 바닷가 어선과 어물상인들

**11 두 개의 미어잔(첨탑)을 가진 독특한 형식
의 마스지드(이슬람 사원)**
세네갈은 공식 이슬람국가는 아니지만, 무슬림이
인구의 95%를 차지한다.

**12 초기 프랑스의 서아프리카 식민통치 거점이
었던 세인트루이스의 구항구**
다카르로 천도하기 이전에 프랑스령 서아프리카
연방 수도였던 이곳에는 총독부를 비롯한 식민지
통치 기관 유물들과 고택들이 많이 남아 있다. 유
명한 어시장도 있다.

3. CASABLANCA — Vue Générale de la Rade.

다르엘베이다
(카사블랑카)

Dar el Beida (Casablanca)

모로코의 항구도시로, 흔히 부르는 카사블랑카는 식민지시대에 붙여진 이름이다. 스페인어로 '흰색 집'이라는 뜻인데, 예나 지금이나 집들이 주로 흰색이기 때문이다. 그런데 모로코가 독립한 후 국어인 아랍어로 같은 뜻의 '다르엘베이다'('다르'는 집, '베이다'는 흰, 흰색)라는 이름을 복원해 부르기로 하였다. '모로코의 허파' '북아프리카의 파리' '대서양의 신랑'이라는 미명이 시사하듯이 다르엘베이다는 대서양 연안에 위치한 모로코 최대의 항구도시이며, 경제와 교통의 중심지다.

해항(海港)으로서의 다르엘베이다는 굴곡 많은 역사를 겪어왔다. 7~8세기간 잇달아 로마와 이슬람 치하에 있다가 15세기부터 서구 열강들의 침략 대상이 되었다. 포르투갈은 1438년의 일차 침략에 이어 15세기 말엽에는 무력으로 강점하고 항구를 무참히 파괴하였다. 18세기 중엽 알라위조에 이르러 파괴된 터전 위에 새로운 도시를 건설하고 다르엘베이다로 명명하였다. 18세기 말엽에 스페인인

들이 이 항구도시에 대한 무역특권을 획득하면서 '카사블랑카'라고
불리기 시작하였다. 1907년 프랑스가 점령하면서부터는 유럽의 영
향을 받아 도시의 근대화가 추진되었다.

　시내에는 옛 시가지인 구메디나와 신시가지인 하부스 거리가 대
조를 이루며 역사를 증언하고 있다. 무함마드 5세 광장과 유엔광
장, 아랍연맹공원, 그리고 제2차 세계대전이 한창이던 1943년 1월
미·영 정상 간에 있었던 '카사블랑카회담' 장소 등 기념물들도 적
잖다. 오늘날 이곳 상징이라고 하면 세계에서 가장 선진적인 설비를
갖췄다고 하는 8만 명 수용의 하산 2세(현 국왕 무함마드 6세의 선친)
마스지드를 꼽는다. 면적: 324km², 인구: 약 260만 명(2009년)

다르엘베이다의 옛 모습
오늘날 현대화한 다르엘베이다항은 길이 6km, 평균수심이 12m에 달하는 아프리카에
서 두 번째로 큰 무역항으로, 해마다 1만여 척의 상선이 드나든다. 세계 매장량의 70%
이상을 차지하는 모로코의 인산염을 실어나르는 부두를 비롯해 귤과 곡물 등 화물을 운
반하는 전용부두도 설치되어 있다.

01	02
	03	04

01 **카사블랑카회담 장면**

제2차 세계대전이 한창이던 1943년 1월 14일부터 26일까지 이곳에서 열린, 연합국 수뇌 미국 루스벨트 대통령과 영국 처칠 수상 간의 제3차 전쟁회담이다. 회담에서는 연합국의 공동작전을 논의했는데, 시칠리아와 이탈리아 본토 상륙뿐만 아니라, 추축국(樞軸國), 특히 독일의 무조건 항복으로 전쟁을 종결시킬 것을 결정하였다.

02 **하산 2세 마스지드**

모로코 알라위조 제26대 술탄인 하산 2세를 기리기 위해 지은 마스지드다. 20세기 최고의 예술작품의 하나라고 하는 이 마스지드(이슬람 사원)는 1986년에 시공해 8년 만인 1993년에 완공하였다. 대서양에 면한 이 건물의 부지면적은 총 9헥타르에 달하며, 수용인원 8만 명(내부만 2만 5천 명)에 미어잔(첨탑) 높이는 무려 200m나 되는 세계 최대급 건물이다. 설계는 프랑스의 미셀 핑소(Michel Pinseau)가 맡았는데, 미어잔에 부착된 3개 구슬은 현세와 내세, 알라(신)를 상징하며, 내부는 바다와 태양, 바람을 모티브로 해 디자인하였다. 마스지드에는 신학교와 도서관, 박물관이 부설되어 있다.

03 **무함마드 5세 광장**

광장을 에워싸고 시청사 · 재판소 · 중앙우체국 · 극장 등 시의 중추기관들이 집중되어 있다. 평화의 비둘기가 모여드는 장이기도 하다.

04 **영화 '카사블랑카'의 남녀 주인공 동판**

1942년 전시에 상영된 유명한 영화 '카사블랑카'의 촬영무대였던 '카사블랑카 카페'를 1999년에 복원하면서 제작한 동판이다.

라바트

Rabat

대서양으로 흘러들어가는 부레그레그(Bou Regreg)강 좌안에 위치한 현 모로코 왕국의 수도로 '전원도시'라는 별명을 지닐 정도로 아름다운 도시다. 실제로는 행정수도이고, 경제적으로는 서남쪽 90km 지점에 있는 해안도시 다르엘베이다(카사블랑카)가 중심이다. 원래 라바트는 고대 로마의 식민도시로 건설되었다. '라바트'라는 이름은, 10세기에 베르베르계의 제나타족(族)이 부레그레그강 동안에 살라(Sala)라는 도시를 건설하고 서안에 요새를 짓고는 거기에 '라바트'('주둔'이라는 뜻)라는 이름을 붙인 데서 비롯하였다. 이어 12세기에 베르베르인(Berbers)들이 이곳에 자신들의 최대 왕조인 무와히드(Muwahhid)조의 성터를 닦고, '리바트 알 파트흐'(Ribat al-Fath '승리의 진영')라고 공식 명명하였다. 성 안에는 궁전을 비롯해 마디나(이슬람 시장거리)와 밀라(유대인 거리)를 배치하였다.

16세기에 이르러 스페인에서 정복자인 무슬림들에 대한 레콩키스타운동(국토회복운동)이 승리함에 따라 스페인으로부터 많은 무슬림 난민들이 몰려왔다. 이를 계기로 라바트는 상업과 무역의 중심지로 발전하였다. 프랑스의 보호령이 된 1912년에 라바트는 페스(Fez) 대신 수도가 되면서 근대화의 길을 걷기 시작하였다. 그 결과 도시는 구시가(마디나)와 신시가로 나뉘어 각기 다른 시대상을 반영하는 유적유물을 남겨놓고 있다. 그러한 유적유물로는 고대의 출토품을 전시한 고고학박물관(1943년 건립), 주로 전통적 생활상을 보여주는 우다이아스(Udaias)박물관, 전형적인 모아양식으로 지어진 미완의 12세기 하산(Hassan)탑(높이 4m) 등이 있다. 강을 사이에 두고 마주한 살라에서는 로마시대의 유물을 찾아보게 된다. 모로코의 전통적 건축기술과 조각을 잘 조화시킨 무함마드 5세의 영묘는 한 시대의 걸작으로 길이 남을 만하다. 면적: 117km^2, 인구: 약 100만 명(2012년)

옛 항구터
20세기 초 모로코가 프랑스의 보호령이 되어 다르엘베이다(카사블랑카)가 현대적 해항으로 발전함에 따라 부레그레그(Bou Regreg)강 하구에 있던 라바트항은 점차 쇠퇴해 자그마한 어선이나 드나드는 포구로 변하였다. 옛날 제방 흔적과 등대는 아직 남아 있다.

01

02

01   라바트항 등대

02   로마시대의 셀라(Chellah) 유적
원래 라바트는 고대 로마의 식민도시로 건설되었기 때문에 오늘날 신시가지의 남쪽 일대에는 로마 유적들이
적잖게 남아 있다. 14세기 마린조 시대에는 공동묘지로 사용되었다. 라바트의 위성도시 살라는 그 이름이 이
셀라에서 유래하였다.

03

04 05

03 마디나의 거리 악사
라바트는 신 · 구시가지로 나뉜다. 1912년 모로
코가 프랑스의 보호령이 된 이후 현대화한 신도
시가 건설되어 이른바 '신시가지'를 이룬다. 이
에 반해 전통적으로 유지되어 오는 시가지를 '마
디나', 즉 '구시가지' 혹은 '도시'라고 한다. 미로
같은 좁은 골목을 따라 전통가옥들이 다닥다닥
붙어 있는 마디나는 거주구역인 동시에 재래시
장이기도 하다. 모든 전통 기예가 여기에 집중되
어 있다.

04 무함마드 5세 영묘의 수비기마병

05 미로 같은 좁디좁은 마디나의 골목

| 06 | 09 |
| 07 | 08 | |

06 **무함마드 5세**(1927~1961년; 1957~1961년 재위)**의 영묘**
모로코 알라위조 제25대 술탄이 된 무함마드 5세는 1950년 프랑스가 모로코를 보호령으로 만든 '페스조약'
수정을 요구하였다. 그러나 프랑스는 1953년 기만적인 '개혁안'을 내놓고 그에게 서명을 강요하였다. 그가
거부하자 술탄에서 폐출시키고 부자를 함께 마다가스카르로 유배 보냈다. 모로코인들의 강력한 저항에 부
딪히자 1955년 유배지에서 소환하고 담판을 진행하였다. 결국 프랑스는 1956년 모로코의 독립을 승인하고
야 말았다. 독립 후 국왕으로 추대된 그는 여러가지 국내 개혁을 실행하면서 1960년에는 국제 공동관리하에
있던 탕헤르를 되찾는 데 성공하였지만, 이듬해에 병사하였다. 모로코인들은 그를 '국부'로 추앙하고 있다.
1973년 모로코의 아름다운 전통양식으로 지은 영묘에 시신을 안치하였다.

07 **무함마드 5세의 백색관**
무함마드 5세 영묘 내에 안치된 이 관 좌우에는 그의 두 아들인 하산 2세(왕)와 압둘라(왕자)의 관들이 놓여 있다.

08 **역대 국왕들이 가족과 함께 거주하고 정무를 보는 왕궁 외관**

09 **하산탑**(Tour Hassan)
무함마드 5세 영묘와 같은 부지에 있는 이 미완의 미어잔(첨탑)은 1195년 무와히드조 술탄 야쿱 알 만수르가
마스지드 건설에 착수했으나 4년 후에 그가 병사하자 공사가 중단되어 오늘날까지 유물로 남아 있는 것이다.
원래 88m의 높이로 설계했으나 44m까지 올리는 데 그쳤다. 대표적인 무어양식의 건물이다.

탕헤르

Tangier

모로코 북서 지방에 있는 탕헤르주의 주도로 지중해와 대서양에 면해 있으며 지브롤터 해협을 사이에 두고 유럽(스페인)과 만나는 지정학적 위치 때문에 탕헤르의 역사는 끊임없는 외세의 침입으로 점철되어 있다. 기원전 12세기경부터 기원후 7세기 이슬람화될 때까지 페니키아인 · 카르타고 · 로마(약 600년간) · 반달족 · 비잔틴제국 등이 연이어 통치하였다.

11~12세기에 이곳에 첫 이슬람제국인 모라비드(Moravid) 왕조가 건설되었다. 15세기 들어 인도로 가는 신항로를 개척하기 시작한 포르투갈은 1481년 항로의 길목에 있는 탕헤르를 식민지로 만들었다. 1662년 포르투갈의 공주 캐서린(Catherine)이 영국의 찰스 2세(Charles II)와 결혼하면서 탕헤르를 결혼지참금으로 영국에 넘겼

다. 18세기 말엽부터 탕헤르는 다시 열강의 각축장으로 변하였다.

1880년에 소집된 마드리드회의는 탕헤르를 '국제 행정부' (International Administration)를 둔 자치령으로 지정하였으나 1925년에는 영세중립의 국제도시가 되었다. 1956년 모로코가 독립하면서 모로코에 반환되었고, 자유무역항의 지위는 폐기되었다. 그러나 교역량이 줄어들고 경제가 어려워지자 모로코는 1962년에 항구의 일부를 다시 자유무역구로 지정하였다. 면적: 199.5km², 인구: 약 85만 명(2012년)

대서양에 면한 탕헤르항
2천여 년간 탕헤르는 인근 여러 나라들의 잇단 식민 항구로 '국제시장'이었을 뿐만 아니라, '국제공동관리'를 거쳐 자유무역항으로까지 변신을 거듭해왔다. 그 과정에서 도시는 신·구시가로 나뉘었다. 현란한 유럽식 건물로 빼곡한 신시가와는 대조적으로 구시가는 여전히『아라비안 나이트』에서 묘사된 것처럼 비좁고 어지러우며 소란하다.

01

02 | 03

01 지브롤터 해협 관리소 터
너비 11km밖에 안 되는 지브롤터 해협을 통과하는 선박들을 단속하고 관리하
던 모로코측 관리소 자리다.

02 항구의 하역장
항만의 깊이는 5.8~9m이고, 하역부두는 5개가 가동하며, 항만 밖에 튼튼한 방
파제가 구축되어 있어 항만 운행의 안전을 보장해주고 있다.

03 스페인측 지브롤터산에서 바라본 탕헤르와 지브롤터 해협

04 생가에 안치된 이븐 바투타의 석관

05.06 탕헤르 출신의 중세 대여행가 이븐 바투타의 묘소 표식판과 생가 골목길

이븐 바투타(Ibn Batūtah, 1304~1368년)는 30년간(1325~1354년) 아시아. 아프리카. 유럽의 3대륙 10만km를 종횡무진 주유하면서 직접 보고 들은 것을 연대기 형식으로 기술한 현지 견문록『여러 지방의 기사(奇事)와 여러 여로(旅路)의 이적(異蹟)을 목격한 자의 보록(寶錄)』(약칭『이븐 바투타 여행기』)을 남겨놓았다.

07 해변가 달동네

08 신시가의 모습
흰색 현대식 건물과 고탑이 보인다.

09 구시가의 모습

10 향료가게에 진열된 각종 향료
모로코인들은 향신료를 비롯한 향료 일반을 즐기
는 편이다.

11 모로코 특유의 벽장식 모자이크

제2장
지중해 및 유럽

베네치아

Venezia

아드리아해의 '여왕'이라 불리는 베네치아는 이탈리아 반도의 동쪽 아드리아해에 자리한 국제무역요항(要港)이자 문화도시다. 라틴어로 '계속해서 오라'라는 뜻을 지닌 베네치아는 수많은 말뚝 위에 자리잡은 118개의 작은 섬들이 모여 이루어진 모자이크 도시다. 200여 개의 운하를 중심으로 섬과 섬을 연결하는 약 400개의 다리가 주요 교통수단인 수도(水都, 물 위의 도시)로서 3개의 제방으로 아드리아해와 격리되어 있다. 미로 같은 골목길과 개성 넘치는 건축물마다에 사연이 깃들어 있는 박물관의 도시다. 그리고 사계절 내내 베네치아 비엔날레, 베네치아 영화제, 곤돌라 축제, 크고 작은 음악회 등 다양한 행사가 열리는 축제의 도시이기도 하다.

베네치아는 포강과 아드리아해가 만나는 독특한 지질기반 위에 건설된 도시다. 북쪽에서 포강이 흘러내려 하구에 쌓인 삼각주와 남쪽 아드리아해 조수의 간만 차이로 생긴 갯벌 위에 형성되었다. 5세기 중반부터 훈족을 비롯한 주변사람들이 모여들기 시작하면서 6세기 말에는 주변 12개 섬에 사람들이 정착하게 되었으며, 이 과정에 베네치아는 도시로서의 기반을 구축해나갔다. 이때부터 베네치아인들은 섬들 사이를 오가면서 무역을 해 부를 축적하고, 무역항들을 건설하였다. 드디어 아드리아해는 물론, 멀리 지중해까지 진출해 무역망을 확대하면서 제해권을 장악하게 되었다.

이 도시는 중세, 특히 십자군전쟁 이후 유럽과 동방을 잇는 해상 요로에서 경제 문화적으로 크게 번성하였다. 다른 이탈리아 도시들과는 달리 베네치아는 건축양식이나 생활모습에서 동방적인 분위기가 물씬 풍기는 도시다. 예로부터 산마르코 광장은 교역의 중심지이며, 거기에 있는 산마르코 성당은 모자이크 벽화로 유명하다. 그밖에 베네치아는 유리공예로도 유명하다. 번영하던 베네치아는 대항해시대가 도래하면서 해상교역의 중심이 포르투갈의 리스본으로 옮겨지자 점차 쇠하였다. 면적: 414km², 인구: 약 27만 명(2009년)

높이 60여 미터의 종탑 정상에서 내려다본 베네치아시 전경
아드리아해의 '여왕'이고, 국제무역요항(要港)이며, 물의 도시인 베네치아의 아름다운 전경이 펼쳐진다. 도시의 상징인 산마르코 광장과 산마르코 성당의 웅장한 모습이 한눈에 들어온다. 그런데 근래에 와서 지구의 온난화로 아드리아해의 수위가 높아지면서 이 도시가 조만간 수몰될 것이라는 예측이 나와 당국은 예방대책에 부심하고 있다.

01

02

01 산마르코 광장

나폴레옹이 '유럽에서 가장 우아한 응접실'이라고 묘사한 광장으로, 여기에는 괴테가 자주 찾았던 플로리안 카페 같은 매력적인 건물과 헤밍웨이가 올 때마다 들렀다는 헤리즈 바 같은 낭만적인 공간 이 많다.

02 각양각색의 독특한 가면

축제의 도시 베네치아가 해마다 치르는 축제행사 가운데서 가장 전통적이고 유명한 축제는 약 800 년의 역사를 지닌, 가면을 쓰고 거리를 누비는 가 면 카니발과 곤돌라(고유의 작은 배) 축제. 신분 의 차이 없이 누구나가 다 평등하게 축제를 즐기 기 위해 가면을 쓰게 되었다고 한다.

03

04

03 탄식교
죄인들이 법정(왼쪽 건물)에서 감옥(오른쪽 건물)
으로 갈 때 탄식하면서 건넜다는 데서 유래한 이
름으로, 길이 약 5m의 다리다.

04 베네치아의 아이콘 리알토(Rialto) 다리
죽기 전에 꼭 한번 봐야 한다는 이 다리는 르네상
스 토목공학이 이루어낸 가장 위대한 작품의 하
나다. 원래 13세기부터 대운하의 가장 좁은 부분
에 있던 목조 다리를 철거하고, 그 자리에 1591
년 너비 28m, 길이 48m의 아치형 대리석 다리
를 놓았다. 신기하게도 이 다리의 아치는 1만 2천
여 개의 나무 말뚝에 의해 지탱되고 있다. 다리 위
에는 귀금속과 가죽제품 등을 파는 아케이드 점
포가 늘어서 있다. 그리고 다리 난간에는 젊은이
들끼리 사랑을 다짐하는 자물쇠가 다닥다닥 걸려
있다. 한때 미관을 해친다는 이유로 경찰이 2000
여 개의 자물쇠를 수거했지만 소용이 없다고 한
다. 다리 양측에 순애보(殉愛譜)의 내용을 담은 조
각도 눈길을 끈다.

05   선박역사박물관 외관
박물관에는 동서고금의 각양각색의 선박이 전시
되어 있어 조선술과 항해술의 발달사를 한눈에
알아볼 수 있다.

06   3개의 돛을 단 베네치아 고유의 옛 배 모습
(선박역사박물관)

07   한국 거북선 모형(선박역사박물관)
이순신 장군이 제작했다는 설명이 곁들여 있다. 4
층짜리 이 박물관에는 고대부터 현대까지의 각종
선박 모형이 전시되어 있으며, 귀중한 항해 관련
고지도도 여러 점 선을 보이고 있다.

08   고대 암각화 속의 배와 노젓기 모형(선박역
사박물관)

09   베네치아 고유의 곤돌라선
시내에 거미줄처럼 뻗은 운하의 교통수단은 곤돌
라다. 버스 등 대중교통수단이 없는 베네치아에
서 주된 운송 수단은 곤돌라다.

오스티아 안티카

Ostia Antica

지금까지 유라시아대륙에 한정시킨 해상 실크로드의 통념에 따르면 로마가 그 서단(西端)이라는 것이 일반적인 견해다. 그러나 이것은 오해다. 왜냐하면 로마는 지중해 해안에서 멀리 떨어져서 해로와는 간접적으로만 연결되어 있기 때문이다. 실제로 로마의 첫 해안식민지로 로마의 문호와 상업중심지, 물자수입항과 저장소, 그리고 해군기지 역할까지 담당함으로써 로마의 번영에 크게 기여한 곳은 로마에서 서남쪽으로 약 25km 떨어진 테베레강 하구 충적평야에 자리했던 고대 항구도시 오스티아 안티카다. 1m의 진흙 속에 파묻혀 완전히 폐허가 되었던 이 도시 유적에 대해 1907년에서 오늘날까지 100여 년간 진행된 발굴 결과가 이를 여실히 증언하고 있다.

'오스티아'란 이름은 라틴어에서 '하구'를 뜻하는 '오스티움' (ostium)에서 유래하였다. 지금까지 발굴된 가장 오래된 유구(遺構)는 기원전 4세기까지 소급되지만, 사실은 그 이전부터 관심대상지

로 물망에 올랐다. 기원전 7세기 제국의 제4대 왕으로 군림한 앙쿠스 마르키우스(Ancus Marcius)는 이곳을 둘러보고나서 장차 로마제국 확장의 전초기지로 만들 것을 명령하고 소금생산지로 꾸렸다고 한다. 선왕의 유지에 따라 기원 전후 시기에 이곳에는 서해안에서 가장 큰 항구가 만들어졌으며, 별장과 창고·극장·목욕탕·물자거래소 등 건물과 이집트와 그리스, 로마의 신전 및 미트라교와 그리스교의 교회 등이 세워졌다. 전성기인 2세기 초에는 인구가 10만 명으로 늘어났다. 공공건물은 벽화로 장식하고 바닥은 모자이크로 깔았으며 일반시민들도 3~5층의 벽돌집에서 살았다. 주택은 인술라(Insula)형이라고 하는 집합주택 형식으로서 제정시대 도시주택의 전형을 창조하였다.

그러나 토사의 퇴적으로 항구가 제 기능을 하기 어렵게 되어 북쪽 20km 지점에 새로운 항구를 건설함과 동시에 3세기에 시작된 로마의 경제악화, 5세기 이민족의 침입, 거기에 질병의 유행 등 여러 요인으로 인해 오스티아는 점차 쇠잔해졌으며, 급기야 9세기에 이르러서는 영영 역사의 뒤안길로 사라지고 말았다. 오늘도 고고학자들은 7만m²의 넓은 부지를 차지하고 있는 이 거창한 고대 유구를 크게 5대 구역으로 나눠 발굴작업을 진행하고 있다.

고대 항구도시 오스티아 안타카가 자리했던 테베레(Tevere)강 하구
테베레강은 이탈리아 중앙부의 아펜니노 산맥에서 발원해 남류하다가 로마 시내를 관류해 티레니아해로 흘러들어가는 길이 380km의 강이다. 유역은 드넓은 농업지대이며, 하구에서 약 30km 떨어진 로마까지 항행이 가능하다. 이 강 하구에서 출범해 600여 년간 존속해온 고대 왕국 오스티아 안타카는 로마의 외항으로, 로마의 번영을 가져온 해상 실크로드의 중요한 한 거점이었다. 지금까지 구대륙의 해상 실크로드 서단(西端)을 로마라고 한 통설은 잘못된 것으로 재고되어야 할 것이다.

01 테베레강 하구의 무역선 운항 소묘도(유적지 홍보 벽화)

02 배에 화물을 선적하는 모습(유적지 홍보 벽화)

03 교역소 터
유적 입구에 들어서면 처음 나타나는 것이 각종 석관이 흩어져 있는 공동묘지이며, 이어서 곧게 뻗은 대로 우측에는 교역소 터가 쭉 늘어서 있다. 여기까지 운하가 있어 교역선이 들어온 것으로 보인다.

04 너비 9m에 이르는 중앙대로
석판을 가지런히 깐 이 대로는 강변까지 이어진다. 지금까지의 발굴 결과로 미루어 보면, 길이 2km에 달하는 이 대유적군의 면적은 어림잡아 34헥타르는 될 것이라고 한다.

05 수천 명 수용의 반원형 극장
극장에서 발견된 비문과 벽돌 파편 기록에 의하면 원래는 검투장으로 쓰였으나, 2세기경에 극장으로 개축된 것으로 추측된다. 현재의 극장은 20세기 전반 무솔리니시대에 대대적으로 복원한 것이다.

06 21개의 계단을 쌓고 그 위에 지은 카피톨리움(공회장)

07.08 로마 건국 설화의 한 모티브로 등장하는 '쌍둥이의 늑대 젖 짜기' 조형물

09 도로면 석판에 새겨진 배와 물고기의 모자이크

10 집 바닥에 그려진 모자이크 비상도(飛翔圖) 2천 년의 풍상 속에서도 원형과 원색이 변하지 않은 생생한 모자이크는 오스티아 안티카의 높은 예술수준을 말해준다. 동방 비상도의 발상원(發想源)을 다시 한번 헤아리게 된다.

세비야

Sevilla

유구한 역사를 지닌 세비야는 비록 과달키비르(Guadalquivir)강안에 위치한 내륙항이지만, 해로와 연결된 국제항으로서의 기능을 수행해왔다. 대항해시대에 세계일주자인 마젤란이나 남미대륙 '발견자'인 베스푸치가 바로 여기서 출항(出航)의 닻을 올린 이래 '신대륙'으로 가는 출발지로, 식민지무역의 독점지로 크게 번성하였다. 19세기 초 전 시민이 나폴레옹의 침공에 결사항전함으로써 '영웅 도시'라는 영예를 얻기도 하였다. 오늘날은 스페인 남부 안달루시아 자치주 주도로 안달루시아 지방의 정치·경제·문화의 중심지 역할을 하고 있으며, 남부 스페인의 대표적 관광지로서도 인기가 높다.

　세비야의 기원에 관해서는 몇가지 전설이 있으나, 도시 건설은 이베리아반도가 로마의 지배하에 들어가면서 시작되었다. 기원전 1세기 히스팔리스(Hispalis)라는 이름으로 로마의 자치도시가 되었으

며, 5세기에 서(西)고트 왕국의 수도가 되었다. 8세기 이슬람세력의 침입을 받아 약 300년간 그 치하에 있다가 11세기 초반에 주변의 여러 소국(타이파Taifa)들을 통합해 세비야 왕국(1023~93년)을 세워 13세기에 이르러서는 전성기를 맞이하였다. 그러다가 13세기 중엽에 일어난 레콩키스타운동(스페인인의 국토회복운동)에 의해 왕국은 기독교세력하에 들어갔다. 그러나 세비야의 중요성은 떨어지지 않았다. 1503년 가톨릭 국왕 이사벨 여왕은 여기에 국제교역을 담당하는 통상원(通商院)을 세워 식민지무역을 독점 관리하도록 했으며, '신대륙'의 금은화를 세비야 조폐국에서 주조하도록 하였다. 1717년 통상원이 카디스(Cádiz)로 이전될 때까지 세비아의 번영은 계속되었다.

이 수백년 동안 지속된 번영기에 여러 휘황찬란한 문화유산들이 창조되었다. 이러한 문화유산들이 공통적으로 지니고 있는 특징은 이슬람 문화유산을 파괴하고 그 폐허 위에 세운 것이 아니라, 그것을 개조하고 보완하며 계승하는 차원에서 새로운 유산들을 일궈냈다는 사실이다. 유럽에서 세 번째로 큰 세비야 대성당(15세기)과 히랄다(Giralda)탑(98m), 과달키비르강가의 '황금의 탑'(13세기), 알카사르(Alcazar) 왕궁(14세기) 등은 그 대표적인 유산들이다. 면적: 140km², 인구: 약 70만 명(2010년)

세비야를 관류하는 과달키비르(Guadalquivir)강
대항해시대의 세계일주자인 마젤란이나 남미대륙의 '발견자'인 베스푸치가 바로 이 강에서 출항하여 세계적인 대항해를 단행하였다. 따라서 이 강이 있음으로 하여 세비아는 '신대륙'으로 가는 출발지로, 식민지로 가는 무역의 독점지로 번성할 수 있었다.

01 **무리요**(바로크화 거장) 공원에 설치된 콜럼버스 기념탑과 콜럼버스 초상
서쪽을 향한 쌍주 탑신 중간에 기항하는 배(산타 마리아호)를 배치하고 정상에 용맹
스러운 사자를 얹어놓았다.

02 **엘카노 초상**('황금의 탑' 내 해양박물관)
마젤란과 함께 세계일주를 단행하다가 마젤란이 필리핀에서 피살되자 선단을 이끌
고 귀향해 세계일주를 성공리에 마무리하였다.

03 **마젤란 초상**('황금의 탑' 내 해양박물관)

04 **콜럼버스가 제1차 대서양 횡단 항해시 이용한 기함 산타 마리아호 모형**('황
금의 탑' 내 해양박물관)

05 **세비야 대성당**(Sevilla Cathedral)
유네스코 세계문화유산으로 등재된 이 성당은 폭 116m, 길이 76m로 바티칸의 산
피에트로 대성당(San Pietro Basilica), 런던의 세인트 폴 성당(St. Paul's Cathedral)
에 이어 세계에서 세 번째로 큰 성당이다. 1248년 카스티아 왕 페르난도 3세가 세비
아를 이슬람세력으로부터 탈환한 뒤 1401년 이슬람 마스지드의 터전 위에 짓기 시
작해 118년 만에 완공하였다. 외관은 고딕양식이고, 내부는 르네상스와 바로크양
식으로 꾸며진 이 성당은 웅장하고 화려함의 극치라고 말해도 과언이 아니다. 높이
98m의 35층 히랄다(La Giralda) 탑은 이슬람 마스지드의 미어잔(첨탑)을 증축한 것
이다. 탑신의 60여 미터까지 걸어서 올라가는데, 너비 1.5m, 높이 2.5m의 통로는
경사도가 17도인 37개의 경사로(매 경사로는 8m)로 이어졌다.

06 **콜럼버스의 관을 쿠바 아바나 대성당에서 이곳 세비아 대성당으로 옮겨오는
장면**
관은 1층에 안장되어 있다.

07 '황금의 탑'에서 내려다본 세비야시 전경

08 플라멩코(Flamenco) (플라멩코 극장 모델)
플라멩코는 15세기 스페인 남부 안달루시아 지방에 정착한 집시들에 의해 만들어진 춤과 노래다. 처음에는 노래와 손뼉치기가 주요 연주수단이었으나 후에 연주용 기타와 발구르기가 덧붙여졌다. 시종 발구르기로 리듬을 타는 플라멩코는 주제가 있고 중간중간에 양념으로 발재간을 삽입하는 탱고와는 다르다.

09 '황금의 탑'(La Turre del Oro)
과달키비르 강안에 우뚝 선 12각형의 이 탑은 13세기 무어인의 침입을 막기 위해 망루로 쓰거나, 배들의 항행을 관리하기 위해 세웠으나, 지금은 해양박물관으로 사용되고 있다.

10 로마의 봉수병
2층으로 된 고고학박물관에는 선사시대에서 이슬람시대에 이르기까지 세비야 일원에서 출토된 역사적 유물들을 다수 전시하고 있다. 특히 봉수병을 비롯한 로마시대의 각종 유리 유물들에서는 한반도에서 출토된 로만글라스 유물들과의 상사성(相似性)이 확연히 드러난다.

11 중세 이탈리아를 중심으로 한 지중해의 무역로('황금의 탑' 내 해양박물관)

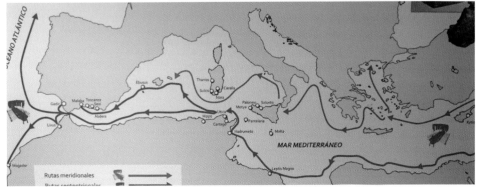

베이루트

Beirut

레바논의 수도 베이루트는 역사의 여명기부터 해양민족인 페니키아인들이 살면서 개척한 동지중해의 중요한 교역거점이었다. 이곳에는 기원전 1200년부터 페니키아인들이 활동해온 흔적이 남아 있다. 베이루트가 주목을 받게 된 것은 1세기 초 로마의 아우구스투스황제가 이곳을 지중해 유수의 양항(良港)으로 보고 식민도시로 만든 때부터이다. 3세기에 이르러서는 '베리토스'라는 이름으로 불리면서 신전과 열주(列柱)거리, 극장 등이 건설되기 시작하였다. 그리고 가장 오래된 로마법학교가 세워져 로마는 물론, 아랍과 아르메니아, 그리스의 우수한 법학자들이 모여들어 문화의 중심지가 되었다고 문헌은 전하고 있다.

그러나 551년 이후 몇 차례의 지진으로 인해 도시는 심하게 파괴되었다. 8세기 이슬람시대에 와서 회복되면서 사원과 목욕탕 등 시설물이 새로이 건설되었다. 베이루트의 근대화에 따르는 획기적인 변모는 19세기 중엽에 일어났다. 지배자인 오스만제국이 쇠약해 가는 틈을 타서 영국과 프랑스, 러시아가 이 항만도시를 중동 진출을 위한 기항지(寄港地)로 삼았다. 열강들의 각축전 속에 프랑스의 보호령이 된 베이루트는 자유무역도시로 중동의 금융중심지가 되었으며, 1970년대까지는 중동에서 가장 서구화된 근대도시로 발전하였다. 그리하여 '중동의 파리'로까지 불렸다.

베이루트는 신사시대부터 페니키아와 로마, 비잔틴을 거쳐 이슬람시대에 이르기까지 장구한 역사시대에 창조된 문화유산을 다수 보유하고 있을 뿐만 아니라, 남북 수십 킬로 반경 내에 안자르(Anjar)·비블로스(Byblos)·트리폴리(Tripoli)·시돈(Sidon)·티레(Tyre)등 유적과 함께 해양문화 유적군을 형성하고 있다. 이 유적군에서는 다양한 형태의 유적·유물을 접할 수가 있다. 면적: 100km², 인구: 약190만 명(2012년)

고대 티레(현 수르)항 터

베이루트에서 남쪽으로 80km 떨어져 지중해 연안에 면한 티레는 기원전 2000년 페니키아 시대부터 그 존재가 알려져왔으며, 기원전 10세기에 티레 왕이 자그마한 섬이던 이곳에 항구를 만들었다. 기원전 64년에 로마의 속주가 되면서 항구를 비롯한 시가는 로마 양식으로 개축되었다. 그 대표적인 유물이 항구를 향한 열주가도와 개선문(높이 20m)이다.

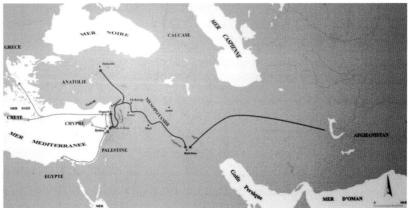

01 하리사(Harisa) 산정에서 바라본 베이루트시 전경

02 베이루트의 명소인 비둘기 바위
베이루트의 서남쪽 바닷속에 우뚝 서 있는 두 개의 비둘기 모양 바위인데, 큰 바위의 높이는 22m이고 너비는 15m이다.

03 인근 시돈(Sidon, 현 사이다Saida)의 대형 사라이(대상 숙소) 터
사라이는 사막에 사는 유목민들이 운영하는 대상(隊商)들의 임시 체류공간으로, 그곳에서 그들간의 교역이 이루어지며, 납세도 한다. 바닷가 항구 부근에 사라이가 설치되었다는 것은 당시 육지(사막)와 바다 간, 유목민과 해상민 간에 직접적인 교역과 접촉이 있었음을 말해준다.

04 전쟁의 흔적으로 건물에 남아 있는 총탄 자국(베이루트 중심가)
1975년에 발발한 내전의 처참한 현장에 대한 증언이다.

05 비블로스(Byblos, 현 주베일Jbeil)의 항구 터
베이루트에서 북쪽으로 36km 떨어진 지중해 해안 도시 비블로스는 팔레스타인의 예리코와 더불어 세계에서 가장 오래된 도시로 꼽히고 있다. 기원전 7000년경에 사람들이 살기 시작했으며, 기원전 4500년의 주거지가 발견되었다. 그리스어 비블로스라는 말은 이집트산 파피루스가 이 항구를 통해 그리스에 전해진 데서 유래하였다. 비블로스는 세계에서 가장 오래된 알파벳이 발견된 고장으로서도 유명하다. 기원전 1500~1200년에 페니키아인들은 이미 표음문자를 사용했는데, 그것이 지중해 일원에 알려졌다. 기원전 1200년경에 살았던 비블로스 왕 아히람의 묘에서 발견된 석관에는 22개의 자음에 의한 알파벳이 새겨져 있다.

06 비블로스의 육·해무역로 지도(비블로스 박물관)

07 시돈 항구터
베이루트 이남 48km 지점에 있는 시돈은 기원전 4000년경부터 사람이 거주
하기 시작하였다. 기원전 12~10세기에 페니키아인들은 지중해에 돌출된 반도
이며, 주위에 많은 섬들이 산재해 있는 유리한 지리적 환경을 이용해 시돈을 중
심으로 한 교역활동을 활발하게 벌였다. 페니키아에 이어 바빌로니아와 페르시
아 · 로마 · 이슬람 등 세력의 지배를 받아왔으나, 항구로서의 기능과 중요성은
시종 불변하였다.

08 티레에서 발견된 정교한 석관

09 안자르(Anjar) 도시유적
베이루트 동쪽 58km 지점의 베카 고원 한가운데 있는 이슬람제국 우마이야조
의 도시 유적으로, 이 시대의 도시 구조와 건축 양식을 잘 보여주고 있다. 남북
385m, 동서 350m의 성벽에 에워싸인 장방형(長方形) 구조로 비잔틴 양식이
위주다. 안자르는 우마이야조 수도인 다마스카스와 지중해를 연결하는 대상로
(隊商路)의 교역 거점이었다.

10 200~300명을 수용한 비블로스의 소형 원형극장

알렉산드리아

Alexandria

이집트의 나일강 델타 지대의 서북단에 위치한 지중해 해안도시 알렉산드리아는 예로부터 동서양 해상교역의 중계지, 문물의 집산지로뿐만 아니라, 견직업을 비롯한 공상업도 상당히 발달해 지중해 해상무역에 크게 기여하였다. 견직물은 인도나 이탈리아 등지로 수출되고, 고급 자수직물은 멀리 몽골 칸들에게까지 예물로 보내졌다. 유리제품과 도자기는 북아프리카나 이란, 심지어 중국에까지 수출되었다. 12세기 중엽에는 세계 28개 국이나 지역의 통상대표가 상주해 교역업무를 관장하였다고 한다.

알렉산드리아는 기원전 4세기 동정에 나선 알렉산드로스가 지은 도시로 알려졌다. 그는 동정 중 도처에 자신의 이름을 딴 도시를 70여 개나 건설했는데, 그중 가장 유명한 도시가 바로 이 이집트의 알렉산드리아다. 설계는 디노크라테스(Deinocrates)가 맡았다. 기원전 프톨레마이오스 왕조 때 대대적으로 확충되었으며, 세계 제일의 상업 및 학예(學藝) 도시로 성장, 세계에서 가장 부유한 도시, 가장 교양있는 시민들이 사는 도시가 되었다. 여기에는 장서 40만 권(일설에는 70만 권)을 가진 대도서관이 있었다. 기원전 30년 이집트가 로마의 한 주가 되면서 알렉산드리아는 로마의 이집트 통치를 위한 수부(首府)가 되었다.

그후 비잔틴과 페르시아의 잇단 침입을 받으면서 이 도시는 사양길에 접어들었다. 7세기 중엽 이슬람의 서정군에게 점령된 이래 수도로서의 지위는 잃었지만 동서무역의 중요한 항구로서의 지위는 그대로 유지하였다. 그러나 16세기에 이르면 유럽인들에 의한 인도항로의 개척으로 인해 항구로서의 중요성도 일시 약화되었고, 인구도 감소하여 18세기 말엽에는 겨우 6,000명에 불과하였다. 그러다가 19세기 초 알렉산드리아와 나일강을 연결하는 운하가 개통되면서 이 도시는 다시 번영하기 시작해 이집트의 제2 도시로 오늘에 이르고 있다. 면적: 2,679km², 인구: 약 410만 명(2006년)

알렉산드리아 고지도(알렉산드리아 도서관)
파로스(Pharos) 등대가 명시된 항구에는 배 5척이 오가고 있다. 이 지중해에서 가장 오래된 해항은 동서양 해상교역의 중계지, 문물의 집산지였다. 금발의 그리스계 여인 '클레오파트라의 도시' 알렉산드리아는 그녀의 죽음을 기점으로 서서히 사양길에 접어들었다. 거듭되는 외침에 도시는 수난에 수난을 거듭하였다.

Tab.33.

Alexandria.

Col: Pompei.

Pharos.

The Marble Watch Tower or Light House Erected by PTOLEMY SOTER on the Island of Phares near the Port of Alexandria with the Causeway carried through the Sea to the Continent.

01 유명한 파로스 등대(복원도)
파로스 등대에 관해 유일하게 현장 견문을 남긴 이븐 바투타는 그의 여행기 『이븐 바투타 여행기』에서 이렇게 묘사하고 있다. 즉 "등대는 하늘 높이 솟은 방형 건물"로, "등대 내 통로의 너비는 9쉬브르(1쉬브르=약 22.5cm)이고 벽 두께는 10쉬브르이며 등대 네 변의 너비는 각각 140쉬브르에 달한다. 등대는 높은 언덕 위에 서 있는데, 시내까지의 거리는 1파르사크(1파르사크=약 6.24km)다." 그가 이 등대를 찾아간 것은 1326년 5월인데, 그로부터 23년이 지난 1349년에 다시 들렀을 때 "등대는 이미 폐허가 되어 들어갈 수도, 문까지 오를 수도 없었다."

02 고대 이집트 배(알렉산드리아 국립박물관)

03 현 알렉산드리아 도서관 외관
프톨레마이오스 1세가 세운 고대 도서관은 40만 장서를 가진 세계 제1의 도서관이었다. 오늘 그 선적(先蹟)을 복원하려는 야심찬 의도에서 85,000m²의 부지에 11층으로 세운 이 현대적 도서관은 25만 장서로 개관하였다. 지름 160m, 높이 35m의 원통을 잘라놓은 것 같은 특이한 문자판 외형은 태양의 상징이라고 한다. 문자판에는 세계의 다양한 문자들이 새겨져 있는데, 그 가운데 '세월'이라는 한글도 보인다. 고고학박물관과 필사본박물관이 부설되어 있다.

04 현 알렉산드리아 도서관 내부
현대적 시설을 갖추고 있다.

05		07
		08
06		

05 부채살 모양으로 뻗어나간 방파제
지중해 해수면이 점차 높아짐에 따라 원래 저지대인 알렉산드리아는 수몰 위험에 처해 있다. 이에 대비하기
위해 방파제를 축조하였다.

06 거리 모습
건물은 낡고, 거리는 비교적 한산하다.

07 관광명소인 파로스 등대 터

08 로마 원형극장
남겨진 낙서에 의해 이 극장이 로마제국시대인 2세기에 지어진것으로 밝혀졌다. 대리석 좌석에 600명을 수
용할 수 있는 아담한 극장이다. 같은 부지에서 로마식 목욕탕 흔적도 발견되었다. 입구 근처의 한 옥외박물관
에는 근해 해저에서 예인한 스핑크스와 오벨리스크가 전시되어 있다.

튀니스

Tunis

지중해의 남안에 면한 튀니지(Tunisia)의 수도로 일찍부터 지중해를 제패해 제국을 이루려는 열강들의 끊임없는 침략의 대상이 되어왔다. 튀니스는 유구한 역사 도시로, 기원전 20세기경 베르베르인이 최초로 이곳에 투네스(Tunes)라는 마을을 세웠다. 베르베르라는 말은 라틴어 바르바리(Barbari)에서 유래한 것으로, 로마인들은 라틴어나 그리스어를 사용하지 않는 사람들을 바르바리라고 지칭하였다. 그후 그 뜻이 와전되어 라틴어나 아랍어에서는 '미개' '미개인'이라는 뜻으로 사용되어왔다. 기원전 10세기경 페니키아인이 이곳에 정착하면서 자연스럽게 카르타고의 지배를 받았다. 그러다가 기원전 146년 제3차 포에니전쟁에서 카르타고가 로마에 패하자 튀니스도 함께 파괴되어 흔적만 남겼다.

기원후 로마는 튀니스를 다시 복원해 지중해의 주요 항구로 이용하였다. 7세기에 무슬림들이 이곳을 정복하면서부터 튀니스는 지중해의 해상무역과 육로의 대상(隊商)무역이 만나는 무역의 요충지로 비약적인 발전을 거듭하였다. 이후 약 1,000년간 이슬람시대가 이어지는데, 이 시대에 토착민 베르베르인과 이곳을 거쳐간 페니키아인·그리스인·로마인·아랍인 등 여러 인종이 창조한 다양한 문화가 함께 어울려 국제적인 무역항으로서의 경제적 부를 누렸다. 튀니지가 15세기 말 오스만제국의 속주가 되고, 1881년에 프랑스의 보호국으로 전락해 1956년 독립을 쟁취할 때까지, 튀니스는 수부로서 외래 지배자들의 통치거점이었다. 독립 후에는 공화국의 수도가 되었다.

지중해에 접한 넓은 대지의 카르타고 공원 안에 자리한 유명한 카르타고 유적과 박물관, 그리고 바르두 모자이크박물관에서는 로마시대의 귀중한 유적유물을 접할 수 있다. 튀니스의 명물 중 하나가 미로 같은 마디나(구시가)의 수끄(sūq, 재래시장)이며, 근교의 바빌시는 도자기공예로 명성이 높다. 면적: 212km², 인구: 약 230만 명 (2011년)

카르타고(Carthago) 유적 원경
튀니스 북쪽 약 12km 의 해변가에 면한 카르타고는 기원전 814년 페니키아 여왕에 의해 터전이 마련된 이래 해상무역과 농업을 기반으로 신속하게 발전하였다. 그러나 기원전 100년간 로마와 3차례의 포에니전쟁을 겪고 나서 카르타고는 완전히 폐허가 되었다. 그러다가 기원전 29년 로마의 식민도시 복원계획에 힘입어 다시 부흥하기 시작하였지만, 7세기 이슬람세력의 침입 후 점차 역사의 뒤안길로 사라졌다.

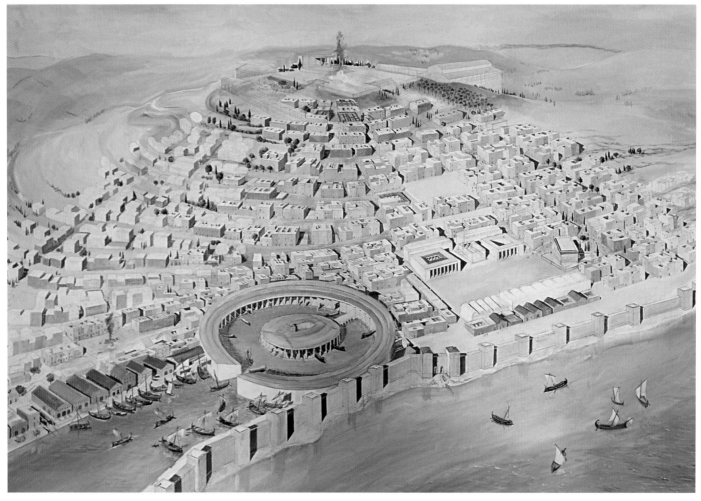

01 둣가(Dougga)의 3,500명 수용 원형극장

둣가는 튀니스에서 서쪽으로 106km지점, 표고 600m의 언덕 위에 자리한 고대 로마의 도시유적이다. 기원전 2000년경부터 누미디아인들이 살기 시작했으며, 기원전 4세기에는 누미디아 왕국의 중요한 도시로 성장하였다. 2~4세기 전성기에는 인구가 최소한 1만 명을 헤아렸으며, 후일 반다르와 비잔틴의 치하에서 쇠퇴하였다. 1997년 아프리카의 대표적인 로마-비잔틴 유적으로 유네스코의 세계문화유산에 등재되었다.

02 복원한 옛 튀니스항 조감도(카르타고박물관)

03 남지중해 연안에 면한 시디 부 사이드(Sidi Bou Said)항 전경

04.05 시디 부 사이드의 가옥들은 백색 벽에다 짙은 청색 창틀을 다는 것이 특색이다. 청색은 바다와 평화의 상징이다.

06 튀니스 거리 풍경

07 마디나(구시가)의 한 금속수공예장

08 카르타고 박물관에 전시된 자기 봉수병

09 나불(Nabeul)산 각종 도자기(케르케니Kerkeni 도자기전시관)
본곶(Cap Bon) 반도에 자리한 나불은 튀니지의 2대 도자기 생산지의 하나다.
17세기 이라크 바빌로니아 후예인 안달루시아인들이 스페인에서 추방되어 이
곳에 와 정착하면서 도자업이 시작되었다. 튀니지 가정이라면 나불산 도자기
한두 점은 꼭 가지고 있어야 한다니, 그 명망을 가히 짐작할 수 있다.

알제

Algiers

알제리의 수도로 정치 · 경제 · 문화의 중심지이고 농산물의 집산지이며, 이 나라의 가장 큰 항구도시다. 북아프리카에서는 가장 유럽화(프랑스화)된 도시로 유럽문화와 아랍-아프리카문화의 접점지이며 융합지이다. 알제는 사하라 사막에서 나오는 풍부한 석유와 천연가스에 의거해 신속한 개발과 공업화 및 대내외 교역이 활발히 진행되고 있다. 알제라는 지명은 아랍어로 '작은 섬'을 뜻하는 '알자자이르'(al-Jaza'ir)에서 유래하였다고 한다.

카르타고시대에는 '이코시움'(Icosium)으로, 로마시대에는 '이코심'(Icosim)으로 불리면서 서부 지중해의 요충지로 간주되었다. 이슬람시대인 950년경부터는 아랍-이슬람식 도시가 건설되기 시작하였으며, 16세기에 오스만제국의 지배하에 들어갔다. 오스만제국은 북아프리카에 대한 통치를 강화하기 위해 알제항을 확충하였다. 한때는 악명 높은 해적의 소굴이 된 적도 있다.

1830년 프랑스는 이곳을 무력으로 점령하고 1962년 알제리가 독립할 때까지 132년간이나 혹독한 식민통치를 실시하면서, 알제를 주도(主都)로 삼았다. 제2차 세계대전 때는 연합군의 북아프리카 사령부가 이곳에 설치되기도 하였다. 전후에도 프랑스의 식민통치가 강요되자 알제리인들은 치열한 무장항전으로 맞서 싸웠으며, 끝내 독립을 쟁취하였다. 이곳에도 역사의 여명기에 이미 세계의 여타 지역과 마찬가지로 암각화나 돌멘(지석묘)의 창조자들이 살고 있었다. 면적: 1,190km², 인구: 약 410만 명(2008년)

알제리 호텔에서 내려다본 알제시 전경
서부 지중해 남안에 위치한 알제는 일찍이 카르타고시대부터 외침을 받기 시작해 로마와 이슬람, 오스만 투르크, 프랑스 등 각이한 외세의 통치를 받아왔기 때문에 다인종 다문화사회를 이루고 있다. 그리하여 시내 곳곳에서 다양한 문화유적들을 접할 수 있다. 그리고 알제는 여러 면에서 사하라 사막과 밀접한 관계에 있다.

01

02 03

01 까스바(Qasbah)의 달동네
오스만제국 통치시대 까스바 언덕에 만들어진 동네로, 오늘날은 빈민촌이다. 미로 같은 고불고불한 골목에
벌집 같은 가옥이 촘촘히 붙어 있으며, 어떤 집들은 금방 무너질 듯 기울어져 있다. 그 속에 수공업 공방들이
한 집 건너 한 집 있다.

02 거리의 시민 표정

03 거리의 바게트 장수
프랑스 식민지배의 영향으로 알제리인들도 전통 빵이 아닌 바게트를 즐겨 먹는다.

04 알제의 중심광장

05 열사탑
8년간(1954~1962년)의 독립전쟁에서 희생된 열사들을 기리기 위해 세운 탑이
다. 탑 안에는 이 전쟁과정을 생동하게 소개하는 '무자히드(성전자) 박물관'이
있다. 알제리에서는 제2차 세계대전 후 근 130년간의 프랑스 식민통치에서 벗
어나기 위한 민족주의운동이 치열하게 일어났다. 1954년 알제리민족해방전선
(FLN)이 일으킨 무장봉기를 계기로 독립전쟁을 시작하였다. 수세에 몰린 프랑
스는 정권을 교체해 등장한 드골 정부가 교섭에 나서 드디어 1962년 쌍방간에
에비앙 협정을 체결함으로써 독립전쟁은 끝나고 알제리는 독립하였다.

06

07

06 알제항
알제항은 1만~2만 톤급 선박이 정박할 수 있는 현대적 설비를 갖추고 있으며, 지중해 무역의 중추항구로 부상하고 있다.

07 3,000명 수용의 하밀라(el-Hamilah) 원형 극장
알제 동부에 있는 로마시대의 하밀라 유적의 부지 면적은 42헥타르에 달하며, 신전이나 포럼, 목욕탕 등 많은 건물들을 포함하고 있다. 건축 석재 대부분은 인근에서 채굴했으나, 일부는 이탈리아에서 가져왔다.

08
09
10

08 지석묘(고인돌)(바르두 국립박물관)
기둥돌 위에 평개석(平蓋石)을 얹은 전형적인 지석묘다. 지석묘는 일반적으로 신석기시대나 청동기시대의 남방해양문화 유적이다.

09 암각화(바르두 국립박물관)
사람이 동물을 사냥하는 장면을 형상화한 암각화로, 유구한 역사의 증거다.

10 당도가 높은 알제리 대추야자
사막에서 대추야자는 주식의 하나다.

지브롤터

Gibraltar

스페인의 이베리아반도 남단에 위치한 항구로, 지브롤터 해협을 사이에 두고 아프리카대륙과 마주하고 있다. 대서양과 지중해를 이어주는 유일한 통로인 지브롤터 해협에 면해 있어 이곳을 차지하기 위한 쟁탈전의 역사는 그리스-로마시대부터 시작되었다. 711년에 이슬람교도인 타리끄(Tariq)가 북아프리카의 무어인을 거느리고 이곳을 점령했으며, 그것을 발판으로 스페인을 경략하였다. 이때부터 사람들은 로마시대까지 '헤라클레스의 기둥' '칼페산(山)' 등의 이름으로 알려졌던 이곳을 자발 타리끄(Jabal Tariq, 타리끄의 산, 높이 425m)라고 불렀고, 여기에서 지브롤터라는 지명이 유래하였다.

이후 이슬람왕국의 요새로 사용되다가 스페인의 이사벨 1세가 1501년에 스페인령으로 병합하였다. 그러나 스페인 왕위계승전쟁의 와중에 영국은 이곳을 불의에 무력으로 강점하였다. 스페인은 할 수 없이 1713년 위트레흐트(Utrecht) 조약에 의해 지브롤터를 정식으로 영국에 양도하였다. 그후 스페인은 여러 번 이곳을 탈환하려고 시도했으나 번번이 실패하였다. 결국 1830년에는 영국의 직할 식민지가 되고 말았다. 1869년에 수에즈 운하가 개통되면서 영국은 지브롤터의 소유권을 빼앗기지 않기 위해 수단과 방법을 가리지 않고 전력을 기울였다. 이는 수에즈 운하로 인해 영국이 동아프리카와 동아시아의 식민지로 가는 길이 훨씬 단축되었기 때문이었다.

20세기 들어서 스페인은 지브롤터를 봉쇄하는 등 반환요구를 계속해왔지만 1967년과 2002년에 실시한 주민투표 결과 영국령으로 계속 남게 되었다. 여기에는 영국뿐만 아니라 미국과 북대서양조약기구가 임의로 사용할 수 있는 해군기지가 있다. 지브롤터 해류는 교체유동한다. 즉 수심 200m 이하의 해류는 대서양에서 지중해로 흘러들어가고, 그 이상의 염도 높은 해류는 반대로 지중해에서 대서양으로 유입된다. 이러한 교체유동 현상은 지브롤터의 기후와 생태계에 영향을 끼친다. 면적: 6.8km², 인구: 약 3만 명(2012년)

지브롤터 바위(약칭 더록 (the Rock))에서 바라본 지브롤터 해협
지브롤터는 나지막한 5개의 석회 암봉들(최고봉 높이는 425m)이 이어지는 지브롤터 바위(산)를 중심으로 남북 길이 4km, 동서 너비 1.2km의 반도다. 지브롤터 해협을 통과하는 선박들의 기착지이기도 한 지브롤터 반도 전체는 영국의 직할 식민지로, 해군기지와 비행장, 운하 등으로 철저히 요새화되어 있으며, 서쪽은 자유무역항이다.

01 **지브롤터 바위의 서쪽 해변가에 자리한 자유무역항**

02 **지브롤터 바위의 원경**
로마시대에 이곳을 일컬어 '헤라클레스의 기둥'
이라고 한 것은 당시 지중해세계에서는 여기가
항해의 서쪽 한계선인 것으로 간주되었기 때문이
었다.

03 **지브롤터 바위의 입구**
바위 정상까지는 케이블카가 운영되고 있다.

04 **유로와 영국, 지브롤터 3국의 국기 동시 게양**
실제적 통치자는 영국식민주의자들이다. 공식적
으로는 이곳 인구를 약 3만 명으로 계산하지만,
영국 군인이나 그 가속들까지를 합치면 어림잡아
5만 명은 된다고 한다.

05 **1954년 5월 10~11일 영국 엘리자베스 2
세의 방문을 기리는 비석**

리스본

Lisbon

포르투갈어로는 리스본을 리스보아(Lisboa)라고 하는데, 그 어원은 페니키아어의 '양항(良港)'이라는 말에 있다고 한다. 페니키아 시대부터 항구로 알려져왔으며, 기원전 3세기 초에 로마의 식민지가 되었다. 이후 서고트족의 지배를 거쳐 8세기부터 이슬람의 지배를 받아오다가 12세기에 독립하면서 이슬람의 지배에서 벗어나 13세기 중엽에는 포르투갈의 수도가 되었다.

1498년에 바스쿠 다 가마가 '인도항로'를 개척하면서 포르투갈이 해양왕국으로 부상하자 리스본은 동양과의 교역에서 중추적 역할을 하였다. 16세기 중엽에는 인구가 10만 명을 넘는 등 유럽에서 가장 큰 상업도시의 하나가 되었다. 그러나 16세기 말 스페인에 병합되어 60년간의 통치를 받았다. 스페인 통치에서 벗어났지만 신흥 영국과 네덜란드의 힘에 밀려 열세에 몰렸다.

테주(Tejo)강의 대서양 임해구(臨海口)에 7개의 구릉을 따라 형성된 리스본은 행정기관과 상업망이 모여 있는 중앙부와 본래 페니키아인과 로마인들이 살던 구시가지인 동부, 근세에 와서 개발된 신시가지인 서부의 세 구역으로 나눠졌다. 시내에는 주로 '대항해시대' 이후의 포르투갈 활동사를 보여주는 군사박물관(일명 대포박물관), 해양박물관, 고고학박물관, 수도원과 성당, 그리고 '항해왕자' 엔히크의 사후 500주년을 기념해 1960년에 세운 '발견의 기념비'(높이 52m)와 테주강 하구에서 요새와 등대로 쓰인 '벨렘탑' 등 유적유물이 있다. 면적: 83.8km², 인구: 약 55만 명(2011년)

'발견의 기념비'(Padrão dos Descobrimentos)
포르투갈의 항해왕자 엔히크(Henrique, Henry the Navigator, 1394~1460년)의 서거 500돌을 맞이해 1960년 테주강가에 높이 52m의 기념비를 세웠다. 포르투갈의 해양 개척 300년 역사를 압축한, 포르투갈의 상징물이기도 한 이 기념비의 외형은 돛을 펴고 항진하는 범선의 형태다. 기념비에는 엔히크를 비롯한 약 30명 사람들이 정교하게 조각되어 있다. 앞 광장에는 '신대륙'의 발견 날짜를 일일이 적은 대형 세계지도가 모자이크되어 있다.

01   로카곶(포르투갈어 Cabo da Roca, 영어 Cape Roca)

북위 38도 47분, 서경 9도 30분, 해발 140m의 대서양 암벽에 자리한 로카곶
은 유라시아 대륙의 서쪽 끝이다. 그것을 알려주는 등대와 십자가 및 비석이 거
연히 서 있다. 비석에는 포르투갈어로 "육지는 여기서 멎고, 바다는 여기서 시
작된다."라고 씌어 있다. 로카곶은 지구상 가볼 만한 곳 50선 중 하나다.

02   마젤란 초상(해양박물관)

03   콜럼버스 초상(해양박물관)

04   항해왕자 엔히크 동상(해양박물관)

05   포르투갈의 옛 배(해양박물관)

06   삼각돛을 단 엔히크 시대의 배(군사박물관)

07 알칸타라 전망대

리스본을 구성하고 있는 7개의 구릉 가운데 하나인 알칸타라 언덕에 있는 전망대에서는 구리스본 시가와 대서양이 내려다보인다.

08 로시오(Rossio) 광장

리스본 주요 광장의 하나로, 리스본 관광은 대개 이곳에서 시작된다. 동상과 분수가 설치되어 있고, 바닥의 물결식 모자이크가 인상적이다. 주변에는 중후한 옛 건물들과 상가가 즐비하다.

09 제로니무스 수도원(Mosteiro dos Jerónimos)
외경
리스본의 상징적 건축유물인 제로니무스 수도원
은 1502년에 시공해 50년 만에 완공한, 고딕 양
식과 르네상스 양식이 잘 조화된 대표적 건물이
다. 건축 비용은 후추와 육계, 정향을 제외한 동방
산 향료 세금의 5%로 충당하였다고 한다. 황금
70kg를 소비해 만든 내부 제단이나 4면의 성화
는 대단히 화려하다. 특히 높이 32m, 너비 12m
의 주대문인 남문의 조각은 명실상부한 걸작품이
다. '인도항로'의 개척에 나선 바스쿠 다 가마는
출항 전날 밤에 이 수도원에서 밤샘기도를 드렸
다고 한다. 수도원 실내에는 다 가마를 비롯한 유
명인사들이 묻혀 있다. 수도원은 1983년에 유네
스코 세계문화유산으로 등재되었다.

10 바스쿠 다 가마의 석관
다가마의 석관 앞에는 참배객들이 줄을 서 있다.

**11 리스본의 유구한 역사를 증언하는 출토 유
물**(고고학박물관)

제3장
카리브해

산살바도르섬

San Salvador Island

카리브해의 바하마제도 중앙부에 있는 고즈넉한 작은 섬으로 와틀링섬(Watling Island)이라고도 하지만, 원주민은 '과나하니' (Guanahani)라고 부른다. 1492년에 콜럼버스가 33일간의 제 1차 '인도양 횡단' 항해 끝에 처음으로 이 섬에 도착하여 '산살바도르'(San Salvador, '성스러운 구세주')라고 명명하였다. 산살바도르에 관한 기록은 유네스코 세계기록유산 『파쿠하슨의 일지』(Farquharson's Journal)에 남아 있다. 스코틀랜드 출신의 파쿠하슨은 산살바도르 동쪽의 프로스펙트 면화농장(Prospect Hill Plantation)의 경영주로, 1831년 1월 1일부터 1832년 12월 31일까지 농장에서 일어난 일들을 생생하게 기록하고 있다. 이 일지는 영국 식민지의 면화농장에서 강제노동에 시달리는 노예들의 비참한 일상생활을 들여다볼 수 있는 귀중한 자료이다.

콜럼버스는 지구의 구형설(球形說)을 믿고 대서양으로 서항(西航)하면 인도나 중국에 도달할 것이라 믿고, 1492년 8월 3일 3척의 범선에 약 90명의 선원을 태우고 스페인의 팔로스(Palos)항을 떠났다. 난항 끝에 같은 해 10월 12일 바하마제도의 한 섬에 도착했는데, 후일 이 섬을 산살바도르라고 명명한 것이다. 콜럼버스는 섬의 롱베이 (Long Bay, 롱만)에 상륙했는데, 그의 항해 500주년(1992년)을 맞아 스페인 정부는 상륙 지점에 높이 약 8m의 기념십자가를 세우고 비문을 기증하였다. 여기서 약 100m 떨어진 해변가에는 1968년 멕시코올림픽 봉송성화가 하룻밤 묵어간 것을 기념하는 철제구조물이 세워져 있다. 그밖에 섬에는 해적 선장의 성보인 존와틀링 캐슬(John Watling Castle)과 1887년에 세운 높이 163피트의 등대 등 유물이 섬의 과거를 증언하고 있다. 원래 섬에는 박물관이 하나 있었는데, 2004년 대형 허리케인에 완전히 밀려가고 지금은 그 자리에 관광사무소가 들어앉았다. 면적: 163km², 인구: 약 930명 (2010년)

콜럼버스의 상륙 지점에 세운 십자가와 석비
1992년 콜럼버스의 대서양 횡단항해 500주년에 즈음해 스페인 정부는 그의 제1차 항해의 상륙지점인 대서양 연안의 롱베이(Long Bay, 롱만)에 십자가와 석비를 기증하였다.

01
02
03

01 바다의 랑군 현상
청록색 물감을 뿌려놓은 것 같은 물결대가 일렁이는 장관이다. 석양 때 주로 일어나는 현상으로 해가 나면 더 선명하다고 한다.

02 바다포도(sea grape)
해변가에 이곳의 특산식물인 소담스러운 바다포도나무가 지천으로 깔려 있다. 열매는 잼을 만들어 먹는다고 한다.

03 해적 선장의 석조 주택인 존 워틀링 성보(John Watling Castle) **터**
사방을 감시할 수 있도록 높은 언덕 위에 지어졌으며, 집은 견고한 석벽으로 에워싸여 있다. '소왕국' 행세를 하던 해적집단의 위세를 짐작케 한다.

04 나소와 산살바도르 사이를 정기 운행하는
바하마항공(UP) 소속 50인승 경비행기

05 높이 163피트의 등대
1887년에 세운 등대로 내부에 설치된 80개 철제
계단을 통해 정상에 올라갈 수 있으며, 지금도 가
동하고 있다.

06 올림픽 성화 기념물
1968년 멕시코 올림픽 봉송 성화가 이곳에서 하
룻밤 묵은 것을 기념해 상륙지점 표식 십자가로
부터 약 100m 떨어진 해변가에 이런 철조 기념
물을 세웠다.

나소

Nassau

바하마(Bahamas)의 수도로 바하마제도 북부의 뉴프로비던스(New Providence)섬 북안에 위치하고 있다. 나소는 천연적인 양항으로 세계 최대의 유람선이 접안할 수 있다. 콜럼버스는 1492년 제1차 대서양 횡단 항해 때 이 뉴프로비던스섬에 들른 바 있다. 17세기경에 이곳은 카리브해 해적들의 소굴로 유명하였다. 당시 나소는 '신대륙'에서 금과 은을 싣고 인근의 플로리다 해협을 통과해 귀국하는 스페인 배들을 공격하는 데 적지였기 때문에 영국과 프랑스의 해적들이 몰려와 대거 활동하였다. 한때 나소에서 활동하던 해적들이 '사략선(私掠船)공화국'(Privateers Republic)을 세울 정도였다.

18세기에 들어와 스페인과 영국이 이곳에 대한 통치권을 둘러싸고 각축전을 벌였으나, 결국 미국의 지지하에 바하마 제도는 영국의

식민지로 전락하였다. 그러자 당시 미국에 살던 영국인들이 노예를 이끌고 바하마로 이주함으로써 나소의 인구가 급증하였다. 이주민들은 노예를 수입해 농장(plantation)을 운영하였으나, 1807년 노예제도가 폐지되면서 대다수의 영국인들이 바하마를 떠났다. 그래서 현재는 주민의 90% 이상이 흑인이다. 1920년 미국에서 금주법(禁酒法)이 시행되자 미국과 가까운 나소가 밀주양조업의 중심지가 되어 잠시 경제적 부를 누렸으나, 금주법이 폐지되면서 경제적 어려움을 겪게 되었다. 그러나 제2차 세계대전 이후 관광을 중심으로 경제가 회복되었고, 지금은 겨울철 휴양도시로 유명하다.

시내에는 식민시대의 유물로 해변가의 몬타구 성보(Fort Montagu)와 언덕 위의 핀캐슬 성보(Fort Fincastle), 해자(垓字)를 갖춘 원형 샬럿 성보(Fort Charlotte), 그리고 해적들의 약탈상을 사실적으로 보여주는 해적박물관과 일반 유물 전시관인 역사사회박물관이 있다. 아틀란티스(Atlantis) 호텔 안에 설치된, 세계에서 가장 크다고 자랑하는 유리수족관에서는 각종 해저유물을 볼 수 있다. 면적: 207km², 인구: 약 25만 명(2010년)

나소항
바하마제도의 북부 뉴프로비던스섬 북안에 자리한 수도 나소는 천혜의 양항으로 세계 최대의 유람선과 대형 무역선이 접안할 수 있다. 콜럼버스는 첫 대서양 항해 때 이곳에 들렀고, 17세기경에는 카리브해 해적들의 소굴이었으며, 20세기 전반 미국의 금주법(禁酒法) 발효시대에는 밀무역의 천국이기도 하였다.

01 **나소항**
핀캐슬 성보 위에서 바라본 나소항으로, 멀리 정박중인 대형 유람선들이 보인다.

02 **구릉 위의 샬럿 성보**
나소에서는 가장 규모가 큰 원형 구조의 성보로서 넓고 깊은 해자(垓字)에 에워싸여 있으며, 지하에 각종 설비가 갖춰져 있다. 포도주 양주장과 보관 창고도 마련되어 있으며, 깊은 우물 터도 남아 있다.

03 **입항구에 있는 몬타구 성보(Fort Montagu) 전경**

04 언덕 위에 축조된 핀캐슬 성보
성보의 한 모퉁이가 첨각(尖角)을 이루는 특이한
구조를 갖고 있으며, 성보 상층에서는 나소시가
한눈에 바라 보인다.

05 핀캐슬 성보의 옛 모습

06 '왕의 계단'
핀캐슬 성보의 출구 쪽에 이른바 '왕의 계단'이라
고 하는 약 30m의 절벽 계곡이 나 있다.

07

08 09

07   항구에 정박 중인 대형 유람선
거리는 유람객들로 붐빈다.

08   나라 새 홍관(紅鶴, 붉은 황새)

09   아틀란티스 호텔 수족관
세계에서 가장 큰 수족관이라고 하는 이 수족관에는 100여 종의 바닷물고기가 노닐고 있다. 원래는 대서양
해저에 침몰되었다는 아틀란티스를 가상해 만든 수족관인데, 지금은 여러 수중 도시들의 잔해가 그대로 모작
(模作) 전시되어 있다. 사람들이 물고기와 함께 수중 수영체험을 즐기기도 한다.

10 **로열 포인시아나**(Royal Poinciana) **꽃나무**
아프리카와 카리브해 곳곳에서 발견되는 이 나무는 1년에 3개월간 진홍색 물감을 뿌려놓은 듯한 빨간 꽃에 작은 열매를 맺는다. 가지나 잎사귀도 무성해 인간에게 고마운 음덕(蔭德)을 베풀어준다.

11 **시청 정문 계단에 세워진 콜럼버스 동상**
이 동상은 『스케치북』의 저자 어빙이 런던에서 만들어 1832년 이곳에 기증한 것이다.

12 **카리브해 해적들의 활동상 재현**(나소 해적박물관)
나소를 중심으로 한 카리브해 일원에서의 해적활동에 관한 유물과 문헌, 조직계보 등 일체가 생생하게 전시되어 있으며, 두목들의 얼굴을 낱낱이 공개하고, 활동상을 재현하고 있다.

산토도밍고

Santo Domingo

카리브해 에스파뇰라(히스파니올라 Hispaniola)섬 동부에 위치한 도미니카공화국의 수도 산토도밍고는 오사마강 하구에 자리한 천혜의 양항이다. 원래 이곳에는 남미 기아나 지방에서 이주해 온 아라와크인들이 살고 있었으나, 1492년 콜럼버스가 이 나라에 상륙한 이래 '신대륙' 최초의 식민지가 되었다. 그리하여 이곳의 궁전이나 병원·성당·대학 등이 아메리카대륙 최초의 식민유물이라는 기록을 갖고 있다.

500여 년간의 산토도밍고 역사에는 숱한 굴곡이 있었다. 형 콜럼버스의 조언을 듣고 1496년에 이곳을 찾은 동생 바르톨로메오 콜럼버스가 오사마강 동안에 도시 건설의 첫 삽을 뜬 날이 일요일이기 때문에 '신성한 일요일'이라는 뜻의 '산토도밍고'라는 도시 이름이 생겨났다. 그러나 얼마 못 가서 큰 태풍을 만나 도시가 대파되자 콜럼버스의 아들 디에고가 1502년 다시 오사마강 서안에 도시를 건설하고, 여기에 '신대륙' 전역을 관장하는 총독부를 세워 자신이 수임 총독이 되었다. 그후 봉기군에 의해 식민통치는 붕괴되고, 1844년 2월 27일 독립이 선포되었으며, 산토도밍고는 도미니카공화국의 수도가 되었다.

이렇게 이 도시의 식민역사는 콜럼버스 일가와 불가분의 관계에 있다. 콜럼버스는 제1차 항해 때인 1492년 12월 5일 도미니카의 서북단 해안에 상륙해 이곳을 '에스파뇰라'라고 명명하면서 '성탄절 보루'를 지어놓고 일행 중 39명을 남겨놓은 채 떠났다. 이듬해 11월에 그가 11척의 배를 이끌고 다시 이곳에 왔을 때는 그 39명 모두가 이미 피살된 뒤였다. 콜럼버스는 그 보루 동쪽에 새로이 '이사벨라 보루'를 지었다. 그 터가 오늘날까지 남아 있다. 면적: 104.44km², 인구: 약 300만 명(2010년)

산토도밍고항
이 항은 도미니카섬 남부를 흐르는 오사마강 하구에 자리하고 있다. 1496년 콜럼버스의 동생 바르톨로메오(Bartholomeo)는 형의 뜻을 받들어 오사마강 동안에 새로운 도시 누에바 이사벨라(Nueva Isabela)를 건설하고, 2년 후에는 산토도밍고로 이름을 바꿨다. 산토도밍고는 스페인의 '신대륙' 식민화의 거점으로 식민화의 모든 과정은 이 항구를 통해 이루어졌다.

<table>
<tr><td>01</td><td></td><td>03</td><td></td></tr>
<tr><td>02</td><td></td><td>04</td><td>05</td></tr>
</table>

01 이사벨라(Isabela) 해안
콜럼버스가 제2차 대서양 횡단 항해 때 상륙한 도미니카 북부의 해안이다. 이사벨라는 스페인이 라틴 아메리카에서 경영한 첫 식민지였다.

02 상륙 지점 표지비
1493년 콜럼버스가 제2차 대서양 횡단 항해 때 상륙한 지점(이사벨라)을 알리는 비다.

03 산토도밍고가 주로 '신대륙' 북부 연안지대와 수립한 교역망 지도(이사벨라 박물관)

04 콜럼버스 선단의 한 범선(이사벨라 박물관)

05 콜럼버스 선단의 이사벨라 상륙도(이사벨라박물관)

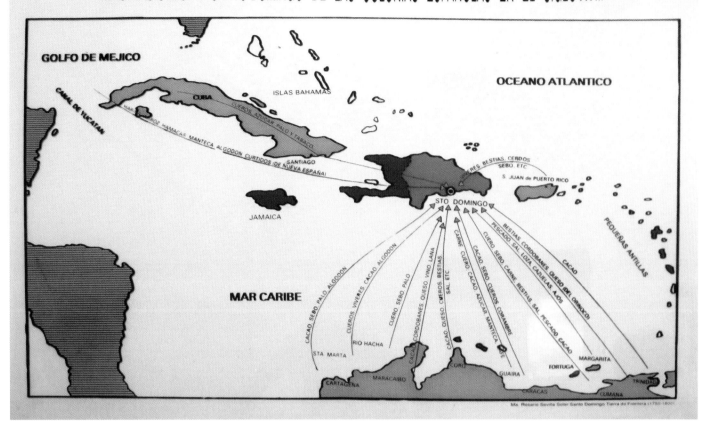

IMPORTACIONES A SANTO DOMINGO DE LAS COLONIAS ESPAÑOLAS EN EL SIGLO XVIII

06

07 08

06 '신대륙'의 첫 병원 산니콜라스 데 바리(San Nicolas de Bari) 터

07 '신대륙'의 첫 수도원 모나리오 데 산프란시스코(Monario de San Francisco) 터
수도원 안에는 당시의 돌바닥길 흔적이 아직 남아 있다.

08 '신대륙'의 첫 대학 터

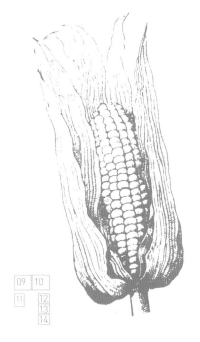

09	10
11	12
	13
	14

09 논밭
벼농사는 같은 논밭에서 시기를 달리해 경작하는 윤작(輪作)방법을 취하고 있
다. 열대지방의 일종 다모작 경작이라고 말할 수 있다.

10 담배 자연건조장

11 옥수수(이사벨 박물관)

12 도미니카산 쌀
쌀은 대체로 장립형(長粒型)이고, 약간 풀기가 있으며, 맛은 심심한 편이다. 카
리브해에서는 도미니카가 유일한 쌀 생산지로 논밭이 자주 눈에 띈다.

13 도미니카 쌀로 지은 밥

14 도미니카산 쌀봉투 표지
도미니카는 쌀이 주식이며, '동카리브해'(일명 '삼보' 三寶 Three Jewels Rice)라는
상표로 유통한다.

15 **바르톨로메오의 고택 박물관 외관**
산토도밍고 건설자이며 콜럼버스의 동생인 바르
톨로메오 일가는 대대로 이 저택에서 살았는데,
상당한 호화주택이다.

16 콜럼버스의 대서양 항해 500돌을 맞아 세
운 '콜럼버스 라이트(등대)' 외관

17 산토도밍고 광장의 콜럼버스동상

18 산토도밍고 광장 부근에 세워진 콜럼버스
의 동생 바르톨로메오 콜럼버스의 동상

킹스턴

Kingston

자메이카의 수도로 자메이카섬 동남부 연안의 팔리세이도스(Palisadoes) 반도에 길게 둘러싸여 있는 천혜의 항구이다. 자메이카섬은 1494년 콜럼버스의 제2차 항해에 의해 유럽에 알려졌는데, 선참으로 들어온 스페인은 16세기 초부터 이곳을 라틴아메리카에 대한 무역 중계지로 이용하였다. 1655년에 자메이카를 점령한 영국은 팔리세이도스 반도 끝에 포트로열(Port Royal) 성보를 건설해 영국령 서인도제도의 중심 항구로 키웠다. 한때 이 성보는 500척의 상선이 입항할 수 있는 해상무역의 중심지였으며, 해적들의 활동본거지였다. 그러다가 1692년 6월 대지진으로 도시의 3분의 2가 수몰되자 킹스턴을 새로운 항만도시로 건설하였다. 도시는 계속 발전해 드디어 1872년에는 새로운 수도가 되었다.

킹스턴은 18세기 아프리카 노예무역의 중심지의 하나로 부상한 이래, 1830년 서인도제도에서 노예제도가 폐지되기까지 약 40만 명의 흑인 노예가 거래된 곳이기도 하다. 영국 식민주의자들은 이들 노예들을 대규모의 사탕수수 플랜테이션(농장)에 투입해 큰 부를 축적하였다. 그러다가 영국이 노예제도의 폐지에 이어 1848년에 자유무역제도까지 채택하자 자메이카는 점차 쇠퇴하기 시작하였다. 한편, 자메이카는 1959년에 자치권을 획득해 자치정부를 운영해오다가, 1962년에는 영국연방 내의 독립국이 되었다.

킹스턴에서 북방 115km 지점에 콜럼버스가 제4차 항해 때 상륙한 이른바 '발견의 만'(디스커버리만 Discovery Bay)이 있다. 상륙지점은 깊숙이 패여들어간 만인데, 지금은 시멘트공장이 들어서 있다. 만의 어귀에 콜럼버스의 상륙을 기념해 '콜럼버스 공원'을 꾸렸다. 공원 내에는 주로 콜럼버스의 항해를 계기로 카나리아제도에서 들어온 사탕수수 가공공장 기계유물이 전시되어 있다. 그리고 이곳에 이르기 전 8km 지점에 1655년 스페인인들이 영국인들에게 쫓겨 도망치다시피 떠난 이른바 '도망의 만'이 있다. 상당히 큰 호형(弧形)의 만인데, 지금은 이름난 해수욕장이다. 면적: 480km², 인구: 약 94만 명(2011년)

'발견의 만'
콜럼버스는 1502년 5월 9일 4척의 선박을 이끌고 제4차 대서양 횡단 항해에 나섰다. 선단은 스페인의 카디스항을 출발해 카리브해의 온두라스와 파나마 해안을 거쳐 자메이카의 킹스턴 북방 115km 지점에 있는 한 만에 도착해 상륙하였다. 후일 이 만에 '발견의 만'이라는 이름이 붙여졌다. 지금은 만 연안에 '콜럼버스 공원'을 꾸려 관람객을 맞고 있다.

01 '발견의 만'에 있는 '콜럼버스 공원' 입구의 십자가 표지

02 사탕수수공장 터
'콜럼버스 공원' 안에는 콜럼버스가 카나리아제도를 거쳐 수입한 사탕수수 가
공공장 터와 녹슨 기계 유물들이 노천에 전시되어 있다.

03 주민들이 콜럼버스의 상륙을 환영하는 장면의 그림(콜럼버스공원)

04 스페인 식민시대의 수도에 건설된 정청(政廳, 정부청사)

05 킹스턴 근교에 자리한 스페인 식민시대의 수도에 건설된 대성당

06 '도망의 만'(Escape Bay)
1655년 영국 해군이 자메이카를 불의에 침입하고 강점했을 때, 스페인인들이
그들에게 쫓겨 이 만을 통해 도망쳤다고 해서 붙여진 이름이다. '발견의 만'에
서 동쪽으로 8km 지점의 대서양 연안에 펼쳐진 이 만은 완만한 호형(弧形)의
만으로 지금은 풍광이 수려한 천혜의 해수욕장으로 쓰이고 있다.

07 킹스턴의 원경
'신대륙'의 식민화 기회를 선점한 스페인은 1509년 자메이카를 식민지로 만들
고 160여 년간 통치하였다. 스페인으로부터 이 땅을 양도받은 영국은 포트로
열(Port Royal)을 해적활동의 근거지로 활용하였다. 그러다가 대지진으로 포트
로열이 수장되자 거기로부터 약 25km 떨어진 킹스턴항을 새로이 개발하고 수
도로 삼았다.

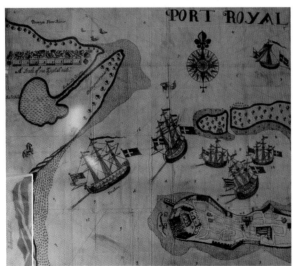

| 08 |
| 09 |
| 10 |

08 포트로열 해저도시 전경.
영국의 식민통치하에 있던 포트로열은 500척의 상선이 동시에 입항할 수 있는 대형 해상무역 중심지였으며, 카리브해 해적들의 본거지였다. 영국의 유명한 해적 두목 헨리 모건(Henry Morgan, 1635 ?~1688년)도 이곳을 중심으로 활동하였다. 1692년 6월 대지진이 일어나 항의 3분의 2가 수장되었다. 1956년 미국 지리학회의 에드윈 링크(Edwin A. Link)팀이 해저조사 및 발굴을 시작해 수백 점의 유물을 인양하였다. 그 일부가 성채 박물관에 전시되어 있다.

09 남아 있는 포트로열 성채 일부

10 포트로열의 옛 지도

콜럼버스의 4차 대서양 횡단 항해

이탈리아 제노바 출신의 크리스토퍼 콜럼버스(1451~1506년)는 1476년 포르투갈에 이주해 리스본에서 해도(海圖) 제작에 종사하다가 지구 구형설(球形說)를 믿고 대서양으로 서항(西航)하면 인도나 중국에 도달할 것이라고 생각해 서항계획을 포르투갈 국왕에게 건의했으나 거절당하였다. 그러나 스페인에 이주한 후 이 계획은 이사벨(Isabel) 여왕과 페르난도 2세(Fernando II)의 지지와 후원을 약속받고 몇 년간 준비한 끝에 1492년 8월 3일 스페인의 서남항구 팔로스를 출발, 같은 해 19월 12일 바하마제도의 어느 한 섬에 도착하였다. 후일 그 섬을 '성스러운 구세주'라는 뜻의 '산살바도르'(San Salvador)라고 명명하였다. 이어 쿠바와 아이티도 들렀다.

그후 콜럼버스는 세 차례 더 대서양 횡단항해를 단행하였다. 제2차 항해 때 (1493~1495년)는 도미니카와 과달루페, 자메이카에 도달하고, 제3차 항해 때 (1498~1500년)는 트리니다드와 오리노코강 하구에 이르렀다. 제3차 항해 중에는 식민지의 반란으로 '모기제독'(Admiral of Mosqitoes)라 불리던 그는 지위를 박탈당하고 소환되어 구금되었다. 석방되어 행한 제4차 항해(1502~1504년)에서는 온두라스와 파나마 지협(地峽)을 '발견'하였다.

포르투갈 항해가들이 한창 인도항로를 개척하고 있을 때, 콜럼버스가 대서양을 횡단해 '신대륙'을 발견함으로써 유럽의 대항해시대에 일대 전기를 마련했을 뿐만 아니라 해상 실크로드의 서단(西段)이 지중해에서 대서양으로 확대 연장되었다.

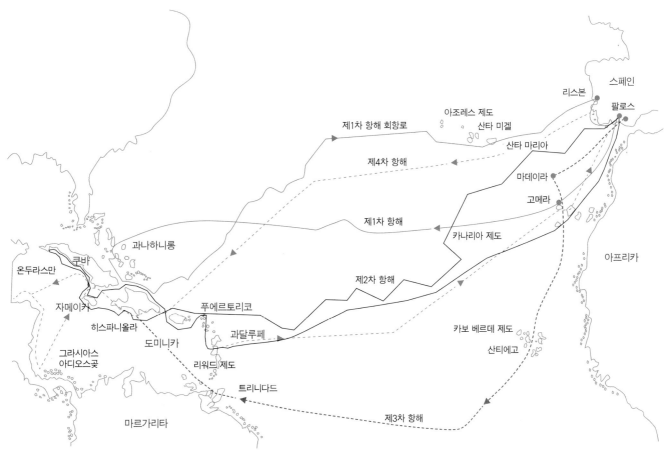

콜럼버스의 4차 대서양 횡단 항해로(1492~1504년)

아바나

Havana

쿠바공화국의 수도로 멕시코만과 아바나만을 잇는 길이 1.6km의 좁은 해협에 면하고 있어 최적의 항구 조건을 갖추고 있다. 쿠바는 1492년 콜럼버스가 그의 대서양 1차 항해 때 상륙한 것이 계기가 되어 스페인의 영토로 편입되었으며, 아바나는 1553년에 쿠바 총독령의 수부(首府)가 되어 중요한 중계무역항으로 부상하였다. 아바나에 대한 해적들의 약탈을 막기 위해 스페인은 몇 곳에 방어 성채를 축조하였다. 영국은 1762년에 잠시 아바나를 점령하고 자유무역항으로 선포했지만, 이듬해 스페인과의 협정에 의해 아바나를 반환하고, 대신 플로리다를 차지하게 되었다. 19세기에 접어들면서 사탕수수 재배기술이 도입되어 아바나는 쿠바의 근대적 설탕제조업의 중심지가 되었다.

한편, 쿠바와 인접한 미국 간의 관계도 점차 가시화되어 갔다. 1898년에 미국의 해군함정 메인(Maine)호가 아바나항에서 원인 불명의 폭발사고로 침몰하는 사건이 발생하자 미국과 스페인 간에 전쟁이 발발했는데, 결국 미국의 승리로 끝났다. 1920년대에는 미국에서 금주법(禁酒法)이 시행되면서 미국인들의 아바나 방문이 늘었다. 급기야 아바나는 관광클럽과 카지노가 번창하는 리조트 도시로 변모해갔다. 그럼에도 불구하고 아바나는 여전히 쿠바에서 가장 중요한 공업과 유통, 교역과 관광의 중추적 역할을 담당해왔다.

구시가지인 아르마스광장 주변에는 폐허가 된 몇 채의 건물이 유물로 남아 있는가 하면, 시청이나 옛 국립극장, 군사요새 등 고색찬연한 건물들도 눈에 띈다. 지금의 중앙광장에는 높이 139m의 혁명기념탑이 박물관을 품은 채 우뚝 솟아 있으며, 아바나에서 270km 떨어진 산타클라라에는 체 게바라 기념관과 혁명광장이 자리하고 있다. 미국 작가 헤밍웨이가 남겨놓은 유물유품도 흥미롭다. 면적: 728.26km², 인구: 약 210만 명(2012년)

아바나항 전경
멕시코만과 아바나만을 잇는 좁은 해협에 면하고 있어 최적의 항구 조건을 갖추고 있다. 아메리카대륙과 스페인 본토를 연결하는 중계무역항으로 발달해왔으며, 스페인들은 항구를 비롯한 아바나를 '인디언으로의 열쇠'라고 그 중요성을 평가하였다. 정박과 하역에 필요한 현대설비를 구비하고 있는 아바나항에는 대형 선박들의 접안이 가능하며, 쿠바 수출입 화물의 대부분이 이 항을 통과한다.

01 **산타 클라라(Santa Clara)의 체 게바라 기념관과 혁명광장.**
아바나에서 동쪽으로 270km 지점에 있는 산타 클라라는 쿠바 중앙부의 핵심도시다. 체 게바라가 이끈 산타 클라라 전투(1958년 12월)는 쿠바혁명의 승리에 결정적 역할을 하였다. 그것을 기리기 위해 시 교외에 체 게바라 기념관(시신 안치)과 혁명광장을 지었다. 광장의 담벽에는 "체 게바라를 닮기를 원한다."라는 카스트로의 말이 금물로 찬란하게 새겨져 있다. 시내에 있는 노천 열차박물관에는 이 역사적인 전투에 관한 유물과 기록들이 전시되어 있다.

02.04 **쿠바혁명 승리의 두 주역 체 게바라와 카밀리의 대형 초상화**
아바나 혁명 광장에 있는 혁명기념탑을 기준으로 좌측 건물(외교부)에 체 게바라, 우측 건물(정부청사)에 카밀리의 초상화가 걸려 있다.

03 **높이 139m의 혁명기념탑**
쿠바혁명 승리를 기리기 위해 세운 이 탑 안에는 혁명박물관이 있으며, 정상에서는 아바나 시내가 한눈에 들어온다. 박물관 1층에는 쿠바의 국부격인 호세 마르티의 대형 초상화와 함께 그에 관한 전시관이 있다.

05

05 **아바나만의 부두**

06 07

06
온갖 구형의 외제차가 시내를 누빈다. 놀랍게도 그 가운데는 50여 년 전(혁명
전)에 들어온 미제차가 적잖다.

07 **사탕수수밭**
1762~1763년 영국이 잠시 통치한 기간에 사탕수수 재배와 설탕 생산이 전해
들어왔다.

08

09 10

08 옛 극장 건물
상당히 웅장하고 화려한 건물인데, 지금은 휴관으로 보수를 기획 중이라고 한다.

09 모로(Moro) 요새
1589년에 축조된 큰 규모의 방어요새로 화포를 비롯한 무기들이 전시되어 있다. 여기에도 체 게바라 전시실
이 있는데, 그의 생전 사무실과 가족관계, 국제활동상을 엿볼 수 있는 유품들(가방과 무전기 등)이 눈길을 끈
다. 아바나에는 이 요새말고도 1774년에 지은 '신대륙' 최대의 요새인 라 카파니야 요새가 있다. 그만큼 아바
나는 전략적으로 중요한 곳이었다.

10 아바나 대성당
지금은 이용되지 않고 있다.

11
12

13 14

11.12 엘 플로리디티 바의 헤밍웨이와 그가 즐겨 마셨던 칵테일(모히토와 다이키리)

미국 작가 헤밍웨이(Ernest Hemingway, 1899~1961년)는 전후 22년간 아바나에 머물면서 작품활동을 하였다. 숱한 작품 가운데 『노인과 바다』(1952년)로 퓰리처상을 받았고, 연이어 노벨문학상을 수상하였다. 작가는 이른바 현대의 지성과 문명을 속임수로 보고 가혹한 현실에 맞섰다가 최후를 맞는 인간의 비극적 모습을 간결한 필치로 그리고 있다. 그가 즐겨 찾던 엘 플로리디티 바는 지금도 관광객들로 문전성시를 이루며, 교외에는 만년을 보낸 비히아 농장과 고택이 있다. 그는 카스트로와는 낚시를 함께할 정도로 친분이 두터웠다고 한다. 이 바에 걸려 있는 두 사람의 다정한 포즈로 찍은 사진이 그것을 말해주고 있다.

13 구시가의 정경

16세기부터 지어진 구시가는 1982년에 유네스코 세계문화유산으로 등재되었다.

14 카니발 축제를 즐기는 거리의 광대놀음 모습

카라카스

Caracas

베네수엘라(Venezuela)의 수도로, 카리브해에서 내륙 쪽으로 아비야(Abya)산을 넘어 동서로 길게 뻗은 고도 약 900m의 카라카스 분지에 위치하고 있다. 지형상 해안을 이룬 산이 방벽이 되어 외래의 공격을 피해 비교적 안전하게 마을을 형성 유지할 수 있었다. 그러다가 1567년 스페인 침략자 디에고 데 로사다(Diego de Losada)가 지금의 카라카스를 건설하였다. 카라카스라는 이름은 당시 주변 계곡에 살던 토착민족의 이름에서 유래했다고 한다.

카카오 재배 등으로 카라카스의 경제적 가치가 커지면서 도시는 확장되었고, 1777년 베네수엘라 도독령(都督領)의 수도가 되었다. 약 300년간의 스페인 식민지 통치를 거친 후, 19세기 초 이 나라의 국부로 추앙받는 카라카스 출신의 시몬 볼리바르(Simón Bolívar)는 콜롬비아 · 에콰도르 · 베네수엘라 3국으로 그란콜롬비아공화국을 세워 독립전쟁을 전개하였다. 그 결과 베네수엘라는 1830년 카라카스를 수도로 분리 독립하여 파리를 본보기로 한 카라카스의 근대화를 추진하였다. 20세기 초 카라카스 호수 지역에서 석유가 생산되면서 농촌에서 많은 인구가 카라카스를 비롯한 도시에 몰려들기 시작하였다. 카라카스는 유입되는 인구를 충분히 수용하지 못한 채 주변의 구릉지에 빈곤한 슬럼가가 형성됨으로써 오늘날까지도 빈곤문제 해결은 큰 사회적 이슈로 떠오르고 있다.

시내의 중앙광장인 볼리바르광장에 면해 있는 대통령궁전과 볼리바르의 생가는 나름대로 아담하고 소박하다. 이슬람 사원과 가톨릭 성당이 좁은 길 하나를 사이에 두고 나란히 서 있는 모습이 인상적이다. 주택을 건설하고 도로를 넓히며 상점을 늘이는 등 사회의 제반 문제를 해결하려는 노력이 곳곳에서 감지된다. 그러나 갈 길은 아직 멀어 보인다. 면적: 433km², 인구: 약 210만 명(2011년)

본체가 잘린 콜럼버스 동상
볼리바르대로 옆 베네수엘라 광장의 한 모퉁이 언덕 위에 세워진 콜럼버스 동상의 본체(콜럼버스상)는 2004년에 끌어내렸다가 올려놓는데 시민들이 다시 끌어내렸다고 한다. 그래서 지금은 하단부분만 남아 있다. 콜럼버스를 침략의 선봉장으로 보는 데서 오는 저주의 표시일 것이다. 콜럼버스는 제3차 대서양 횡단 항해 때 베네수엘라를 발견하고 파리아(Paria)섬에 상륙하였다고 한다. 그의 상륙을 기념해 세운 것이 바로 이 비운의 동상이다.

01,02 **볼리바르 광장의 볼리바르 기마상과 그의 초상**
원래 볼리바르 광장은 대광장(Plaza Mayor)에 이어 아르마스 광장(Plaza de Armas)으로 불려오다가 어느새 볼리바르 광장으로 불리게 되었다고 한다. 이곳은 여러 중심도로의 기점으로, 주변에 국회의사당과 시청사, 성당 등 건물들이 배치되어 있다.

03 **'라틴아메리카 해방의 아버지' 볼리바르**(Simón Bolívar, 1783~1830년)의 생가
볼리바르광장 동쪽 노르테(Norte)가 1번지에 볼리바르가 나고 자란 생가가 있으며, 볼리바르 박물관이 생가에 붙어 있다. 부유한 명문가에서 태어난 볼리바르는 일찍이 양친을 여의었지만, 어릴 적부터 면학(勉學), 총명해 유럽 계몽사상의 영향을 받아 16살에 스페인에 유학하고, 프랑스와 이탈리아 등 나라들을 역방하면서 남미 독립운동의 구상을 무르익혔다. 1807년 고향에 돌아와 독립운동에 헌신해 베네수엘라 독립을 선포하였다(1811년). 이어 독립군 장교로 콜롬비아를 해방하고(1819년) 베네수엘라와 에콰도르 및 콜롬비아 세 나라로 그란콜롬비아공화국을 성립해 초대 대통령에 취임하였다. 취임 후 볼리비아의 해방에도 진력하였다. 오늘날의 볼리비아 국명은 그의 이름에서 유래하였다. 그러나 공화국 내부의 권력다툼으로 콜롬비아로 망명해 그곳에서 병사하였다.

04 **국회의사당 외관**
25%의 금이 함유된 돔을 이고 있는 우아한 백색 건물이다.

05　화사한 명절 옷차림의 베네수엘라 여인들

06.07　좁은 골목길 하나를 사이에 두고 마주하고 있는 이슬람 사원(마스지드, 좌)과 가톨릭 성당(우)

08　40만이 밀집한 시 주변의 슬럼가(빈민촌)
안전 때문에 외부인의 출입이 거의 통제되고 있다. 이 빈민촌 구제가 가장 큰 사회문제이자 정치문제라고 한다.

제4장
동아메리카

리우데자네이루

Rio de Janeiro

리우데자네이루는 1960년까지 브라질의 수도였으며, 세계 3대 미항 중 하나로 2012년 유네스코 세계문화유산으로 등재되었다. '리(현지발음은 '히')우 데 자네이루'는 포르투갈어로 '1월의 강(江)'이라는 뜻인데, 그 유래가 흥미롭다. 1502년 1월 구아나바라(Guanabara)만을 발견한 포르투갈의 탐험가 카브랄(P. A. Cabral)은 만을 강으로 착각하고 포르투갈어로 강이라는 뜻의 '리오'와 1월이라는 말의 '자네이루'를 합성해 이곳을 '리우 데 자네이루'라고 불렀다. 오명(誤名)으로라도 알려지자 이곳은 곧 열강들의 각축장으로 변하였다.

16세기 중엽 프랑스는 귀중한 염료의 원료인 이곳 특산 '브라질나무(파우 브라질)'를 얻기 위해 불의에 침공했다가 1567년 1월 20일 터줏대감 포르투갈에 격퇴당하였다. 이날은 바로 가톨릭의 성 세바스티안 기념일이자 포르투갈 왕 동 세바스티앙의 생일이어서, 아예 이곳 이름을 '산 세바스티안 드 리오 데 자네이루'로 바꿨다. 이때부터 성 세바스티안이 리우데자네이루의 수호성인이 되었으며 1월 20일이 정식 공휴일로 제정되었다.

기름진 땅에서 생산되는 풍성한 농산물에다가 주변의 미나스 제라이스(Minas Gerais)주에서 채굴되는 금과 다이아몬드 등 광물이 수출되기 시작한 17세기 말엽에 이르러 리우데자네이루의 중요성은 급상승하였다. 1763년에는 총독부가 살바도르에서 이곳으로 옮겨왔다. 그러다가 1822년 브라질이 포르투갈에서 독립한 후 1960년 다시 브라질리아로 천도할 때까지 근 200년간이나 공식 수도였다.

여기서 해마다 세계적인 광기 축제인 카니발이 열리고 있다. 카니발을 열광의 도가니 속에 몰아넣는 삼바춤의 고향이 바로 여기다. 시내에는 브라질의 최대 박물관인 국립박물관을 비롯해 국립역사박물관, 식물 8,000종을 갈무리한 식물원, 그리고 해발 710m의 코르코바도 언덕에 38m의 높이로 우뚝 솟은 그리스도상 등 볼거리가 수두룩하다. 면적: 1,260km², 인구: 약 6,300만 명(2010년)

코르코바도(Corcovado) 언덕 위의 예수상과 리우데자네이루항 전경
1931년 해발 710m의 코르코바도 언덕 위에 세워진 예수 석상은 리우데자네이루(약칭 '리우')의 상징으로 동쪽을 향해 굽어 살피는 모습이다. 상의 높이는 30m, 기대까지는 38m이고, 일자로 곧게 뻗은 두 팔의 길이는 28m이며, 총 무게는 1,145톤에 달하는 거대 구조물이다. 리우는 살바도르에 이어 근 200년 동안(1763~1960년) 브라질의 수도로 번영해왔다.

A expansão humana recente
The recent human expansion

Esquimós

ÁSIA

EUROPA

Paleoíndios

Povos Na-Dene

ÁFRICA

AMÉRICAS

120 mil anos atrás

Entre 8 mil
e 9 mil anos atrás

OCEANIA
50 mil anos atrás

11.500 anos atrás

- Da África para a Ásia e a Oceania
- Teoria das 3 ondas migratórias
- Teoria das migrações litorâneas

Luzia

Sítio arqueológico de Lapa
Vermelha, na região de Lagoa
Santa, Minas Gerais, onde foi
encontrado o esqueleto mais

01 국립박물관 외관
킨타 다 보아비스타 공원 안에 있는 브라질 최대의 박물관으로 콜로니알 양식
의 건물이다. 내부에는 브라질뿐만 아니라, 라틴아메리카 전체와 관련된 고고
학 · 민족학 · 동물학 · 식물학 등 각 방면의 귀중한 자료들이 전시되어 있다. 무
게가 5,360kg나 되는 세계 최대 운석 '벤데고'(1888년 바이아주 벤데고강에서 발
견)도 여기서 만날 수 있다.

02 희귀조(국립박물관)

03.04.05 국립박물관에 소장된 고대 인형(우)**과 토기**

06 고인류의 이동로
아프리카에서 탄생한 고인류가 유라시아를 거쳐 북미와 남미까지 이동한 경로
를 밝히고 있는 지도로 학술적 가치가 높다.

07 고대 항해로를 명시한 지도(국립역사박물관)
브라질을 비롯한 남아메리카(America Sur)와 아프리카 지형은 근사하게 묘사
했으나, 남아메리카 동북부에 자리한 신대륙(Terra Nova)의 범위는 지나치게
크며 애매모호하다.

08 노예 학대상(국립박물관)

09	10		13
11	12		14

09 칸델라리아(Candelária) 교회
리우의 최초 교회로 1630년에 시공해 181년 만인 1811년에 완공하였다. 로마의 성 베드로교회를 본따 지었는데, 신르네상스 양식의 내부장식을 1878년에 바로크 양식으로 개조하였다.

10 중국식 정자
킨타 다 보아비스타 공원 안에 있는 이 중국식 정자는 1812년 중국 차 수입을 기념하기 위해 이곳에 지어놓았다고 한다.

11.12 바우 브라질(브라질 나무)
붉은 색 염료의 원료로 쓰이는 나무로 16세기 중엽 프랑스가 이 원료를 얻기 위해 브라질을 불의에 침공할 정도로 귀중한 염료 원료였다. 지금은 거의 멸종상태여서 식물원에서나 볼 수 있다.

13 고대 인디오들의 장식품(국립박물관)

14 인디오 노예 전사들(국립박물관)
식미주의자들은 용맹한 인디오의 청장년 노예들을 전사로 키워 침략과 탄압의 전쟁에 용병으로 이용하였다.

살바도르

Salvador

브라질 동부의 바이아(Bahia)주 주도로, 토도스 오스 산토스만(Baia de Todos os Santos)의 북안에 자리한 항구도시다. 1549년 초대 브라질 총독 토메 데 사우자에 의해 건설된 이 도시는 1763년까지 식민지의 수부(首府)였다. 제당업(製糖業)의 중심지와 노예무역의 거점으로 번영을 누려왔다. 도시는 크게 하도(下都, 저지대, Cidade Baixa)와 상도(上都, 구릉지대, Cidade Alta)의 두 지역으로 나뉜다. 하도는 해변가에 면해 있고, 상도는 높이가 100여 미터나 되는 언덕 위에 자리하고 있어, 이 두 지역은 대형 엘리베이터나 가파로운 산길로 연결한다. 70여 개의 교회를 비롯해 식민시대의 건물이 적잖으며, 근교에는 석유화학과 섬유, 식품, 기계 등 공업단지가 있다.

주정부가 있는 하도에는 대형 선박이 정박할 수 있는 항구가 있어 도시의 교역을 주도하고 있다. 본핌(Bonfim)교회를 비롯한 교회들이 성황을 이루며, 지금은 민예품시장으로 개조한 옛 노예시장 터도 있다. 주로 노예의 후예들이 모여 사는 흑인촌이나 빈민촌이 곳곳에서 눈에 띈다. 호수 한가운데 10여 종의 여신(女神)상이 세워져 있는데, 의상 색깔이 각각이다. 백색 의상이 최고 신의 의상이라고 한다. 각 부족마다 믿는 신이 다르며, 신에 따라 고유한 축제가 거행된다. 아프리카적인 요소가 다분한 민속이다. 해변가에는 해신을 모시는 사당과 게이들을 위한 산책로가 따로 마련되어 있다. 망고수가 음덕(蔭德)을 베풀 만큼 무성하다.

상도는 하도와 다른 분위기다. 한마디로 부자동네다. 프란체스코교회와 바실리카 대성당을 비롯해 화려함과 사치가 극치에 이른 대형 교회들이 몰려 있다. 해마다 삼바축제가 열리는 광장, 고풍이 물씬 풍기는 거리와 상점, 각양각색의 바르크식 건물과 주택 등 모든 것이 이 한 곳에 집중되어 있다. 면적: 706km², 인구: 약 290만 명 (2007년)

해안 요새
200여 년간(1549~1763년) 브라질의 첫 수도로 해변가 여러 곳에 요새가 자리하고 있으며, 고풍이 물씬 풍기는 고도다. 특히 아프리카 노예와 그 후예들에 의해 전파된 아프리카풍 악무와 생활습속이 아직도 그 여운을 짙게 남기고 있다. 살바도르는 브라질에서도 무덥기로 이름난 고장이다. 무더위를 식혀주는 데는 카피린냐(capirinha)가 그만이다. 사탕수수 술인 카샤샤(cashaça)에 레몬과 설탕을 섞은 일종의 칵테일이다.

01

02 03

01 본핌(Bonfim) 교회

대서양이 내려다보이는 언덕 위에 지어진 이 교회는 '기적의 교회'라고 한다. 옛날 포르투갈의 배 한 척이 조난을 당해 선장이 신에게 기도를 올리자 무사히 이곳 살바도르에 도착했다고 한다. 그 기적을 기리기 위해 18세기에 이 교회를 지었다. 특이한 것은 천장에 마네킹의 발이나 손이 달려 있는가 하면, 벽에는 병원 침대에 누워 있는 사람이나 결혼식 사진이 붙어 있는 것이다. 주인공은 이 교회에서 기도한 결과 치유되었거나 행운을 맞은 사람들이라고 한다. 정문 난간에는 기원을 담은 색색의 리본이 가득 매달려 있다.

02 산 프란체스코 교회

상도에 위치한 이 교회는 18세기 브라질의 대표적 바로크 양식의 건물로 '황금의 교회'라고 불린다. 벽과 천장은 금분으로 칠하고, 회랑은 푸른색과 흰색 타일화 일색이다. 매주 화요일은 '축복의 날'이다.

03 바히(Bahi)주 청사 앞 광장에 있는 한 민족 영웅의 동상(높이 약 40m)

04
05
06
07

04 해변가에 설치된 화합 조각

05 달동네 평상가옥
빈민들이 여건(자금)이 되는 대로 평상 위에 층을 올려 다주택을 만든다.

06 바히 지역의 전통음식 무케카
물고기에 만디오바(감자 비슷) 가루와 푸른 고추를 비롯한 각종 야채를 넣어 푹 끓인 음식이다.

07 각이한 옷차림의 여신들
부족마다 다르게 믿는 10여 종의 여신들이 각이한 복장을 하고 호수면을 누비고 있다.

상파울루

São Paulo

브라질 상파울루주의 주도이며 최대의 도시다. 16세기 중엽에 브라질 해안의 산투스를 개척한 포르투갈은 상파울루에 내륙과 연결되는 거점도시를 세웠으나 원주민의 공격 등으로 인해 오래 정착하지 못하였다. 그후 이곳을 찾은 예수회 신부들이 예수회학교를 설립하는 등 학교 중심의 마을로 꾸려나갔다. 마을이 세워진 날이 사도 바울의 개종일과 일치해서 마을 이름이 상파울루로 정해졌다. 상파울루는 토양이 사탕수수 재배에 적합하지 않고 부존자원도 변변치 않아 포르투갈의 식민시기에는 탐험대나 들르는 정도의 마을에 불과하였다.

그러나 1822년에 브라질이 독립하면서 발전하기 시작하였다. 특히 19세기에 들어와 토양과 기후가 커피 경작에 적합한 상파울루가 중요한 커피 재배지로 부상하였다. 커피의 재배와 생산에 필요한 노동력, 특히 흑인노예들이 유입되면서 인구가 급증하였다. 초기에는 노예 노동력을 많이 이용하였으나 노예제도가 폐지되면서부터는 유럽의 이민자들이 많이 늘어났다. 그리하여 지금의 상파울루 중심가인 파울리스타(Paulista)대로에 유럽에서 온 커피 농장주들의 주거지가 형성되었다.

20세기에 들어와서 상파울루는 자동차 산업 등에 힘입어 브라질 최대의 도시로 성장하였다. '동양인 거리'의 주역은 40여 개 점포를 운영하고 있는 일본인이다. 일본은 동양의 그 어느 나라보다도 일찌감치 남미에 진출해 터전을 닦아놓았다. 도시의 북쪽에 한 농가를 개조해 만든 '개척의 집'이라는 자그마한 박물관은 이른바 '개척'이라는 명목으로 끌려온 흑인노예들의 참상을 사진과 유물로 생동하게 보여주고 있다. 사실 라틴아메리카의 식민지 개척에는 아프리카 흑인들의 피와 땀이 고스란히 스며 있다. 면적: 1522,9km², 인구: 약 1100만 명(2011년)

이피란가(Ipiranga) 공원(일명 독립공원)
이피란가 언덕에 자리한 공원으로 1922년 독립 100주년을 맞아 조성하였다. 1822년 9월 7일 돈 페드로 1세는 이곳에서 '독립이냐 죽음이냐'라는 절규로 독립을 선언하였다. 공원 내에는 그가 독립을 선언하는 용태를 형상한 동상(독립기념비)이 우뚝 서 있다. 이 기단 면적만도 1,600m²에 달하는 피라미드 형태의 기념구조물 상좌에는 돈 페드로 1세를 비롯한 병사 131명의 동상이 새겨져 있으며, 기단 밑에는 왕과 왕비의 유골이 안치되어 있다.

01   **가족과 함께 끌려가는 노예들**

02   **개척자의 집**(Casa do Bandeirante)
시 북쪽 고즈넉한 곳에 자리한 이 집은 18세기의 한 농가를 개조한 노예박물관
이다. 주로 산투스항을 거쳐 '개척'의 미명으로 이곳에 끌려온 아프리카 노예들
은 얼마간 이 집에 묵은 후 팔려나갔다. 작은 박물관이지만 노예들의 참상을 고
발하는 각종 사진자료와 문헌기록, 형구들과 생활도구들이 전시되어 있다. 라
틴아메리카의 오늘은 이렇게 아프리카 노예들의 목숨과 피땀으로 바꾼 장물(贓
物)임이 극명하다.

03   **식민주의자들에 대한 노예들의 결사항전 장면**(개척자의 집)

04   **삼엄한 감시 속에 광산노동을 강요당하는 노예들**(개척자의 집)

05

06

05 **리베르다데(Liberdade) 구역에 있는 동양인 거리(Bairro Oriental)**
일본인이 다수이고 화교가 버금가는 이 동양인 거리에는 동양 화물이 없는 것이 없다. 오사카의 어느 한 거리로 착각할 정도다.

06 **일본 나무**
브라질 최대의 상파울루 미술관 맞은편의 자그마한 수목원 안에 수종은 알 수 없으나 '일본 나무'라는 명패가 달려 있다. 일본 이주민들에 의해 옮겨온 일본 나무로 짐작된다. 칠레에는 일본 벚꽃나무(사쿠라)가 자라고 있다.

기하학 문양으로 산뜻하게 꾸민 것이 특색이다.

08 세(Se) 성당 외관
시 중심에 있는 자그마한 성당이나 아담하며 내부는 화려하다. 성화(聖畵)들이 여러 점 걸려 있다.

07

08

07 파울리스타(Paulista) 박물관
상당히 화려한 이 박물관은 포르투갈의 한 귀족이 베르사유 궁전을 본따 지은 저택을 1895년에 개조한 것이다. 주로 근대 귀족들의 사치스러운 생활모습을 담은 유물들을 전시하고 있어, '귀족 박물관'이라는 별명을 갖고 있다. 드넓은 정원을 기하학 문양으로 산뜻하게 꾸민 것이 특색이다.

08 세(Se) 성당 외관
시 중심에 있는 자그마한 성당이나 아담하며 내부는 화려하다. 성화(聖畵)들이 여러 점 걸려 있다.

산투스

Santos

브라질 상파울루주(州)의 대서양에 면한 항구도시로 상파울루(São Paulo)의 외항(外港)이며, 브라질 제1의 자유무역항이면서 세계 최대의 커피수출항이다. 16세기 중엽에 포르투갈의 귀족 브라스 쿠바스(Brás Cubas)가 브라질 내륙을 개척하기 위한 거점으로 이곳에 항만과 성당 등을 건설하였고, 18세기에는 북쪽으로 75km 떨어진 상파울루까지 연결하는 도로가 부설되어 산투스는 식민시대의 주요한 무역항으로 성장하였다.

19세기에 들어와 산투스 인근 내륙지역에서 커피가 대대적으로 경작되면서 산미(酸味)가 적고 부드러운 맛이 특징인 산투스 커피가 산투스항을 통해 유럽과 미국으로 다량 수출되었다. 항만 연안에는 1922년에 지은 옛 커피거래소를 개조한 커피박물관이 있다. 1층에서는 브라질산 각종 커피를 시음하고, 2층에서는 커피 생산에 관한 지식을 전수받을 수 있다. 커피 세계의 '거인'으로, '군주'로 군림한 브라질은 20세기 초에 벌써 세계 커피의 40~50%를 생산하였으며, 지금은 연간 생산량이 약 280만 톤(2008년)으로 생산과 수출에서 단연 세계 1위를 차지하고, 소비에서는 미국 다음으로 2위에 오르고 있다.

오늘날 산투스항은 커피뿐만 아니라, 옥수수와 설탕, 밀가루도 수출한다. 부둣가에는 이러한 수출품의 대형 저장고가 즐비하다. 또한 1일 8~10회의 여객선도 운영한다. 한 가지 놀라운 것은 브라질 커피의 70%가 일본인들이 경영하는 커피농장에서 생산된다는 사실이다. 동양인의 구미에 맞는 이구아커피가 바로 1920년대부터 이곳에서 커피 개발에 착수한 일본인들이 경영하는 농장에서 가공된 것이다. 산투스는 난(蘭) 재배지로서도 유명하다. 난공원을 비롯해 화사한 난들이 지천으로 깔려 있다. 면적: 280.674km², 인구: 43만 명(2013년)

산투스항
오랫동안 한적한 섬 마을에 불과했던 산투스는 19세기 중엽부터 상파울루주에서 커피 생산이 폭발적으로 증가하자 일약 '커피항'으로 둔갑하였다. 세계 커피 소비량의 7~8%를 차지하는 브라질 커피의 대부분이 이 항을 통해 유럽이나 북미로 수출되었다. 게다가 커피가 전성기를 맞은 1세기 동안 약 300만 외국 이민자가 이 항구를 통해 브라질로 입국하였으며, 1930년대부터 상파울루 권역이 라틴아메리카 최대의 공업지대로 성장함에 따라 산투스는 '이민의 항', '공업지대의 항'으로 탈바꿈하기도 하였다.

01 옛 커피거래소
커피 교역상담이 이루어지던 2층짜리 거래소가 지금은 커피박물관으로 이용되고 있다. 1층은 커피숍이고, 2층은 커피의 생산과 교역과정을 보여주는 전시실이다.

02 최상의 커피라고 하는 Jacu Bird Coffee
향기롭고 감칠맛이 나는 커피다.

03 1층에서 직접 원두커피를 볶는 장면

04 옛 산투스항 모습

05 커피 포대를 말 잔등에 실어 나르는 모습

06 1920년대 일본인이 경영하는 커피농장 농장원들
산투스는 일본인들이 브라질 이민의 첫발을 내디딘 곳으로, 여기에 1998년 '브라질 일본계 이민 90주년 기념비'를 세웠다.

이과수 폭포

이과수는 브라질과 아르헨티나의 국경을 이루는 수계(水界)로, 브라질쪽 이과수를 포스도 이과수(Foz do Iguaçu)라 하고, 아르헨티나쪽 이과수를 푸에르토이과수(Puerto Iguaçu) 라고 한다. 유역면적의 크기로 보면 푸에르토이과수가 80%을 차지해 훨씬 넓다. 원주민 과라니족 말로 '큰 물'이라는 뜻의 이과수 폭포는 브라질 파라나주의 쿠리치바 근처에서 발원한 이과수강이 아마존 북부에서 흘러온 파라나강과 합류해 이곳에서 장대한 폭포를 이룬다. 이 폭포는 지금으로부터 1억 2천만 년 전에 이미 알려져왔으며, 이곳 원주민들은 내내 성지로 추앙하였다. 서양에 처음 이 폭포가 알려진 것은 16세기 중반이다.

이과수 폭포는 나이아가라 폭포와 빅토리아 폭포와 더불어 세계 3대 폭포의 하나로 꼽 히고 있다. 무엇을 기준으로 하여 가늠하는가에 따라 이 세 폭포 서로의 우위를 점친다. 너 비(4.5km)와 평균낙차(70m)로 보면 이과수가 단연 1위이나, 수량(240~830만m²)에서는 나이아가라가 앞선다. 공통점은 모두가 두 나라의 수계를 이루지만, 수량이나 규모에서는 어느 한 쪽에 치우친다는 점이다. 그러나 이과수 폭포 만의 자랑은 폭포의 자연경관뿐만 아니라, 동식물의 보고라는 점이다. 두 쪽 국립공원이 이를 말해주고 있다. 그래서 유네스 코는 1986년에 이곳을 세계자연유산으로 등재하였다.

이과수 폭포의 경관은 한마디로 조물주만이 그려낼 수 있는 한 폭의 신비경(神秘境) 그 자체다. 오죽했으면 미국 대통령 부인 엘리너 루스벨트는 이과수를 보고 '불쌍한 나이아 가라 !'라고 개탄했겠는가. 포스도이과수에서의 장관은 높이 60m의 전망대에서 물 한가 운데 100m쯤 깊숙이 늘어놓은 데크(외나무다리)를 타고 들어가 '수중체험'하면서 느낄수 있으며, 푸에르토이과수에서 제일 볼만한 곳은 이과수의 하이라이트라고 하는 이른바 '악 마의 목구멍'(La Garganta del Diablo)이다. 독특한 U자 형태의 폭 700m, 높이 82m의 '목구멍'에서는 초당 6만 톤(1톤 트럭 6만대 분)의 물을 쏟아낸다.

이와같이 이과수는 폭포를 비롯한 희유의 자연생태계를 한품에 안고 있는 명소 중 명소 다. "괜히 당신의 언어로 묘사하려 애쓰지 마시오"(Do not try to describe it in your voice) 라는 경구를 실감한다.

몬테비데오

Montevideo

우루과이의 수도다. 우루과이의 공식명칭은 '우루과이 동방공화국' (La República Oriental del Uruguay)이다. 우루과이강 동쪽에 자리한 곳이라고 하여 이런 이름이 붙여졌는데, 강을 경계로 서쪽은 아르헨티나다. 우루과이는 과라니어로 '구루새(철갑새)가 사는 강'이란 뜻이다. 수도 몬테비데오의 어원에 관해서는 1520년 이곳을 지나가던 포르투갈 항해가 마젤란이 나지막한 언덕을 보고 '몬템 비데오', 즉 '우리는 산을 보았네'라고 한 말에서 유래하였다고 한다. 1726년 이곳에 포르투갈인들이 진출하는 것을 막기 위해 아르헨티나의 부에노스아이레스 주지사가 이곳에 도시를 짓고 '몬테비데오'라고 명명하였다.

당초 이 도시는 스페인의 수비대 주둔지로 건설되었기 때문에

1776년에는 아르헨티나 연안과 포클랜드 제도 등을 관리하기 위한 스페인 해군기지가 여기에 들어섰다. 그러나 천혜의 양항(良港)으로 여러가지 유리한 지정학적 조건을 겸비함으로써 경쟁력을 갖춘 국제무역항으로 일약 발돋움하였다. 마침내 스페인 식민당국은 우루과이를 아르헨티나에서 분리시켜 독립시키고(1828년) 농·축산품의 전용 수출항으로 만들었다. 게다가 19세기 후반부터는 이탈리아를 비롯한 유럽 여러 나라에서 이민이 속속 들어오면서 몬테비데오는 번화한 국제 상업도시로 변모하였다.

시내에는 이러한 변화상을 반영한 전문 박물관과 미술관이 여럿 있다. 목동박물관(Gaucho Museum)은 발달한 남미 기마술을 보여주고, 인디언예술박물관은 식민 이전 시기 인디언들의 생활상을 전해주고 있다. 프라도 공원 내의 식물원 단풍은 참으로 신비롭다. 공원에서 10분 거리에 있는 미술관에는 페드로 피가리(Pedro Figari, 1861~1938년)를 비롯한 몇몇 유명 화가들의 작품이 선을 보이고 있다. 미술관 뒤뜨락에는 헤이세이소노(平成苑)라는 이색적인 자그마한 일본 공원이 있다. 면적: 209km², 인구: 약 130만 명(2011년)

군용 겸용의 무역항

독립과 더불어 번영의 길을 걷던 이 도시에 19세기 후반부터 여러 유럽 나라에서 이민이 모여들면서 번화한 국제상업도시로 변모하는 반면에 인구의 40%와 수출입의 75%가 한 도시에 집중(라틴아메리카에서 수도 인구 집중률에서 1위)되는 기형적 현상이 나타났다. 이것이 한때 라틴아메리카의 '스위스'라고 자랑하던 이 나라에 치유 불능의 각종 악을 몰고 와 멍들게 한 주범이다.

01

02 03

01 독립광장

도시 중심에 있는 이 광장 주위에는 식민지시대부터 물려받은 우중충한 건물들이 사위를 에워싸고 있다. 광장의 한가운데는 1974년에 건립한 우루과이 독립전쟁의 영웅 아르티가스(Gervasio Artigas, 1764~1850년)의 기마동상이 서 있다. 명문가에서 태어난 아르티가스는 일찍이 농촌 경호대의 사관으로 있다가 아르헨티나로부터의 독립운동을 전개하였다. 1820년 내침하는 포르투갈군과의 전투에서 패하자 인근 파라과이로 피신해 30년간 망명생활을 하다가 객사하였다.

02 라플라타(La Plata) 강변

소문났던 강변의 낭만은 어디론가 가뭇없이 사라지고 정적(靜寂)만이 감돈다.

03 일본 헤이세이소노(平成苑) 공원

후안 마누엘 블라네스 미술관 뒤뜨락에 있는 일본식 공원이다. 입구의 현관에는 일본 총리가 헤이세이 19년(2007년) 9월 24일에 낙성(落成)했다고 적혀 있다. 한 말뚝에 씌어 있는 '일본 이민(移民), 땀의 비(汗の碑)'라는 글귀로 보아 일본인 이민을 기리기 위해 만든 공원임이 분명하다. 소박한 공원 안에는 일본의 한 시민이 기증한 석탑과 석등이 놓여 있다.

04

05

06 07

04 **인디언예술박물관(MAPI) 외관**
어느 한 고관대작의 저택을 개조한 건물인데, 석기와 토기, 각종 편직물을 비롯해 고
대 인디언들이 사용하던 생활유품이 주로 전시되어 있다. 여러 종족들의 상세한 분
포도가 눈길을 끈다.

05 **유명한 화가 페드로 피가리**(Pedro Figari, 1861~1938년)**의 작품**(유화)
이 사진과 작품은 19세기의 유명한 화가 블라네스의 저택을 개조한 후안 마누엘 블
라네스 미술관(Museo Juan Manuel Blanes)에 소장되어 있다.

06 **인디언예술박물관 간판**

07 **유명한 화가 페드로 피가리**

부에노스아이레스

Buenosaires

아르헨티나의 수도 부에노스아이레스는 명명에서 설계와 시공에 이르기까지 모두가 외래 간섭자들에 의해 이루어졌다. 도시 이름은 이 도시 건설에 착수한 페드로 데 멘도사(Pedro de Mendoza)와 함께 이 도시를 관류하는 라플라타(La Plata)강 지역에 상륙한 산초 델 캄포(Sancho del Campo)가 대초원을 휩싼 신선한 공기에 감격해서 "이 땅은 어찌 이리도 공기가 좋을고!"라고 내뱉은 한마디 말 'buenos aires'(부에노스 아이레스, '좋은 공기')에서 유래되었다고 한다. 이것 말고도 성모 부엔 아이레(Buen Aire)에서 유래하였다는 일설도 있다.

원래 '남미의 파리'라고 하는 부에노스아이레스는 400여 년 전 서구 식민주의자들이 제멋대로 얼개를 짜놓은 도시로서 숱한 우여곡절을 겪으면서 변모해왔다. 첫 정복자 멘도사는 1536년 강가의 둑 위에 첫 기지를 꾸리고 도시를 지어나갔다. 도시가 모양새를 갖추어나가자 외국인들이 눈독을 들여 한때는 영국인과 미국인들의 손에 넘어가 농장과 대저택지로 개발되기도 하였다. 부에노스아이레스가 오늘과 같은 도시구조를 갖추게 된 것은 제2차 정복자인 후안 데 가라이(Juan de Garay) 시대의 설계에 의해서이다. 총 44개 블록(1블록=100m×100m)으로 구성된 도시구획로를 보면 0번은 정복자의 저택, 1번은 광장, 2번은 대성당, 5번은 의회(카빌로)와 감옥 등의 순으로 배치하고 있다. 0번 정복자의 저택은 오늘의 대통령궁전이고, 1번 광장은 오늘의 유명한 '5월광장'(Plaza de Mayo)이며, 2번 대성당과 5번 의회는 그대로이다.

'5월광장'은 스페인의 식민정책에 불만을 품고 자치를 요구해 일어난 아르헨티나 태생의 스페인인 크리오요(criollo)들이 1810년 5월 25일 독립을 선언한 날을 기념하기 위해 조성한 광장으로, 시의 기점인 동시에 상징이기도 하다. 이 도시에는 국립미술박물관과 후안 암브로세티 민속박물관, 메트로폴리탄 대성당, 콜론 극장(세계 3대 극장의 하나) 등 수많은 박물관과 성당, 극장과 더불어 100년의 역사(役事)를 거친 세계에서 가장 넓은 '7월 9일 거리'(폭 140m)가 있다. 면적: 203km², 인구: 약 290만 명(2010년)

'카미니토'(Caminito)로 생기를 되찾고 있는 보카 지구(Barrio Boca)
보카 지구는 한때 아르헨티나의 제1 항만도시이며 탱고의 발상지다. 그러한 번영과 낭만의 도시가 점차 침체해지자 당국은 1948년에 이곳을 국가역사지역으로 지정하고, 이른바 '카미니토'운동을 벌이고 있다. 원래 '카미니토'(작은 길)는 탱고의 주제가로 널리 애창되어왔다. 그 이름으로 폭 7m, 길이 100m의 골목길 공원을 조성하고 각양각색의 집을 지으며 거리화가들을 유치해 민화 같은 것을 그리도록 할 뿐만 아니라 탱고로 밤낮으로 흥을 돋우도록 하고 있다.

01　노예들의 부두노역 그림
노예들은 작업 뒤에는 부둣가 선술집에 모여 탱고로 향수와 고역을 달래곤 하였다.

02.03　라틴아메리카가 원산지인 각종 농산물
후안 암브로세티 민속박물관(Museo Etnográfico Juan B. Ambrosetti) 2층에 전시된 옥수수, 감자, 고추, 땅콩, 편두(扁豆) 등 라틴아메리카 특산물인데, 이러한 산물이 16세기 이후 해상 실크로드를 통해 유라시아의 광범위한 지역에 전파되었다. 이것은 실크로드가 협애한 유라시아 구대륙을 벗어나 환지구적 문명교류 통로로 확대되었음을 입증해주고 있다.

04.05　레콜레타 공동묘지에 묻혀 있는 페론 대통령과 부인 에비타의 묘비

06　연설하는 에바 페론의 대형 초상화
'7월 9일 거리' 끝에 있는 한 방송국 벽에 걸려 있는 후안 페론 대통령의 부인 에바 페론(애칭 에비타)의 초상화로, 현란한 조명을 받으며 오가는 시민들을 굽어보고 있다. 폭 140m의 '7월 9일 거리'는 세계에서 가장 넓은 거리로 알려져 있다. 이 길은 아르헨티나가 한창 세계 5대 부국의 하나로 영화를 누리던 1887년에 시공해 근 100년에 걸쳐 완공한 대역사(大役事)다.

07   시의 기점이자 상징인 '5월광장'과 분홍빛 대통령 궁전
대통령 궁전 앞 광장에는 독립 1주년을 맞아 세운 흰색의 '5월의 탑'이 우뚝 서
있다. 근간에 이 광장을 더욱 유명하게 만든 것은 '5월광장 어머니회' 회원들이
매주 목요일마다 하얀 머릿수건을 두르고 군사정권 때(1976~1983년) 실종된
자식들을 찾아달라고 절규하면서 집회를 연 일이다.

08   보키 지구 거리 식당에서 선보이는 남녀 혼성 탱고
아르헨티나 사람들은 탱고 음악을 들으며 태어나고 자라며, 탱고를 통해 사랑을
구가하고 아픔을 달래는 등 탱고야말로 그들의 일상이다.

09   콜론 극장(Teatro Colón)
이탈리아의 밀라노 극장에 이어 세계에서 두 번째로 크며, 파리 오페라 극장과
함께 세계 3대 극장의 하나로 꼽힌다. 대리석 기둥과 조각품들, 24K의 금장식
기둥들, 전구가 700개나 달려 있는 상들리에 등, 한마디로 화려한 궁전이다. 역
시 아르헨티나가 영화를 누리던 그 시절인 1908년에 이탈리아 르네상스 양식
으로 지어졌다. 이 6층 건물의 수용인원은 입석까지 4,000명이며, 매년 시즌에
는 100여 개의 프로그램이 상연된다.

10   일본정원
식당과 도서실 등을 갖춘 일본식 정원이다.

11   거리벽화
해학과 사실성을 생명으로 하는 거리벽화는 라틴아메리카 회화 특유의 한 장르다.

우수아이아

Ushuaia

아르헨티나 산타페주 주도로 남위 54° 48′, 서경 68° 19′의 아르헨티나 티에라 델 푸에고(Tierra del Fuego)섬에 자리한 우수아이아는 '세상의 땅끝'으로 알려진 세계 최남단의 항구도시다. 이곳에는 오래전부터 야마나족(Yámana) 원주민들이 거주해왔는데, 1520년 대서양 연안을 따라 남하하던 마젤란이 이 섬을 발견했을 때 이들 원주민들이 태우는 불길을 보고 섬의 이름을 '불의 땅(티에라델푸에고)'이라고 지었다.

19세기 중반 찰스 다윈이 영국의 탐사선 비글(Beagle)호를 타고 6년간 브라질과 아르헨티나, 칠레를 탐사할 때 이곳을 지나면서 우수아이아는 처음으로 세상에 알려졌다. 그는 1839년에 『비글

(Beagle)호 항해기』를 발표하였다. 그후 영국 선교사들이 찾아와 정착했고, 19세기 후반부터는 금광이 개발되면서 식민 인구가 급증하였다. 1881년에 티에라 델 푸에고섬은 동서로 분할되었는데, 서부는 칠레령으로, 동부는 아르헨티나령이 되면서 우수아이아는 아르헨티나에 속하게 되었다. 1904년에 우수아이아는 푸에고 연방령의 수부(首府)가 되었으며, 20세기 전반 한때는 정치범 유배지가 되었으나 50년대에 폐지되었다. 이후 해군기지로 이용되기도 하고, 목축업과 어업·목재업·석유·금광·천연가스 등 부존자원이 개발되기 시작하였다.

시내에는 야마나 박물관(Museo Yámana)을 비롯해 남극 원주민들의 역사와 문화를 소개하는 자그마한 박물관 몇 군데가 있으며, 근교에는 남극지방의 자연환경과 생태계를 체험해볼 수 있는 티에라 델푸에고 국립공원과 마르티알(Martial) 빙하, 그리고 비글 해협이 관광을 허용하고 있다. 자유무역항으로 거래의 편의도 제공해주고 있다. 면적: 23km², 인구: 약 7만 명(2010년)

우수아이아만
7월 초의 우수아이아는 한창 겨울이다. 대낮 기온이 영하 3도로 산하가 온통 은빛 세계다. 일년 내내 세찬 바람이 불고, 여름에도 평균기온이 9도 전후다. 남극에서 가장 가까운(1,000km) 세계 최남단 마을이다. 비글(Beagle) 해협에 면한 자유항으로 남극 지역의 국제무역센터라고도 할 수 있다. 뿐만 아니라, 남극의 공급기지로 남극으로 오가는 선박들은 모두가 이곳에 들러 점검을 한다고 한다.

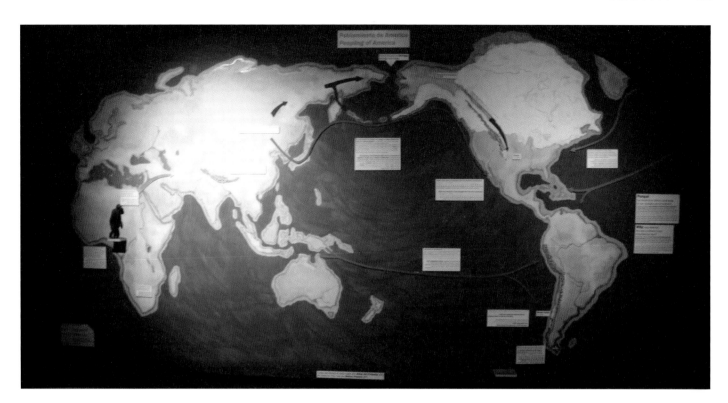

01 **매서운 칼바람이 휘몰아치는 비글 해협**(수로, Canal Beagle)
선창에서 항진 20분 거리에 빨간색과 흰색 띠를 두른 에클레르 등대(Faro les
Eclarireurs)가 보인다. 암초 위에 외로이 서 있는 등대는 너울거리는 파도 장단
에 맞춰 춤을 추고 있다. 비글 해협은 푸에고섬과 나비리노섬, 오수데섬 사이에
있는 해협으로 동쪽의 대서양과 서쪽의 태평양을 잇는 수로이며, 아르헨티나와
칠레의 국경이기도 하다. '비글'이라는 이름은 영국의 진화론자 찰스 다윈이 이
지역을 탐험할 때(1831~36년) 승선한 해군의 측량선 비글호에서 따온 이름이
다. 약관을 갓 넘은 22세의 청년 다윈은 무급(無給)의 박물학자 신분으로 비글
호를 타고 남반구 각지의 지질과 동식물 탐사에 나선다. 그는 새로운 남극세계
에 대한 탐구와 과학자의 비범한 예지로 가득한 불후의 『비글호 항해기』(1839
년)와 『산호초의 구조와 분포』(1842년), 그리고 진화론의 고전인 『종의 기원』
(1859년)을 세상에 내놓는다.

02 **비글 해협의 유람선**

03 **남극으로 떠나는 선박**

04 **푸에고섬에서 발견된 암각화**

05 **아메리카 인디오의 이동도**(移動圖)
야마나 박물관에 소장된 이동도에 의하면, 아메리카 원주민인 인디오의 조상들
은 아프리카에서 시원해 아시아대륙을 지나고 태평양을 건너 중남미에 이른다.
그중 한 파는 한반도에서 남북으로 갈라져서 북미와 중남미에 이르렀다고 확연
한 화살로 표시하고 있다. 논란이 되고 있는 아메리카 인디오의 시조와 이동문
제, 한민족과 인디오의 친연성 문제 등 굵다란 문제들에 대한 해답의 실마리를
제공해주는 아주 중요한 지도다.

06 **'땅의 끝점' 표시판**
티에라 델 푸에고국립공원(Parque Nacional Tierra del Fuego) 안에 있는 표시
판이다. '땅의 끝점'이란 아메리카대륙의 북단 알래스카에서 남북 아메리카 전
대륙을 종단한 길(육로)이 아르헨티나의 국도 3번 길로 이어져 이곳 공원에까지
와서 멎은 지점이다. 그 길이 전장은 17,848km에 달한다. 이 길은 분명 아메리
카대륙을 남북으로 이어주는 종단 육로로 범지구적 실크로드 육로의 개념으로
정리할 수 있을 것이다.

07 눈 덮인 시가

08 오타리아(otaria)와 펭귄 무리

일명 '남아메리카 바다사자'(South American Sea Lion, 남미해사 南美海獅)라고
하는 오타리아는 물개과에 속하는 바다 동물이다. '오타리아'는 '작은 귀'라는
뜻이다. 분포지는 태평양쪽에서는 페루 이남, 대서양쪽에서는 우루과이 이남
의 해안지역으로서 수심 50m 이하의 해역에 무리지어 서식한다. 다갈색 몸 길
이는 보통 수컷은 2.5m, 암컷은 2m 정도다. 주로 어패류를 먹고 사는 오타리
아의 몸무게는 150~350kg이며, 수명은 약 20년이다. 뒤뚱거리며 귀공자처럼
아양을 떠는 펭귄은 남극의 특종이다. 작은 치어(크릴 krill)를 먹고 사는 펭귄은
서로가 어슷비슷하지만 가까이서 보면 모양새가 똑같지는 않다, 크기와 서식지
가 서로 다른 7종이 있다고 한다. 마젤란 해협에는 '마젤란 펭귄'이 있다. 그 숱
한 녀석들이 떼를 지어 몰려다녀도 철저하게 일부일처제를 유지하며 암수가 금
슬이 좋기로 유명하다.

09 중심 거리에 있는 한국 옷가게 외관

창가 진열장에는 오방색 여성 한복 두세 벌과 색동천, 양장 모델 등이 전시되어
있다. 주인은 한인 교포다. 이곳에는 이 가게 말고도 분재업에 종사하는 한인 한
사람이 더 있다고 한다. 그들은 모두 우리 문화의 전도사다.

10 야마나 박물관(Museo Yámana) 외관

언덕에 자리한 개인이 운영하는 민속박물관이다. 전시실은 대소 5개로 작고 소
박하지만 알차다. 적잖은 사진과 유물로 야간족을 비롯한 인디오 원주민들의
생활상과 우수아이아의 탐험 및 발견사를 보여주고 있다. 특히 놀라운 것은 우
측 첫 전시실 벽에 걸려 있는 아메리카 인디오의 이동도다.

11 원주민인 야간족

식민주의자들의 무자비한 학살과 추방으로 인해 지금은 거의 멸종상태다.

SILK ROAD

부록

2014 해양 실크로드 글로벌 대장정

해양 실크로드 탐험대

경상북도에서는 한국문화 원형인 신라문화의 학술적 재조명과 한반도 중심의 실크로드학 정립을 통하여 新한류 문화 창조와 경제영토 확장 등을 위하여 문화와 산업을 아우르는 '코리아 실크로드 프로젝트'를 추진해 오고 있다.

이 프로젝트의 꽃이라 할 수 있는 코리아 실크로드 탐험대는 지난 2013년 실크로드 오아시스路를 따라 대한민국 경주에서 출발하여 중국~키르기스스탄~카자흐스탄~우즈베키스탄~투르크메니스탄~이란~터키 이스탄불에 이르는 60일간 총 20,947km의 긴 여정을 통해 경주가 실크로드상의 중요거점도시임을 확인하였다.

그리고 올해(2014년)는 지난해 오아시스로 탐험의 연장선에서 해양수산부, 한국해양대학교와 공동으로 '2014 해양 실크로드 글로벌 대장정'이라는 이름으로 대한민국 포항을 출발해 중국 광저우~베트남 다낭~인도네시아 자카르타~말레이시아 말라카~미얀마 양곤~인도 콜카타·뭄바이~오만 무스카트~이란 반다르압바스~스리랑카 콜롬보에 이르는 해양 실크로드 탐험대를 운영하였다.

해양실크로드 탐험대는 경상북도에서 선발한 탐험대 4개팀 22명과 한국해양대 학생 등 128명을 포함 총 150명으로 구성하여 천년 전 바닷길을 재현하여 포항~이란 반다르압바스에 이르는 45일간 22,958km의 대장정을 한국해양대 실습선 한바다호를 이용하여 탐험에 나섰다.

2014년 9월 16일 포항 영일만항에서 김관용 경상북도지사로부터 실크로드 탐험대기를 전수 받아 출정식을 가지고 대장정의 닻을 올렸다. 9월 20일 첫 기항지인 중국 광저우에 도착한 탐험대는 선조들의 흔적을 찾아 실크로드 유적을 답사하고 광동성 해상실크로드 박물관에 실크로드 상징물(신라금관)을 기증하여 실크로드 우호협력에 기여하였고 해양실크로드 국제학술세미나에 참석(광저우 중산대학교)

하여 신라(경주)가 해상 실크로드상 중요거점 도시임을 다시금 확인하였다. 또한 베트남에서는 다낭외국어대학교의 현지 학생 500명과 한국-베트남 대학생 어울림 한마당행사를 개최하여 탈춤, 태권무, 난타 등을 공연하여 한국문화를 알리는데도 적극 나섰다. 말라카에 입항 후 탐험대는 말라카 해양박물관에 전시된 거북선에 대한민국 표기를 위한 기념품(거북선 모형)을 전달하였다.

특히 인도구간에서는 1300여년전 혜초스님의 발자취를 따라 11일간, 콜카타~파트나~라지길~부다가야~바라나시~나시크~뭄바이를 잇는 2,500km의 혜초 순례길을 답사하였다. 혜초순례길 중 비하르주 파트나 인도국립공과대학에 '혜초도서관' 현판식을 가졌으며, 바라나시 사르나트(녹야원)에는 혜초기념비를 세워 혜초스님의 거룩한 업적을 재조명하고 기렸다. 인도~오만을 거쳐 이란 반다르압바스 항에 도착한 탐험대는 이란 반다르압바스 시장 등 100여명의 현지 관계자들의 성대한 환영을 받았으며, 이스파한에서의 실크로드 우호협력 1주년 기념행사에 참석하고 스리랑카 콜롬보를 마지막으로 9개국 10개항에 걸친 45일간의 성공적인 대탐험의 막을 내렸다.

2013~2014년에 걸친 '코리아 실크로드 탐험대'의 육·해로 탐험은 실크로드사상 일찍이 없었던 위대한 역사적 장거다. 이 탐험을 통해 한반도의 경주가 실크로드 상의 주요 거점도시였음을 확인함으로써 한국의 국제적 위상이 한껏 높아졌을 뿐만 아니라, 문화융성시대의 새로운 동력으로서의 실크로드가 지닌 무한한 잠재력과 전망이 밝혀졌다. 또한 대한민국이 선도적으로, 실천적으로 운영한 탐험대의 눈부신 활동은 실크로드의 세계적인 활성화에 심원한 촉진제로 작용하게 될 것이다.

2014 해양 실크로드 글로벌 대장정

Korea Maritime Silk Road Expedition 2014

01 2014.04. 01 경주에서 2014 해양 실크로드 글로벌 대장정 발대식을 가졌다.

02 2013 육상탐험루트와 2014 해양 탐험루트

03 2014. 09.16 포항 영일만항 해양 실크로드 탐험대 출정식으로 대장정의 돛을 올리다.

04 환송행사와 함께 150명의 탐험대원들이 영일만항을 출항하고 있다.

05 탐험대원들은 비상시를 대비 안전교육을 받았다.

06-10 해양 실크로드 탐험대는 베트남, 인도네시아, 인도 등 실크로드 거점도시에서 문화공연 및 현지학생과의 교류행사를 다양하게 펼쳤다.

11 2014. 10.13 바라나시 녹야원 혜초기념비 제막식으로 혜초스님의 업적을 기리다.

12 말레이시아 말라카 해양박물관에 전시된 거북선 모형에 대한 한글 표기를 위한 기념품을 전달하였다.

13 인도 뭄바이에서 주낙영 경상북도 행정부지사가 탐험대원 및 한바다호 관계자를 격려하였다.

14 경상북도–이스파한 실크로드 우호협력 1주년을 기념하여 신라금관을 전달하였다.

15 경주~이스파한에 이르는 탐험을 성공적으로 마친 탐험대는 이스파한 실크로드 우호협력비앞에서 기념행사를 가졌다.

참고문헌

고전

Ibn Khurdādhibah, *Kitābu'l Masālik wa'l Mamālik*, ed. M. J. De Goeje, Leiden 1889

The Christian Topography of Cosmas, An Egyptian Monk, Edited by J. W. McCrindle, London: Printed for the hakluyt society 2010

The Periplus of the Erythraean Sea, Translated from the Greek and annonated by Wilfred H. Schoff, Munshiram Manoharlal Publishers Pvt. Ltd. 2001

Yule, H. & H. Cordier, *Cathay and the Way Thither* : 4Vols. London 1913~16

김호동 역주『마르코 폴로의 동방견문록』, 사계절출판사 2000

馬 歡『瀛涯勝覽』, 海軍出版社 2005

嚴從簡『殊域周咨錄』, 中和書局 1993

汪大淵『島夷誌略』, 中和書局 1981

李睟光『芝峯類說』(10책 20권), 乙酉文化社 1994

張 燮『東西洋考』, 臺灣商務印書館 民國60年(1971)

정수일 역주『이븐 바투타 여행기』(1·2), 창작과비평사 2001

정수일 역주『오도릭의 동방기행』, 문학동네 2012

崔漢綺『地球典要』(7책 13권), 국립중앙도서관 소장

馮承鈞『星槎勝覽校注』, 臺灣商務印書館 民國59年(1970)

사전

加藤九祚, 前嶋信次 共編『シルクロ―ド事典』, 芙蓉書房 1993

關雄二, 靑山和夫 編著『アメリカ大陸古代文明事典』, 岩波書店 2005

落合一泰, 國本伊代, 恒川惠市, 松下洋, 福嶋正德 監修『ラテンアメリカを知る事典』平凡社 2013

石井米雄, 高谷好一, 立本成文, 土屋健治, 池端雪浦 監修『東南アジアを知る事典』平凡社 2008

三杉隆敏, 神原昭二 編著『海のシルク・ロ―ド事典』新潮社 昭和63年(1988)

三杉隆敏『海のシルクロ―ドを調べる事典』, 芙蓉書房出版 2006

雪犁 主編『中國絲綢之路辭典』新疆人民出版社 1994

小松久男, 梅村坦編, 宇山智彦集, 帶谷知可, 堀川徹 編集『中央ユ―ラシアを知る事典』平凡社 2005

小田英郎, 川田順造, 伊谷順一郎, 田中二郎, 米山俊直 監修『アフリカを知る事典』平凡社 2010

張澤和俊『シルクロ―ド博物誌』, 靑土社 1987

張澤和俊『新シルクロ―ド百科』, 雄山閣 1996

張澤和俊 編『シルクロ―ドを知る事典』, 東京堂出版 平成14年(2002)

周偉洲, 丁景泰 主編『絲綢之路大辭典』, 陝西人民出版社 2006

下中邦彦 編『アジア歷史事典』(1~12, 別卷2), 平凡社 1959~62

도록

Exploration des routes de la soie et au-delà, phaidon Press Limited 2005

Jonathan Tucker, *The Silk Road Art and History*, Philip Wilson Publishers 2003

국립경주박물관 『국립경주박물관』, 통천문화사 1997

國立中央博物館 『실크로드 美術展』, 韓國博物館會 1991

한국문명교류연구소 『실크로드도록·육로 편』, 창비 2013

齋藤忠 『圖錄東西文化交流史跡』, 吉川弘文館 1978

辛島 昇 文, 大村次鄉 寫眞 『海のシルクロード-中國·泉州からイスタンブールまで』, 集英社 2000

辛元歐 『中外 船史 圖說』, 上海書店 2009

NHK 文明の道 ③ 『海と陸のシルクロード』, 日本放送出版協會 2003

저서

Boulnois, L. *La Route de la Soie*, Paris 1963

Frances Wood, *The Silk Road*, The Folio Society, London 2002

Valerie Hansen, *The Silk Road, A New History*, Oxford 2012

宮崎正勝 『海からの世界史』, 角川選書, 平成17年(2005)

藤本勝次, 山田憲太郎, 三杉隆敏 『海のシルクロード- 絹·香料·陶磁器』, 大阪書籍 1982

方 豪 『中西交通史』(1~5), 華岡出版有限公司 民國 66年

白海軍 『海上大征服』, 東方出版中心 2009

三上次男 『陶磁の道—東西文明の接點をたずねて』, 中央公論美術出版社 平成12年(2000)

松村 劭 『三千年の海戰史(上·下)』, 中央公論新社 2010

鈴木 肇 『シルクロード航海記』, 竺摩書房 1988

羽田 正 『東インド社會とアジアの海』, 講談社 2007

유길준 저, 허경진 역 『서유견문』, 서해문집 2004

劉迎勝 『絲路文化—海上卷』, 浙江人民出版社 1995

이종호 옮김 『콜럼버스 항해록』, 서해문집 2007

張開城, 徐質斌, 盛淸才, 劉明金 編著 『海洋文化與海洋文化産業硏究』, 海洋出版社 2008

張開城 『海洋文化與海洋文化産業硏究』, 海洋出版社 2008

張俊彦 『古代中國與西亞非州的海上往來』, 海洋出版社 1986

정수일 『실크로드학』, 창작과비평사 2001

정수일 『고대문명교류사』, 사계절출판사 2001

정수일 『문명교류사 연구』, 사계절출판사 2002

헨리 율·앙리 꼬르디에 지음, 정수일 역주 『중국으로 가는 길』, 사계절출판사 2008

정수일 『문명담론과 문명교류』, 살림출판사 2009

陳佳榮 『中外交通史』, 學津書店 1987

陳春聲 主編 『海陸交通與世界文明』, 商務印書館 2013

馮承鈞 『中國南洋交通史』, 臺灣商務印書館 民國70年(1981)

사진 제공 기관 및 사진 출처

촬영

정수일, 강상훈

제공

제1부 태평양

마젤란 해협 20~21면 주제사진 게티이미지코리아

청해진 110면 해설사진 2번 이종상(국립현대미술관 소장)

광저우 141면 해설사진 1번 경일대 사진영상학부 백홍기

제2부 인도양

양곤 192~197면 한국문명교류연구소 연구원 양기문(총 9장)

콜카타 198~199면 주제사진 경일대 사진영상학부 백홍기

콜카타 200면 해설사진 1번 알라미ALAMY

콜카타 200면 해설사진 2번 알라미ALAMY

콜카타 202면 해설사진 6번 정철훈 작가

콜카타 203면 해설사진 7번 정철훈 작가

콜카타 203면 해설사진 8번 경일대 사진영상학부 백홍기

수에즈운하 248~249면 주제사진 게티이미지코리아

수에즈운하 250면 해설사진 1번 게티이미지코리아

수에즈운하 251면 해설사진 7번 알라미ALAMY

제3부 대서양

다르엘베이다 336~337면 주제사진 게티이미지코리아

다르엘베이다 338면 해설사진 1번 게티이미지코리아

동아메리카 444~445면 주제사진 게티이미지코리아

리우데자네이루 446~467면 주제사진 게티이미지코리아

한국문명교류연구소 도록 지원팀

임영희 (팀장, 이사)

박성하 (이사, 변호사)

강윤봉 (상임이사)

한임숙 (감사)

이재서 (전문위원, 화가)

김승신 (전문위원, 작가)

강상훈 (전문위원, 투어블릭 대표)

정수일 鄭守一

중국 연변에서 태어나 연변고급중학교와 북경대학 동방학부를 졸업했다. 카이로대학 인문학부를 중국의 국비연구생으로 수학했고 중국 외교부 및 모로코 주재 대사관에서 근무했다. 평양국제관계대학 및 평양외국어대학 동방학부 교수를 지내고, 튀니지대학 사회경제연구소 연구원 및 말레이대학 이슬람아카데미 교수로 있었다. 단국대 대학원 사학과 박사과정을 수료하고, 동 대학 사학과 교수로 있었다. 국가보안법 위반 혐의로 5년간 복역하고 2000년 출소했다. 현재 사단법인 한국문명교류연구소 소장으로 재직 중이며, 문명교류학 연구자로서 학술답사와 강의, 연구에 전념하고 있다.

저서로『신라·서역 교류사』『세계 속의 동과 서』『기초아랍어』『실크로드학』『고대문명교류사』『문명의 루트 실크로드』『문명교류사 연구』『이슬람문명』『소걸음으로 천리를 가다』『한국 속의 세계』(상·하)『실크로드 문명기행: 오아시스로 편』『초원 실크로드를 가다』『문명담론과 문명교류』『실크로드의 삶과 종교』(공저)『중앙아시아 속의 고구려인 발자취』(공저)『21세기 민족주의』(공저) 등이 있고, 역주서로『이븐 바투타 여행기』『혜초의 왕오천축국전』『중국으로 가는 길』『오도릭의 동방기행』, 편저서로『실크로드 사전』『해상 실크로드 사전』 등이 있다.

2001년『이븐 바투타 여행기』로 백상출판문화상(번역 부문)을 수상했고, 2013년『실크로드 사전』으로 한국출판문화상(저술 부문)을 수상했다.

초판 1쇄 발행   2014년 12월 26일

지은이	정수일
펴낸이	강일우
펴낸곳	(주)창비
	413-120 경기도 파주시 회동길 184
	전화 (031)955-3333 **팩스** (031)955-3400
	홈페이지 www.changbi.com **전자우편** human@changbi.com
편집디자인	**디자인비따** 김지선 심현영 (02)730-6790

ⓒ 정수일 2014

ISBN 978-89-364-8273-2   93900